本书系2014年度教育部人文社会科学研究青年基金项目
“维多利亚时期英国城市社会救助体系研究”
（项目编号：4YJC770021）
最终成果

J I A N G X I N O R M A L U N I V E R S I T Y

江西师范大学博士文库专项资助成果

施善与教化：

伦敦的慈善组织研究

(1700-1900)

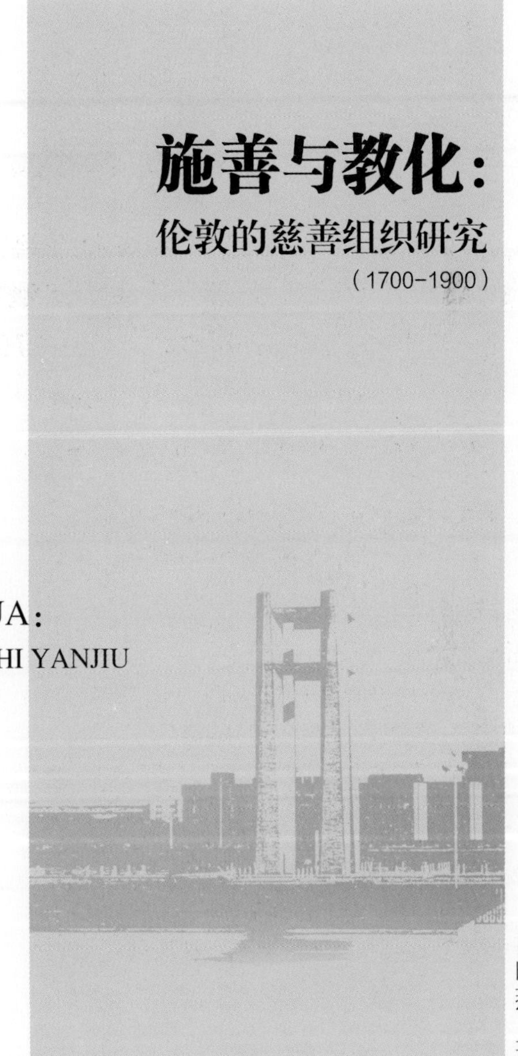

SHISHAN YU JIAOHUA:

LUNDUN DE CISHAN ZUZHI YANJIU

吕晓燕 著

中国社会科学出版社

图书在版编目（CIP）数据

施善与教化：伦敦的慈善组织研究：1700－1900/吕晓燕著．
—北京：中国社会科学出版社，2018.10
（江西师范大学博士文库）
ISBN 978－7－5203－2617－9

Ⅰ.①施… Ⅱ.①吕… Ⅲ.①慈善组织—历史—研究—
伦敦—1700－1900 Ⅳ.①D756.17

中国版本图书馆 CIP 数据核字（2018）第117882号

出 版 人 赵剑英
责任编辑 郭晓鸿
特约编辑 席建海
责任校对 王佳玉
责任印制 戴 宽

出　　版 中国社会科学出版社
社　　址 北京鼓楼西大街甲158号
邮　　编 100720
网　　址 http://www.csspw.cn
发 行 部 010－84083685
门 市 部 010－84029450
经　　销 新华书店及其他书店

印　　刷 北京明恒达印务有限公司
装　　订 廊坊市广阳区广增装订厂
版　　次 2018年10月第1版
印　　次 2018年10月第1次印刷

开　　本 710×1000 1/16
印　　张 18.5
插　　页 2
字　　数 247千字
定　　价 78.00元

目　录

导　论

慈善是一个历久弥新的话题。18 世纪以来，伴随着工业革命和殖民扩张，英国从偏安一隅的岛国一跃而成现代化的“领头羊”，民族国家的翘楚。但光影相依，繁荣与贫困俱存。在日不落帝国荣耀的背后，是严重的贫富分化及其滋生的各种社会问题。伦敦作为英国的首都和最大城市，既有政客与富商云集，充斥着奢侈行业和高档住宅的西区，也有以肮脏破败著称的东区贫民窟。贫富分化的加剧，社会犯罪率的攀升，社会底层的苦难生活，弱势群体的孤苦无依，这些问题成为转型社会的潜在危机，也引起了伦敦社会中上层的警惕与同情，慈善活动成为重要的应对举措之一。

本书以 18—19 世纪伦敦地区的慈善组织为研究对象。慈善史家 W. K. 乔丹曾指出：伦敦是英国社会文化的晴雨表。[①] 之所以将伦敦作为研究的地域范围，是因为伦敦是英国的政治、经济和文化中心，社会问题突出，慈善资源充足，是英国慈善事业的先行军，也是众省城效仿的对象。这一时期，都市社会问题在伦敦有充分体现和积极应对。此外，关于伦敦慈善活动的文献比较丰富和集中，便于收集。

伦敦的慈善事业非常庞杂，有各种各样的传统的信托慈善、社团内部慈善或互助慈善，以及针对特定群体，如犹太人、爱尔兰人、外国移民等；或针对具体教派，如天主教、犹太教等，以及大量旨在传教宣教的教

---

① W. K. Jordan, *The Charities of London 1480 - 1660*: *The Aspirations and the Achievements of the Urban Society*, New York: Russell Sage Foundation, 1974, p. 1.

会慈善活动等。本书主要关注以认捐和捐助为基础的志愿性联合慈善组织，针对广大社会提供慈善救济和社会服务，与社会各界有较多互动的志愿慈善组织。这类志愿慈善组织是伦敦慈善事业的一个重要部分，也是最能体现伦敦社会问题与社会应对的一个部分。

本书在时段上起于1700年，止于1900年，是基于以下几点考虑：首先，17世纪末18世纪初，伦敦开始盛行基于认捐和捐助的志愿慈善组织，其后形成了18世纪中期的慈善风潮。其次，这是一个新兴的社会现象，也是近代英国民间慈善组织兴盛的一个重要起点。19世纪中后期，伦敦慈善事业蓬勃发展，极为繁荣。最后，由于政府的积极介入，逐渐接管了慈善事业领域的社会救助和公共服务，英国由此进入了一个福利制度建设的新时期。

本书在梳理史料和借鉴前人研究的基础上，从以下几个方面展开论述：

第一章回溯18—19世纪伦敦慈善事业发展的历史情境。贫困与救济问题与英国的经济结构、社会政策和阶级关系等密切相关。本章试图将18—19世纪伦敦慈善事业的演进置于立体多维的历史情境之中，探讨伦敦的发展与危机；贫民的困境及其原因；济贫法与公共服务的不足，分析不同因素之间的互动与制衡，呈现历史的动态变化。

第二章探究18—19世纪英国慈善观念的演变。对待弱势群体的社会态度彰显了一个国家主导性的政治哲学和社会思潮。从中世纪到现代，英国的社会救助理念经历了从宗教至道德，再到权利的演进过程。在中世纪，贫困与救济首先是一个宗教命题。近代以来，宗教改革之后，个人主义盛行，贫困成为一个道德命题。及至19世纪后期，贫困和救济才逐步具有现代意涵，获得公共救助和社会服务成为一种公民权利。19世纪英国社会推崇自助和独立精神，视穷人困苦为个人无能乃至道德缺陷，因此社会救助中常伴随着道德教化的努力。19世纪末，面对经济衰退，社会矛盾加剧，激进主义增长，自由主义信仰开始瓦解。同时基于大量社会调查，对贫困问题的认知渐趋科学理性。费边主义和社会主义呼吁政府的介入和管控。18—19 世纪见证了英国社会关于贫困问题和社会救助的意识形态演变，为后来的福利体制奠定了思想基础。

第三章阐述慈善组织的制度革新。观念变化推动制度变革。英国从近代以来的基于本地，依靠教区和慈善活动，相对业余的社会救助，到 20 世纪建成集中统一的公共性福利体制。在此期间，18—19 世纪是重要的过渡阶段。本章将考察伦敦慈善组织的人员结构、资金来源、约束监督、运营机制等。慈善组织的特征是公共性及其市场化的运营方式，对社会资源的依赖，加之竞争激烈，促使其依据慈善观念和社会需求的变化，作出相应调整。因而，慈善救助形式和制度的发展历程展现了伦敦应对社会问题的思路和举措之变革。

第四章阐述慈善救助的主要内容。本章以伦敦主要的慈善组织及其救助对象为目标，探究这一时期慈善活动的发展演变。首先，分别从救助弱势群体、临时救助和探访协会这三个方面探讨具体救助情况。其次，结合科学慈善和互助慈善等，论述慈善组织救助形式和内容的变化。最后，考察慈善组织提供的公共服务，如慈善医院和慈善学校的发展状况及其影响。

第五章分别从城市社会治理和社会关系两个方面探讨慈善事业与伦敦城市社会变迁的互动关系。在此期间，伦敦中上层人士针对各种社会问题和弱势群体，创设和参与多种慈善活动，以期扶危济困，维护社会秩序和加强社会治理。同时，慈善救助体现了同时代的阶级关系和社会精神。慈善机构的捐助人和理事们在提供救助的同时，也试图教化受助者，维护社会秩序。因而慈善救济经常被认为是一种施舍恩惠，带有特定的阶级色彩和社会态度。城市虽然聚集了大规模的人口，但社会内部是高度分化的。在慈善组织救助体系中，分立的个体在社会救济这一平台上联合起来，共同参与社会治理，在此过程中联结的社会关系通常较有活力，有助于社会的稳定和共同文化之形成。

第六章从长时段视角，结合英国社会福利制度发展的历史轨迹，总结和评价 18—19 世纪伦敦慈善组织的角色和作用。一方面，客观阐述近代伦敦慈善活动的局限与争议。另一方面，在混合福利视角下，探讨伦敦慈善组织对英国社会福利制度建设的贡献。18 世纪到 19 世纪早期，英国政府在社会管理方面的作为相当有限，而众多民间慈善组织承担着社会救助的职能，呈现小政府大社会的景象。19 世纪中期，政府逐步承担更大职责，开始加强针对社会弱势群体的立法和管理。同时，在某些领域与慈善组织开展合作，或借鉴其经验。19 世纪末，随着政府陆续推出大量社会立法，传统的慈善活动空间缩小，政府的积极介入也导致部分慈善组织的抵制。此后，慈善组织由原先的社会救助和公共服务方面的先导变成国家福利体制的辅助力量。20 世纪 70 年代以来，“英国病”等福利问题的出现，促使英国社会开始反思福利体制的弊病，传统的慈善活动和“大社会”的议题再度受到瞩目。

第一章　18—19 世纪伦敦慈善兴盛的历史背景

本章旨在通过历史基础、问题现状以及资源优势三个层面探寻伦敦慈善事业发展的历史情境。首先，回溯 1700 年之前伦敦慈善活动的概况。其次，18 世纪以来，随着人口增长和城市扩张，在管理滞后于发展的情况下，伦敦积聚了众多社会问题。这一时期，旧济贫法弊害丛生，公共服务严重缺失，贫民处境悲惨。伦敦的社会现状为慈善组织的兴盛提供了充足的动力。最后，伦敦具备发展慈善事业的优越条件。社会中上层在殖民扩张和商业贸易中获得巨额财富，大量中产阶层积极参与慈善活动。这些正是 18—19 世纪伦敦慈善事业发展的基础。

第一节　18—19 世纪伦敦慈善事业发展的历史基础

伦敦素有乐善好施的传统。据乔丹统计，1460—1660 年，伦敦约有 7391 名捐助人，共捐出 1889211 镑 12 先令用于慈善，人均捐助 255 镑 12 先令。伦敦捐赠人口只占全国的 5%，捐助总额却占全国的 34%，[①] 这一

① W. K. Jordan, *The Charities of London 1480 - 1660: The Aspirations and the Achievements of the Urban Society*, New York: Russell Sage Foundation, 1974, p. 20.

比例是英格兰其他地区无法企及的。

对待贫困的态度，在一定程度上左右着慈善观念，并对救助对象的选择和提供救助的方式产生影响。近代以来，随着宗教改革和社会世俗化，人们越来越倾向于生前施舍。这在遗赠的减退趋势中可以得到验证。1675—1699 年的 10 份遗赠中，涉及慈善施予的占 70%，而 1720—1739 年的 107 份遗嘱中，涉及慈善施予的遗赠只有 53.2%。从都铎王朝时期开始，随着宗教改革和世俗化的发展，慈善捐赠的用途发生了明显变化，宗教用途的捐赠趋于下降，而用于贫困救济和医疗教育等方面的慈善捐助增长。1480—1540 年，专供宗教用途的捐赠占遗赠的 53%，而 1560—1600 年仅占 7%。① 与此同时，英国社会的捐赠方式和慈善资金去向呈现变化，商人的慈善活动方式也发生了变化，不再局限于原来的遗嘱捐赠和葬礼施舍。更多人选择生前捐赠，直接参与相关慈善活动。同时，他们减少了个人对个人的直接施舍，开始热衷于捐建各种慈善机构，如济贫院、孤儿院、学校、医院，或是修葺教堂、建立济贫基金等。总体上，伦敦慈善活动的救助对象有所扩展，救助方式更为多样。

16—17 世纪，伦敦城市扩张相当迅速。同时，都市贫困问题日益突出，对慈善的需求极大。社会苦难往往是复杂多样的，不同原因造成不同的贫困和需要。宗教改革和经济发展催生了新的社会需要，因而，救助方式也更加多元化。以下结合救助对象和施救方式，对近代以来伦敦的慈善活动予以简要介绍。在传统社会，救济对象包括低收入的贫苦家庭、寡妇、老人、失业者、病人、乞丐、流民等。1601 年颁布的“慈善用益法”在序言中列举的慈善目的包括：救济年迈、体弱以及穷苦的人们；照顾病人和伤残军人。②

① W. K. Jordan, *The Charities of London 1480 - 1660: The Aspirations and the Achievements of the Urban Society*, New York: Russell Sage Foundation, 1974, p. 16.

② Gareth Jones, *History of the Law of Charity 1532 - 1827*, Cambridge University Press, 1969, p. 45.

慈善救助一般分为院内救助和院外救助。院内救助主要包括救济院和贫民习艺所等慈善机构。救济院是最古老的慈善机构之一，主要收容孤寡老人和没有劳动能力的病残人士。救济院大多靠遗赠建立和维持，也接受大量的零星施舍。16—17 世纪，伦敦建立了许多供孤寡老人居住的救济院。富人们用个人资金设立救济院，通常会指定受益人。1534 年，曾担任伦敦市市长的布商约翰·米尔本（John Milbourne），花费 400 镑买了一块空地建救济院。后来由公司投资600 镑作为基金，基金收益为13 人（皆为公司前雇员）提供救助，每人每周七便士。[①] 15 世纪，伦敦出现了宗教之屋、城市公会、教区兄弟会等互助组织。16 世纪 20 年代之前，伦敦有250—300 个地方济贫院和养老院，为重病、伤残和年迈者提供帮助。济贫院和养老院是传统的救助老年穷人的方式。[②] 一般而言，救济院专门收留没有劳动能力的弱势群体。

18 世纪20 年代，英国出现了一种新的救济机构——贫民习艺所，主要收留乞丐、流浪汉和其他闲散人员，为他们提供工作。17 世纪末 18 世纪初，英国社会将贫困的原因归于失业，纷纷鼓吹穷人的充分就业对国家的重要性。“一个充分就业的国家才会是一个安宁的国度，相互依赖并联结在一起，这样的国家才有美好的和谐。”[③] 约翰·卡里（John Cary）说：“如果穷人都被安置工作，他们将会消耗比现在更多的产品，且由自己的劳动来支付……布料的消费量将会更大……因而也会有更多的人得到就业。”[④] 与此同时，社会上倾向于通过提供就业来缓解贫困。1723 年出现

① W. K. Jordan, *The Charities of London, 1480 – 1660: The Aspirations and the Achievements of the Urban Society*, New York: Russell Sage Foundation, 1974, p. 138.

② Caroline M. Barron, *London in the Later Middle Ages: Government and People 1200 – 1500*, 2004, p. 209.

③ Donna T. Andrew, *Philanthropy and Police: London Charity in the Eighteenth Century*, Princeton, 1989, p. 30.

④ John Cary, *Reasons for Passing the Bill Relieving and Employing the Poor of this Kingdom, Humbly Offered*, 1700, p. 6.

了第一个贫民习艺所，其目标是给失业者一个维持生存和获得技能教育的机会。除了提供工作之外，也给没有技能的人提供培训，帮助他们成为有用的市民。他们一旦找到其他工作，可以随时离开。习艺所优先接纳在经济衰退时期失业的人。时人对贫民习艺所寄予厚望，马修·霍尔（Matthew Hale）相信："贫民习艺所的存在是最终消灭乞丐的前提。"①

1700 年之前，伦敦慈善活动中施行院内救助的相对较少，更普遍的是直接提供钱物救济。1460—1660 年，伦敦市民投入 664608 镑 14 先令用于各种贫困救济。其中，22.6% 是用于直接救助穷人的。② 人们倾向于大量的小额施舍和礼物，如为穷人提供钱、食物、衣服、燃料或其他物品。特殊场合的公开施舍很常见，对行乞者的直接施舍也是传统习俗。伦敦大商人们热衷于葬礼施舍。1481 年，在前伦敦市长、杂货商约翰·扬格（John Young）的葬礼上，给 100 户穷人分发了 60 镑。③ 1516 年，曾两度担任伦敦市长的大布商威廉·卡佩尔（William Capel）葬礼上施舍了 28 镑钱物。④ 1636 年，亨利王子的遗嘱里要求捐出 300 镑，用于星期天给教区的穷人发放救济。⑤

近代英国，由个人出资，依据其意愿，以特定个人或群体为受益人的慈善信托的形式极为普遍。对年轻人的资助便是其一。英国社会各行业大多是经过学徒训练才能自主谋生。时人认为防止贫困的方式之一是帮助贫苦年轻人经由学徒训练，习得技艺，从而自立自足。因此，出现了许多资助穷困年轻人参加学徒训练的遗赠基金。1610 年的一项法令试图规范关于

① Donna T. Andrew, *Philanthropy and Police: London Charity in the Eighteenth Century*, *Princeton*, 1989, p. 29.

② W. K. Jordan, *The Charities of London, 1480 – 1660: The Aspirations and the Achievements of the Urban Society*, New York: Russell Sage Foundation, 1974, p. 87.

③ Ibid., p. 90.

④ Ibid., p. 92.

⑤ Steven King and Alannah Tomkins edited, *The Poor in England 1700 – 1850: An Economy of Makeshifts*, p. 76.

学徒训练的资助，规定给予多少钱，除非捐助人有特殊要求，否则这笔资金应该由地方当局或由治安官、教区执事和济贫官持有和分配。① 安排一个学徒训练需要花费 4 镑 5 先令，每年有 206 个年轻人获得通过学徒训练成为自立市民的机会。② 完成学徒训练之后，年轻人往往需要一笔资金来进入某一行业。如年轻商人需要 3 到 6 年才能自立门户。这一时期，伦敦约有 43943 镑慈善资金帮助年轻人立业，大多不收利息或仅收 3% 的利息。③ 1624 年，约翰·肯德里克（John Kendrick）在遗嘱中指定建立一个总额约 1900 镑的借贷基金，将 900 镑给予 3 个正直勤俭的年轻人，每人 300 镑，3 年之内不收利息。④这些慈善信托基金重在预防贫困，如为穷困年轻人提供学徒训练，帮助他们自立于社会，从而促进社会良性发展。

18 世纪之前，伦敦的慈善事业已有较好的基础，但慈善组织仍是较少的。16 世纪，伦敦的 34 个教区中，10 个教区有救济院，11 个教区有其他慈善机构，13 个教区在 17 世纪末之前没有任何慈善机构。⑤ 近代早期，伦敦的民间慈善以个人的自主施善为主，慈善活动比较分散，缺乏组织性和集体性，往往限定某一区域或针对某一群体。17 世纪末，以慈善学校为先例，先后出现了综合医院、移风易俗协会等集体协作的慈善组织，代表了其后的发展趋势。相比传统的施救方式，慈善组织的出现是相对晚近的事。早期的慈善机构与 18 世纪的联合慈善是不同的。前者是作为一个机构，接受固定或不固定的捐赠和施舍，其中多数是遗赠。而后者由会员认捐组成，施行集体管理，大多数登记注册，成为合法接收社会捐赠的法人组织。

---

① Norman Alvey, *From Charity to Oxfam: A Short History of Charity and Charity Legislation*, Phillimore & Co. Ltd., 1995, p. 18.

② W. K. Jordan, *The Charities of London, 1480 - 1660: The Aspirations and the Achievements of the Urban Society*, New York: Russell Sage Foundation, 1974, p. 172.

③ Ibid.

④ Ibid., p. 175.

⑤ Ibid., p. 165.

18 世纪之前，伦敦慈善组织的救助对象大体在传统救助范围内，以救助老幼最为突出，救济院和孤儿院极多。总体而言，这类救助大多以私人或共同体的方式进行，如个人、公司或教区设立慈善信托基金，在此基础上建立救济院，给老弱者居住，或为寡妇、老人发放津贴等。

17 世纪以来，伦敦社会不仅关注贫民身体的疾病，也关注其灵魂的疾病。17 世纪末出现了道德和风习改革的浪潮。光荣革命之后，英国政治趋于稳定，需要重建权威与秩序。时人认为复兴道德有益于国家昌盛和社会稳定。而此时伦敦的犯罪、失序等社会问题表明：道德伦理和社会秩序亟待整顿。因而，在本地官员、纳税人和雇主的努力下，这一时期出现了众多移风易俗协会。这些协会致力于惩戒不信神的人、赌博、卖淫等行为以及下流淫秽的出版物和违反安息日的做法。移风易俗协会多数基于本地运作，以净化社会道德为目标，采用悬赏告密者的方式，运用法律惩戒来改善社会风气。① 大卫·欧文（David Owen）认为这些协会的出现体现了社会对道德纯洁的关注，认识到美德对国家实践和政治前景的重要性。②

17 世纪末，伦敦社会复杂多样的问题，教会慈善的衰落，教区济贫的弊端重重等，促进了相关慈善组织的出现。其中以教育、医疗和道德风习改革领域最为突出。慈善学校在 18 世纪 30 年代趋于没落。但是这些慈善协会的出现和运作为后来的联合慈善模式奠定了基础。随着伦敦社会问题的日趋繁重，慈善需求广泛存在。而教育和医疗领域的慈善活动单靠个人是无法完成的，需要慈善家们的集体努力，基于个人认捐和集体运营的联合慈善组织形式便是这一新原则的产物。

16—17 世纪，慈善观念呈现世俗化趋势，贫困日益成为一个需要解决的社会经济问题。人们开始注意甄别救济对象，强调只给真正需要和值得

---

① M. J. D. Roberts, *Making English Morals: Voluntary Association and Moral Reform in England, 1787 -1886*, Cambridge University Press, 2004, pp. 20 -21.

② David Owen, *English Philanthropy, 1660 - 1960*, Cambridge: Harvard University Press, 1964, p. 21.

救助的人提供救济。18 世纪之前，慈善活动以个人施舍或捐赠为主，救助对象主要是老弱病残等传统的弱势群体。17 世纪末，伦敦出现了集体施善的新趋势，逐渐发展出了联合慈善的组织形式。18 世纪之前的伦敦慈善组织尽管在种类和数量上有限，却为其后的发展奠定了基础。

第二节　伦敦城市的发展与危机

近代以来，伦敦地域扩张，人口增长，呈现“膨胀”式发展。17 世纪末，伦敦成为欧洲最大的城市。作为英国的政治、经济和文化中心，首都伦敦地位独特，拥有非凡的影响力。与此同时，伦敦城市也有大量的底层贫民，贫困问题日益严重，社会失序，犯罪率上升等社会问题成为中上层人士的隐忧。因此，城市发展与社会问题的交织促成了伦敦慈善活动的兴盛。

一　伦敦的“膨胀”式发展及其影响

从欧洲视野察看伦敦的发展轨迹，可以发现，1600 年，伦敦居于那不勒斯、巴黎之后，是欧洲第三大城市。到 1650 年，伦敦仅次于巴黎。17 世纪末，伦敦成为欧洲第一大城市，约有 50 万人口。[①] 1500—1650 年，伦敦的扩张最为迅速，人口呈 5 倍增长。1650 年，约 2.5% 的法国人住在巴黎，到 1750 年，这一比例变化不大。阿姆斯特丹的人口从未超过荷兰共和国的 8%。而在 1650 年，伦敦人口占英国人口的 7%，1750 年升至 10%。

① Peter Clark (ed.), *The Cambridge Urban History of Britain*, *Vol. II*, Cambridge: Cambridge University Press, 2000, p. 315; E. A. Wrigley, “A Simple Mode of London's Importance in Changing English Society and Economy 1650 - 1750”, *Past & Present*, No. 37, 1967, pp. 44 - 45.

1801 年，伦敦人口约为 90 万人。① 伦敦不仅是欧洲第一大城市，也是地位最重要的首都。

伦敦是英国的经济重心所在。17—18 世纪，伦敦建立了先进的港口和造船中心，拥有世界上最大的船舶制造商和数量最多的船。18 世纪初，伦敦的港口、船舶制造及其相关行业的雇佣人数约为首都人口的四分之一。②伦敦也是主要的工业制造和国际贸易中心，是英国产品的集散地和进出口贸易的中心。1700 年，英国约有 3/4 的贸易在此进行。金融方面，伦敦在 18 世纪成为世界银行和信贷的重镇，之后更是取代阿姆斯特丹成为世界金融中心。③在贸易、金融、生产和消费等方面的重要性使得伦敦对于整个英国经济的发展具有举足轻重的影响力。

伦敦是英国工业与农业产品的最大消费市场。正如笛福所言："整个王国及其人民，从土地到海洋的各个部分，都将其中最好的供应给伦敦。我所指的供应，包括谷物、肉类、黄油、奶酪、盐、木材和布料等，以及建筑、装饰、家用和贸易等各种必需的材料。"④ 伦敦的消耗量也是相当巨大的。据莱格里（E. A. Wrigley）估计，1750 年，约有 20 万个农业家庭专门给伦敦供应面包。乔治时期，伦敦每年约消费 295.7 万蒲式耳面粉、1 万头牛、7 万只羊、23.8 万头猪、1400 万磅鲭鱼、16 万磅黄油和 2.1 万磅奶酪。⑤

伦敦也是英国的文化中心，在服饰、绘画和剧院等各种文化艺术方面引领着英国的风尚。大文豪约翰逊博士声称："一个人厌倦了伦敦即厌倦

① R. Porter, *London: A Social History*, Harmondsworth, 1994, p. 131.

② Peter Clark (ed.), *The Cambridge Urban History of Britain*, *Vol. II*, Cambridge: Cambridge University Press, 2000, p. 320.

③ George Rudé, *Hanoverian London*, *1714 – 1808*, Suffolk: Martin Secker & Warburg Limited, 1971, p. X.

④ R. Porter, *London: A Social History*, Harmondsworth, 1994, p. 133.

⑤ Peter Clark (ed.), *The Cambridge Urban History of Britain*, *Vol. II*, Cambridge: Cambridge University Press, 2000, p. 134.

了生活。”每年的 10 月到次年 6 月是伦敦的社交盛季，其中聚集了大量乡村土地贵族，他们来到伦敦不仅是为了政治和社交活动，也是为了获得医生、建筑师、肖像画家、律师、银行家、经纪人等各种专业服务。

然而，光影相依，繁荣与贫困俱存。在伦敦繁荣昌盛的背后，也潜藏着众多社会问题。贫富分化成为一个突出的社会问题。伦敦东西区之间的鲜明对比成为贫富分化的生动例证。原本东西区之间并无明显区分，随着贫富分化的加剧，东区与西区之间的鸿沟越来越大。东区成为劳动阶层的聚居地，而西区成为富人居住区和时髦中心。18 世纪 80 年代，一位当代人写道：“东边，尤其是沿泰晤士河一带，都是老房子，街道狭窄、黑暗，路况很糟糕，居住着水手和其他受雇于造船厂的工人以及许多犹太人，拥挤肮脏。与之相比，西区的房屋大多是新建的，高档雅致。一切都经过有序规划，广场是方形的，街道是笔直宽敞的。”[①] 近代伦敦庞大的移民人口中，少数人功成名就，部分人过上稳定富足的生活，大多数人仅能维持生存。从事服务行业的人口极多。据 1767 年慈善家乔纳斯·汉韦（Jonas Hanway）统计，伦敦有 5 万仆人，到 1775 年，仆人总数增至 8 万人，约为伦敦人口的八分之一。[②] 1806 年，伦敦治安官帕特里克·柯恩宽（Patrick Colquhoun）估计伦敦约有 91 万仆人，其中 80 万人是妇女。[③] 根据莱恩堡（Linebaugh）的计算，1703—1772 年，有 62 个仆人被处以绞刑，其中 21 个是因为抢劫他们的主人。当然大部分家仆的犯罪没有严重到要处死，但仆人是一个脆弱的群体。正如鲍勃·舒梅克（Bob Shoemaker）指出，仆人经常受雇于短期合同，工作并不稳定。[④] 靠出卖劳动力谋生的人们，一旦遭遇不幸变故，便可能陷于贫困。下层民众因失业、生病或生育孩子带来

① Tanya Evans, "*Unfortunate Objects*": *Lone Mothers in Eighteenth - Century London*, Basingstoke: Palgrave Macmillan, 2005, p. 20.

② Ibid., p. 31.

③ Patrick Colquhoun, *A Treatise on Indigence*, London, 1806, p. 253.

④ Paul Slack, *From Reformation to Improvement*: *Public Welfare in Early Modern England*, Oxford University Press, 1998, p. 82.

的阶段性贫困尤为普遍。如女仆一旦怀孕，就会失去工作，随之因没有收入来源而陷于贫困。

18 世纪中期，伦敦开始感受到工业化的影响。一些传统行业面临危机，大批人口失业，而机器的使用加速了劳动力的过剩。资本主义经济经常爆发的周期性危机，使得工人们的工作和生活环境极不稳定。伦敦的公共生活以客栈、酒馆和俱乐部为中心。人们习惯于在这些地方消磨时间，聚众寻欢作乐，赌博、酗酒和债务成为无形的链条。伦敦是英国酒水生产、销售和消费的重镇。1720 年，英国 90% 的酒水都在伦敦加工。1736 年，全国有近 4 万家出售杜松子酒的小酒馆，伦敦占了近一半。① 大量饮酒使穷人的状况更加恶化。1834 年，弗朗西斯·普莱斯（Francis Place）写道："40 年之前，除少数人以外，劳工阶层都存在不同程度的酗酒、无知、肮脏和不道德。工资愈高的人愈是挥霍。各种各样的协会组织，以集体的名义，带给下层民众归属感和聚众寻欢作乐。"② 许多下层民众生活放荡，惯于赌博和酗酒。他们因此患病或丢掉工作，失去收入来源，沦为街头流民，最终导致乞讨、流浪和偷窃。社会改革者认为，在俱乐部、酒馆和客栈等这些场合的酗酒和赌博，是人们道德败坏的原因所在。

由于治安力量薄弱，伦敦的犯罪率相当高。18 世纪，伦敦约有 1200 人被处绞刑。政府试图通过公开死刑的严酷场面来震慑民众，但监狱里依然人满为患。报纸经常刊登有关违法犯罪的报道和故事。犯罪的猖獗引起了社会的关注和恐慌。伦敦治安官亨利·菲尔丁（Henry Fielding）指责伦敦的混乱无序，声称"伦敦如同一片巨大的森林，是藏匿小偷的安全港，

---

① Jessica Wamer, *Craze Gin and Debauchery in An Age of Reason*, New York: Four Walls Eight Windows, 2002, p. 41. 转引自许志强《伦敦"杜松子酒之靡"——社会转型与酗酒问题》，《史林》2011 年第 1 期，第 149 页。

② E. A. Wrigley, *A Simple of London's Importance in Changing English Society and Economy 1650 – 1750*, p. 208.

如同野兽栖身于非洲或阿拉伯的沙漠”。[①] 1782年，霍拉斯·沃波尔（Horace Walpole）说道：“我可能对海外战争的状况很无知……但我知道，国内正处于令人震惊的战争状态，入室行窃、拦路抢劫和路匪的现象很常见。后面两种原始的暴行更加糟糕，犯下最肆无忌惮的罪行。若非装备精良，人们都不敢夜行。”[②] 对社会底层民众而言，违法行为和生存手段之间的界限是模糊且容易混淆的。穷人经常为了生存而犯法，有时犯罪成为一种谋生手段。

伦敦治安官帕特里克·柯恩宽（Patrick Colquhoun）在《首都的管制》这一长卷中，通过连续的章节呈现了伦敦社会的各种犯罪形态，包括入室盗窃、欺骗、赌博、博彩、伪造钱币、河流抢劫、船坞抢劫、收赃物者等诸多犯罪方式的起因和发展。在这些条目之下，作者提供了当时伦敦糟糕的治安状况和犯罪方式的相关信息，并建议实行新的治安体制。[③]

18—19世纪，伦敦的社会问题和道德危机引起广泛的关注。道德学家撰文揭露伦敦滋生的各种罪恶，包括犯罪、骚乱和其他各种问题。18世纪著名画家霍加斯的木版画里展现了一个暴力、肮脏、吵闹、贫穷、酗酒、自杀、痛苦、混乱、不贞、疯狂，充斥着破败建筑和堕落妇女的伦敦。[④] 在伦敦东区的贫民窟，乞丐般的生活和拥挤的居住环境，充斥着穷人的苦难、消沉和绝望，衍生的副产品是犯罪和疾病。伦敦经常暴发瘟疫。医生们认为伦敦的恶劣环境是疾病的温床。贫民窟的这幅黑暗画面正是伦敦城市飞速发展和社会管理相对滞后所造成的。在流动性较强的大量人口，浮沉不定的经济，放荡的人群，脆弱的生存环境面前，伦敦的社会治安力量严重不足，医疗和教育资源相当稀缺。面对诸多社会问题，如各种弱势群体的救助，弃婴、乞丐、老人和失业者，以及社会公共服务需求，如医

---

① Henry Fielding, *Enquiry into the Cause of the Late Increase of Robbers*, London, 1751, p. 183.

② R. Porter, *London: A Social History*, Harmondsworth, 1994, p. 152.

③ Patrick Colquhoun, *A Treaties on the Police of the Metropolis*, London, 1796.

④ R. Porter, *London: A Social History*, Harmondsworth, 1994, p. 164.

疗、教育、住房等，旧济贫法显然力有不逮，这一时期伦敦的福利体系面临严峻的压力，而城市贫民往往处于各种困境之中。

二 城市贫民及其困境

保尔·芒图论及近代大工业的经济和社会后果时写道："大工业已以今天所具的形式对一切拥有欧洲文明的民族提出了社会问题。人数和财富同时增加了，但这种财富看来并未按照创造财富所提供的努力来使人口的大多数得到好处；两个阶级的对立，其中一个在人数上增多了，而另一个则在财富上增多了，前者以不停地劳动而只得到一点不稳定的生活资料，后者则享受高尚文化的一切好处；这种对立情况到处都同时表现出来，并且到处都造成同一的思潮和情感。"① 保尔·芒图的这段话指出了近代西方社会的经济变革对其社会结构乃至社会关系的巨大影响。这种影响随着近现代的社会转型而日益加剧，最终演变成为现代化过程中亟待解决的一个重要问题。

近代英国社会结构也出现了相应的变化。依据18世纪伦敦治安官帕特里克·柯恩宽的划分，以下四个群体属于社会下层：一是手工艺师傅、小店主和市场里的小商人；二是有技艺的帮工和学徒；三是大量没有技术或技术不熟练的劳工阶层，如搬运工、仆人、流动小贩、制革工人、河岸工人、水手、运煤工人等。前面三个阶层一般有较稳定的收入和住所；第四类是最底层的群体，如流民和乞丐，这一群体属于赤贫者，大多体弱、年迈或没有劳动能力，多为失业者或是临时工。柯恩宽认为这些社会下层人员或曰潜在的犯罪人群约有11.5万人，约为1797年伦敦人口的八分之

① ［法］保尔·芒图：《十八世纪产业革命》，杨人楩、陈希秦、吴绪译，商务印书馆1983年版，第12页。

一。[①] 可见，贫民占伦敦人口比例相当大。那么这些贫民来自何处，因何陷入困境？

1760 年之前，伦敦的出生率较低，但人口仍持续增长，其中移民比例相当高。根据 1580—1640 年伦敦东部的一份样本，本地出生的人口仅占 13%。17 世纪末有所增长，约为 30%。[②] 18 世纪中后期，根据威斯敏斯特"综合诊所"的记录，在其 1774—1781 年治疗的 3236 个已婚人士中，仅有四分之一是本地出生的。[③] 莱格里（E. A. Wrigley）指出，移民的主力是英国各地的年轻人。18 世纪 50 年代，每年约有 8000 名年轻人涌入伦敦，他们大多成为家仆、学徒或劳工。[④] 1688 年光荣革命后，英国进入"议会圈地"时期，到 18 世纪中期，自耕农基本被消灭。"从 1760 年至 1820 年，由地主阶级操纵的国会通过了 4000 个法案，圈去了近 800 万英亩的土地。全英国的可耕地差不多都在树围或篱围的环绕之中。"[⑤] 与此同时，大量失地农民纷纷涌入城市。

此外，这一时期来到伦敦的还有苏格兰、威尔士和爱尔兰人，以及德国人、荷兰人、法国人和犹太人移民。爱尔兰移民人数最多，也是最穷最缺乏劳动技能的劳工。来自波兰和德国的大量犹太人，大多是为逃避迫害流亡至此。柯恩宽估计，18 世纪末，伦敦约有 1.5 万—2 万名犹太人。[⑥] 首都也是乞丐和流民趋之若鹜的地方，许多贫贱残弱之人涌进伦敦。1730

---

① George Rudé, *Hanoverian London, 1714 - 1808*, Suffolk: Martin Secker & Warburg Limited, 1971, p. 83.

② Peter Clark (ed.), *The Cambridge Urban History of Britain, Vol. II*, Cambridge: Cambridge University Press, 2000, p. 318.

③ George Rudé, *Hanoverian London, 1714 - 1808*, Suffolk: Martin Secker & Warburg Limited, 1971, p. 6.

④ Peter Clark (ed.), *The Cambridge Urban History of Britain, Vol. II*, Cambridge: Cambridge University Press, 2000, p. 318.

⑤ ［美］戴维·罗伯兹：《英国史：1688 年至今》，鲁光桓译，中山大学出版社 1990 年版，第 75 页。

⑥ George Rudé, *Hanoverian London, 1714 - 1808*, Suffolk: Martin Secker & Warburg Limited, 1971, p. 7.

年，有人说道："那些天生残疾或畸形，或因意外致伤残的人来到伦敦，向路人展示其惨状，迫使他们拿钱出来摆脱他们。"① 总之，伦敦成为寻求工作机会的乡村年轻人以及英国各地和外国难民的聚集地。这些人口往往构成伦敦的社会下层，他们缺乏技能和资金，只能从事最低层的工作，工资少且工作不稳定，个人应对困境的能力很有限。

贫苦之人聚居在贫民窟，一定程度上使得贫困具有代际延续性。"许多体力劳动者的家庭过于庞大，而收入又低，难以维持。繁重劳动和不良生活习惯，使得下层男性工人人均寿命相对较低，留下妻子和一大群无助的孩子，单身母亲赖以生存的方式大多是洗涤或借贷。这些家庭的女儿，没有受过教育，贫苦无助，为生活所迫，只能以卖淫为生。"② 这样的妓女人数甚众，且年龄较小。伦敦治安官在一次夜间巡查中抓获40名妇女，多数在18岁以下，有些甚至不到12岁。③ 乞丐、流民、妓女、小偷以及所有失业者构成了伦敦社会的最底层。在社会中上层眼中，这些人等同于潜在的罪犯。但这些赤贫者的犯罪行为往往是为了维持生存，大部分犯罪都是以财产为目的。

女性弱势群体的处境尤为艰难，如寡妇、单身母亲和未婚女性，且人数较多。在马修·马丁（Mattew Martin）第一次调查的2000个乞丐案例中，申请救助的大多数是妇女。④ 各种慈善机构的申请者中，妇女都占很大比重。根据调查，独立生活的妇女中，25%为女仆，20%缝补衣物，11%洗衣，9%做医疗护理，7%沿街叫卖和搬运，8%看顾店铺，总之，妇女从事的大多是薪资微薄的职业。⑤妇女工资比男人低得多，大多数妇女一

① M. D. George, *London Life in the Eighteenth Century*, London: Routledge, 1996, p. 110.

② John H. Hutchins, *Jonas Hanway, 1712 – 1786*, London, 1940, p. 120.

③ Ibid.

④ Lynn MacKay, "The Mendicity Society and Its Clients: A Cautionary Tale", *Left History*, Vol. 5, No. 1, 1997, p. 44.

⑤ Tanya Evans, "*Unfortunate Objects*": *Lone Mothers in Eighteenth – Century London*, Basingstoke: Palgrave Macmillan, 2005, p. 29.

年赚不到 5 镑，而且妇女从事的工作种类少，大多是临时、不稳定、不充分且经常中断的。妇女们很少能够终身从事同一份工作。当她们年老时，工作机会更少。为了生存，她们想方设法，从事多种工作，必要时卖掉衣服，向家庭、朋友和邻居寻求帮助，向慈善机构和教区求助，最后，迫不得已只好偷窃或卖淫。

个人生活环境的不稳固和脆弱性不单下层民众才有，中产阶层也有遭遇衰落或破产的危险。1707 年的一篇评论中，笛福区分了两种类型的贫困，一是先天贫困，如生为劳工的后代，另一种是后天贫困，如中产阶层经营不善或遭遇不幸，陷于穷苦。[①] 后一种情况也是很常见的。中产阶层的经济状况也很脆弱，破产是 18 世纪资产阶级的梦魇。据估计，一个伦敦生意人的破产率为 10%—15%。[②] 保罗·兰福德（Paul Langford）指出，18 世纪流行“妓女是牧师的女儿”的笑话，但许多曾经属于体面人士的妇女沦落为下层穷人却并非笑话。[③] 有资产的商人可能因奢侈和赌博而陷于贫困潦倒。弗朗西斯·普莱斯（Francis Place）为此专门列了一个长长的名单。他早年的许多熟人后来沦落济贫院或在街上乞讨。是什么原因毁灭了如此多的家庭？从普莱斯一家的故事或可得知端倪。普莱斯的父亲经营一家面包店，因酗酒和赌博而一夜之间失去所有，妻子也被赶到大街上，只能依靠针线活维持生活，此后几个月失去丈夫的消息。普莱斯的父亲回来后重新经营一家面包店，蓄存 800 镑。随后又因赌博而负债，不得不抵卖一切。一年之后，他又回来了，好似出去散了会儿步。普莱斯的家族史类似一个鲜活的时代读本。[④] 近代英国，向下的社会流动比例同样较高。

① Jonathan Barry and Christopher Brooks (edited), *The Middling sSort of People—Culture, Society and Politics in England, 1550 - 1800*, The Macmillan Press Ltd., 1994, p. 152.

② Ibid.

③ Paul Langford, *A Polite and Commercial People—England 1727 - 1783*, Oxford: Clarendon Press, p. 79.

④ M. D. George, *London Life in the Eighteenth Century*, London: Routledge, 1996, pp. 312 - 313.

在充满竞争的商业社会，人生浮沉是极为平常的。家庭容易兴旺亦容易毁灭，毁灭不只是经济原因，也关乎社会环境。

18—19世纪，伦敦贫民的生活极不稳定，充满变数。这些变数可能是经济不景气；贸易衰退；失业或是工作的季节性浮动，等等。如果将年收入低于60镑的人划为社会下层，有三分之二到四分之三的人口属于这个行列。施瓦茨（L. D. Schwarz）认为，在伦敦所有成年男子人口中，75%处于这个标准以下。三分之二的劳动人口没有技能或技能不够熟练，此外，还有因各种原因而没有生计来源的人。[①] 失业、半失业或未充分就业都直接导致贫困。大部分人没有稳定的工作，只能从事临时工作。对许多人而言，稳定的工作是遥不可及的。港口和码头的工人们便是典型的临时性工作。总体而言，失业和低工资是穷人苦难的根源。

工作不仅有限，而且通常是不稳定和阶段性的。一些行业与季节和天气密切相关。工作的季节性浮动似乎是不可避免的。生产和运输方式与天气密切相关。远航依赖风向来决定行止。有时河流千帆竞发，有时空荡无影。1700年，四分之一的伦敦人口直接受雇于港口贸易行业。[②] 在贸易和商船行业，夏季是忙碌的时节，来自北美和东西印度的船只进港，需要成千上万的工人。当秋天远航的鼎盛时期过去之后，大量海员和水手只能等待下一次航行。结冰时航行全部停止。从事港口及相关行业的工人们在冬季只能做短工或失业。工作的季节性和不规律是许多工人陷于堕落和穷困的直接原因。在冬天，贫民习艺所的申请率增高。处于严寒的冬季，又逢粮价上涨和经济衰退时期，便是大范围的穷困之境。

而对大量从事服务行业的人而言，夏天才是萧条时节。17世纪初开始，伦敦一年可分为旺季与淡季两个阶段。旺季始于秋天，圣诞节前后达

---

① Francis Sheppard, *London: A History*, Oxford University Press, 1998, p. 221.

② George Rudé, *Hanoverian London, 1714 - 1808*, Suffolk: Martin Secker & Warburg Limited, 1971, p. 7.

到高潮，次年6月结束。淡季源于上层贵族夏季去乡间度假的风尚。18世纪，大众市场尚未发展成熟的情况下，伦敦西区的行业尤其是奢侈行业完全依靠贵族的消费。当贵族离开伦敦后，珠宝商店、金银店、马车制造和家具制造等行业都步入萧条时节。对服务业的人工需求也相应变化，如仆人、马夫、洗衣工的生计直接受到影响。丝绸商在七八月份几乎没有工作。[①] 裁缝在此期间失业，穷得像老鼠一样。德鲁里巷和考文特公园的剧院五月中旬至九月中旬期间歇业。一年中，伦敦的淡季可达四五个月。淡季与旺季之间的交替影响至深，学校的学生人数亦随之波动，父母失业，孩子亦随之失学。[②]

战争对民众的生活也有深刻影响。1695—1815年的120年，英国约有63年处于战争中，和平状态为57年。大量的人口参与战争。1756—1763年的七年战争中，17万人前往战场。1775—1783年的北美战争中，约19万人被送去战场。总体而言，战争带来行业繁荣。和平时，经济趋于衰退，监狱很快又填满。[③]战争与和平之间的不断切换，也带来诸多问题。战后退役的许多士兵，未能妥善安置，可能成为潜在的犯罪人员。1750年，沃尔波写道："在英国，你很少听到除抢劫之外的新闻，大量遣散的士兵和海员在路上或街上行劫。"[④]

穷困随着物价与工资之间的比例变化而相应变化。研究表明，18世纪20—40年代，人口增长率较低，伦敦的实际工资相对较高，且物价较低，社会相对稳定。18世纪下半期，实际工资水平较低。1760年之后，谷物价格上升，18世纪末甚至出现了饥荒。对下层民众经济状况影响最大的是食物价格，尤其是面包的价格，因为面包支出占劳工每周收入的四分之一乃

① M. D. George, *London Life in the Eighteenth Century*, London: Routledge, 1996, p. 110.

② Ibid., p. 269.

③ L. D. Schwarz, *London in the Age of Industrialization: Entrepreneurs, Labour Force, and Living Conditions, 1700 – 1850*, Oxford: Oxford University Press, 1995, p. 97.

④ M. D. George, *London Life in the Eighteenth Century*, London: Routledge, 1996, p. 269.

至一半。因此，当收成不好，粮食价格上涨而收入又未相应增加时，无数劳工家庭的生活水准随之降低乃至陷于贫困。由于面包消费是穷人的一项重要开支，因而小麦的价格关乎民生状况。罗斯托（W. W. Rosto）关于19世纪英国经济的研究中，基于小麦价格来计算社会紧张的指数，力图显示小麦花费与社会紧张之间的对应关系。这是一个近似计算，但显示的结果却意味深长。19世纪30—40年代，指数越低的年份，社会紧张的风险越高，如1837—1842年和1847—1849年，相应地，宪章运动的影响也最大。① 换言之，穷人一旦缺乏食物，便会开始喧嚷抗议，成为社会稳定的威胁。

许多赤贫者不属于救济范围之内或无法申请到相关救助，只能忍饥挨饿。1763年，一个收租者在一所空置房屋里发现了3个死去的妇女，她们极为瘦弱，几近赤身裸体。阁楼里有2个妇女和1个16岁左右的女孩，其中2人奄奄一息。得知有这所空房子之前，她们白天做体力活，晚上睡在大街上。调查发现，这些妇女被迫卖掉衣服换取食物。最年轻的一个女孩积劳致疾，但向教区救助被拒，而年老的妇女认为向教区或其他救济机构寻求帮助也没有希望，因而放弃申请。② 虽然这样的案例比较极端，但显示了伦敦下层劳动者的无助和绝望处境。

在平时，劳工大众通过劳动可以自食其力，大多服从温顺。而在非常时期，当人们凭借劳动也无法维持生存的时候，往往滋生不满，成为社会动荡的隐患。然而，任何时期，社会都有或多或少的剩余劳动力，以及那些无法依靠自身劳动维持生存的人。这些贫民及其生存困境成为济贫法和慈善组织面对的难题。

---

① Ann M. Woodall, *What Price the Poor? William Booth, Karl Marx and the London Residuum*, England: Ashgate Publishing Limited, 1988, p. 11.

② M. D. George, *London Life in the Eighteenth Century*, London: Routledge press, 1996, p. 171.

三　济贫法的不足与公共服务的缺失

随着伦敦城市规模的扩展和社会问题的日趋复杂，伦敦的城市管理和济贫法体系也面临严峻压力，且明显滞后于城市社会的发展，存在很大的改进空间。

济贫法的目标是救济老人和没有劳动能力的人，训练孩童，让他们凭借技艺自立于社会，给没有工作的人提供工作。尽管目标很明确，但济贫法的管理很糟糕，在理论和实际操作上存在一道鸿沟。以孩童照顾为例。济贫法规定，教区负责抚养本地出生的孤儿、私生子和父母无力抚养的儿童。然而，根据慈善家乔纳斯·汉韦的调查，一个济贫院接收了一岁以内的 174 个孩童，只有 11 个存活。另一个济贫院在 28 年里接收了约 2000 个孩童，但无一养大成人。① 这些数据表明，教区并未认真负责地对待和抚养孩童，而只是将其作为一种不得已的负担，敷衍其事。

为穷人提供就业方面，济贫法也无法令人满意。如果仅仅是救助穷人，教区或许还能胜任。院外救济是济贫法执行的最好的部分。但济贫法的真正意图是为穷人提供工作，而不是维持穷人的生活。这对那些未经训练的济贫官而言太过复杂，难以胜任。首先，找到足够的工作，雇用所有穷人是极为困难的。其次，这些工作，即使找到，很少报酬高到足够维持生存。在教区穷人较少的时候，教区宁愿直接提供津贴而非为其找工作，但往往不堪重负。习艺所里拥挤着形形色色的人，跛足者、聋人、盲人、小偷、乞丐、妓女、白痴和疯子等。其中也有忠实的管家和仆人，他们因年纪太大而无法继续工作。所有这些人都涌入习艺所。教区官员对贫民习艺所很少予以有效控制。这些人大多生活懒散，如躺在床上吸烟，或将乞讨的钱用来买酒喝。② 18 世纪伦敦著名慈善家汉韦认为济贫官对此应该予

① John H. Hutchins, *Jonas Hanway*, *1712 - 1786*, London, 1940, p. 57.

② Ibid. , p. 75.

以更严格的监控，并施行钢铁般的纪律。

济贫法的失败与其管理体制有很大关系。教区济贫完全仰赖济贫官。与责任相比，教区官员的素质和能力显然不足。多数济贫官无薪酬，任期一年。伦敦的济贫官大多是店主，他们自己每天要为生计奔忙，不可能花太多时间在教区事务上。政府工作对他们来说只是应付差事。其次，教区的力量相对薄弱，通常没有足够的钱完成救济工作，只能救助那些绝对需要的人。教区负担沉重，而其能力（钱与手段）又极为微小有限。济贫官不得不从经济角度考虑一切事情。若非严厉管制，因道德和秩序混乱造成的经济后果会更加沉重。①

济贫管理不仅松散，而且多半存在贪污腐败问题。1715 年 3 月，下院指定一个委员会调查教区济贫现状。委员会选取圣马丁教区为调查对象，该教区以慈善、怜悯和管理良好而知名。尽管圣马丁教区拥有良好的声誉，但委员会发现，约一半济贫款被滥用或挪用。账目的随意性使得查证教区官员开支明细几乎不可能。调查发现，一些教区官员对待穷人极为冷漠，听任穷人饥饿乃至死亡。据此，委员会认为：整个教区济贫体制需要调整和规范。②

腐败滋生主要是因为济贫法制度对教区济贫官的权力和资金管理缺乏规制和监督。账目记录模糊，接受救济的对象不清楚。如“1709 年 5 月 5 日发给一名妇女 2 先令，19 日给一个需要的人 1 先令 6 便士，22 日发给一个需要救济的人 2 先令，8 月 19 日发给一个贫民 6 便士、另一个人 1 便士，1 月 27 日给一个贫困家庭 4 先令等”。③ 这些记录极为简略随意，无从查证，而济贫官无须对任何人交代济贫资金的去向和账目详情。

---

① Dorothy Marshall, *The English Poor in the Eighteenth Century—A Study in Social and Administrative History*, London: George Routledge & Sons, Ltd., 1926, p. 251.

② John H. Hutchins, *Jonas Hanway, 1712 - 1786*, London, 1940, p. 50.

③ 尹虹：《论十七、十八世纪英国政府的济贫问题》，《历史研究》2003 年第 3 期，第 140 页。

制度的缺陷使得济贫法的运作离其初衷相差甚远。理论上人们知道怎么做，但实际上的管理困难超乎想象。[①] 实际运作的失序导致济贫法的失败。济贫法的混乱和腐败引起了社会上的广泛关注和普遍不满，时人纷纷提出改革济贫法的各种设想，但由于众多利益层面的相互牵绊，涉及济贫院的全盘改革阻碍重重。

济贫法在其传统职责范围内已是弊病丛生，而伦敦的诸多新问题和外来人口不在济贫法救助范围之内，如没有居住证的外来移民。实际上，没有居住证的穷人是如此之多，教区官员不得不给予那些没有居住证的穷人一定程度的救济，将其归为不定期领取救济的贫民。

1603 年颁布的，基于传统乡村社会的济贫法，到 18—19 世纪显然落后于时代和社会的发展。英国的社会格局已经改变，从有序的乡村社会，转向人口流动率较高的都市社会。而伦敦的城市规模之大，社会问题之复杂，远远超出济贫法的范畴和能力。面对各种新旧杂陈的问题，原有的济贫法已然力不从心。那么，面对这些问题，伦敦市政管理有何举措呢?

与其他许多城市不同，伦敦没有集中的中央管理机构。17 世纪中期以前，伦敦由市长（一年一换）和市参议员们共同管理。伦敦分为 25 个区，每个区由一个市参议员负责，这 25 个区进一步分为 242 个独立小区。除了市参议员和本地官员的协调合作，便是教区内部的管理。[②] 此后，伦敦的管理工作由伦敦法团和教区委员会负责。伦敦法团由伦敦市长、伦敦市市府参事法庭和普通议会法庭组成，负责伦敦市中心处 1 平方英里左右地域的古老的伦敦城的管理；其他地方基层组织是教区，规模较大的由选举产生的教区委员会管理，规模小的则由几个教区组成区议会管理。这些是伦

① Dorothy Marshall, *The English Poor in the Eighteenth Century—A Study in Social and Administrative History*, London: George Routledge & Sons, Ltd., 1926, p. 250.

② Peter Clark (ed.), *The Cambridge Urban History of Britain, Vol. II, 1540 - 1840*, Cambridge: Cambridge University Press, 2000, p. 333.

敦传统的管理机构，都有着强烈的自治色彩。[①] 总体而言，18 世纪伦敦的管理极为混乱，分散为几百个机构，相互不信任且对立。时人将其描绘为一个惊涛骇浪的海洋，有的漂浮，有的沉沦，而所有这些都仰赖机会、贸易和变幻莫测的自身利益的摆布。[②] 尽管如此，伦敦有历史悠久的自治传统，任何试图推行中央统治之下的管理制度都会引起顽固的反抗，认为这是对自由的侵犯。

即使 19 世纪中期前后，英国其他城市纷纷进行地方管理改革，而伦敦却因其特殊的首都地位和空前的人口、地域规模而徘徊在地方政府改革之外，成为英国大城市中最后一个建立起现代城市管理机构的城市。随着 19 世纪英国城市化的发展，城市公共事务日趋繁多。于是，为了应付日益增多的城市新事务，依法设立了多个专门机构，如卫生委员会、教育委员会、警务委员会、路灯委员会等，名目繁杂，各司其职。19 世纪中叶，整个伦敦在大约 250 个地方法指导下，设立了 300 多个委员会。伦敦处于多头多层而又各自为政的管理状态。伦敦的城市管理改革直到 1854 年才再次被提上议事日程。经过重重障碍，在 1855 年建立了一个全伦敦范围的管理机构——“首都公共事务委员会”。[③]

18 世纪，伦敦的治安力量极为有限。与犯罪率相比，治安官、教区执事等人员远远不够，因此，缺乏治安力量成为伦敦犯罪猖獗的根本原因。为此，一些地方官员试图加强管制，改善管理。18 世纪中期，约翰·菲尔丁（John Fielding）等人在弓街（Bow Street）的地方治安管理方面颇有创举。菲尔丁与其兄弟约翰都是弓街的地方法官。1749 年，他们创建了一个治安警队（the Bow Street Runners），每周薪资一个几尼，负责该地治安，

① 陆伟芳：《“首都公共事务委员会”与伦敦城市管理的现代化》，《史学月刊》2010 年第 5 期，第 70 页。

② R. Porter, *London: A Social History*, Harmondsworth, 1994, p. 155.

③ 陆伟芳：《“首都公共事务委员会”与伦敦城市管理的现代化》，《史学月刊》2010 年第 5 期，第 70 页。

卓有成效，享有盛誉。1798年，在治安官帕特里克·柯恩宽的推动下，伦敦成立了泰晤士警局，逐步发展警力，选任地方法官，惩治小偷。[①] 整体而言，19世纪之前，伦敦的市政管理都是相对分散的。直到19世纪20年代，随着首都管制委员会的出现，以及公共卫生等方面的一系列改革，政府的力量才逐渐介入社会事务。总之，18世纪和19世纪初，伦敦的城市管理是相当初步的，在维护治安和提供其他公共服务方面所起的作用有限。伦敦城市管理的现状既是慈善组织兴起的动力，也是其发展的压力。

18世纪和19世纪正值英国工业革命蓬勃发展的时期，经济的迅速发展给原有的社会结构以极大的冲击。旧的管理体制和方法日益显示出不适应的迹象。由于牵扯到众多利益层面，所有试图改善济贫法的建议和努力都会遭到各种反对。相反，由社会力量自发成立的慈善组织则相对灵活。因而，转型时期，伦敦都市社会的各种复杂情形和急切需求刺激了慈善组织的增长。

第三节　中产阶级积极参与慈善活动

18—19世纪，在伦敦慈善组织中，中产阶层是主导力量，他们不仅引领慈善活动的走向，也负责具体的经营运作。中产阶层的社会来源相当广泛，其规模不断扩大，成为英国社会结构中非常活跃的一个组成部分。中产阶层参与慈善活动的动机是多元的，既有纯粹的人道主义关怀，也有宗教和社会控制的因素，也希冀通过慈善活动获得身份认同与社会地位。以商人和专业人士为主的中产阶层在经营慈善组织时具有独特的优势。他们

① R. Porter, *London: A Social History*, Harmondsworth, 1994, p. 155.

发挥各自的专业特长，既分工又合作。同时，中产阶层经营下的联合慈善组织依据社会需要和舆论导向的变化，及时调整慈善组织的目标和方法。因而，中产阶层是18—19世纪伦敦慈善组织发展的重要推动力。

一 中产阶层的社会来源

笛福将18世纪的英国人分成七个等级。以下三类属于社会中上层：第一类是大地主或贵族，他们处于权力和财富的顶层，生活非常充裕。第二类是富有的商人阶层，主要指伦敦的大商人和金融资产阶级，他们大多因商业贸易、殖民扩张和战争而致富，生活非常富裕。伦敦约有1000个这样的富商大贾，他们有向上攀登社会阶梯的野心与热望。第三类是中产阶层，介于富商大贾与劳动阶层之间的群体，生活良好。① 一般而言，能够自主谋生和免于贫困是中产阶层在社会、文化和政治方面独立的基础。

而本书所指的中产阶层大致是笛福七个阶层里的二三阶层，即富豪与小康人家的重叠。这两个阶层在生活方式和行为举止方面有许多相似之处。总体而言，中产阶层涵括的范围较广，收入差距很大，包括从一年收入几千镑的律师和内科医生到一年收入三四十镑的穷牧师。② 此外，财富和地位并非完全对等。许多专业人士比那些赋闲过日子的绅士还富有。而许多新兴的暴发户仍处于社会等级的中下等。在社会变革时期，财富和地位的不对等现象较为常见。

中产阶层的职业类别比较广泛。除医生、律师、神职人员、科学与艺术等传统行业人士之外，17世纪新增了许多行业。17世纪90年代的一份人头税评估，列举了伦敦城内721个不同的职业种类。来自批发、中介商、

① David Owen, *English Philanthropy, 1660 - 1960*, Cambridge, Harvard University Press, 1964, p. 5.

② Jonathan Barry and Christopher Brooks (edited), *The Middling Sort of People—Culture, Society and Politics in England, 1550 - 1800*, The Macmillan Press Ltd., 1994, p. 149.

零售商、制造行业，或是专业人士和投资行业的中产阶层，诸如商人、手艺人、店主等。[①] 此外，随着工业变革诞生的许多新职业，如船主、制造商、技术人员等都属于其中。随着英国的海外扩张、工商业发展，伦敦涌现了许多拥有巨额财富的大商人、大工业主、银行家和批发商，这些人大多通过经商致富。随着社会分工的细化，专业人士数量的增长相当迅猛。伦敦聚集了神职人员、律师、医生、学校教师和书商等各行各业的人员。18世纪，伦敦的律师人数比全国其他所有省城加起来的总和还多，医生行业也是如此。[②] 作为英国的文化中心，伦敦集中了许多艺术和文化界人士，如建筑师、画家、音乐家和作家等。此外，还有大量的政府公职人员。18世纪20年代，伦敦约有2700个公职职位。[③] 军队和海军的公职人员也在增长。厄尔（Dr. Earle）估计，在18世纪初，专业人士有5000至7000人之众。[④]

划分社会阶层大多依据出身、生活方式、地位、职业、财富、教育水平等标准。划分标准不同，人数与规模亦不同。在当时及其后，不同的人有不同的提法。18世纪的小册子作家马西（Massie）认为，一年200镑是中产阶层的中等收入。[⑤] 也有人认为，中产阶层的年收入在60—200镑。保罗·兰福德（Paul Langford）认为，在18世纪，如果将年收入50镑作为中产阶层的最低门槛，英国约有五分之一的家庭属于此类。如果以40镑为限，则增至五分之二。[⑥] 大卫·罗伯茨（F. David Roberts）指出，在

① Paul Langford, *A Polite and Commercial People—England 1727 - 1783*, Oxford: Clarendon Press, p. 61.

② L. D. Schwarz, *London in the Age of Industrialization: Entrepreneurs, Labour Force and Living Conditions, 1700 - 1850*, Cambridge: Cambridge University Press, 1992, p. 4.

③ Francis Sheppard, *London: A History*, Oxford University Press, 1998, p. 220.

④ Jonathan Barry and Christopher Brooks (edited), *The Middling Sort of People—Culture, Society and Politics in England, 1550 - 1800*, The Macmillan Press Ltd., 1994, p. 149.

⑤ Ibid., p. 145.

⑥ Paul Langford, *A Polite and Commercial People—England 1727 - 1783*, Oxford: Clarendon Press, p. 62.

1750 年，中产阶层约占英国人口的 4%，到 1867 年，中产阶层占人口的 12%。如果中产阶层定义更为松弛的话，比例会更大。同一时期，中产阶层的下层所占人口比例从 9% 上升到 20%，而熟练工人则从 12% 增至 35%。[①] 就伦敦而言，弗朗西斯·谢坡德（Francis Sheppard）指出，在 18 世纪末，中产阶层成为最大的社会群体，散布在伦敦的各个角落。伦敦中产阶层人数为总人口的四分之一到三分之一。[②] 总体上说，中产阶层的队伍逐渐壮大。中产阶层人数的增长反映了国家财富的增长和生活水准的提升。以商人和专业人士为主体的中产阶层凭借能力发家致富，成为新兴的都市社会精英。作为一股活跃的社会力量，中产阶层开始关注公共事务，参与社会管理，其中慈善活动成为一个重要途径。

二 中产阶层热衷慈善活动的原因

18—19 世纪，中产阶层的慈善活动相当醒目。18 世纪初，理查德·斯提尔（Richard Steele）曾说道：“只有中产阶层才关心教导年轻人，照顾老人和病人等事务。”[③] 虽然贵族仍是慈善事业的重要成员，但留载史册的慈善家多数是中产阶层出身。他们的财富大多来源于商业和贸易而非家庭继承。那么，这些中产阶层参与慈善的动机是什么？是什么原因促使他们奉献时间和金钱，投身慈善活动？对施善动机的考察有助于明晰慈善活动的目标和动力，而留存的相关线索则为这一考察提供了可能性。

社会中上阶层参与慈善的动机无疑是多元的，以下几种可能是其主要成分。首先，中产阶层投身慈善活动是出于社会责任感。18—19 世纪，伦

---

① F. David Roberts, *The Social Conscience of the Early Victorians*, Stanford: Stanford University Press, 2002, p. 156.

② Francis Sheppard, *London: A History*, Oxford University Press, 1998, pp. 119, 220.

③ David Owen, *English philanthropy, 1660 - 1960*, Cambridge: Harvard University Press, 1964, p. 13.

敦经历着社会经济的重大变革，由此带来的各种问题，造成下层民众的苦难。在一定程度上，扶危济困是社会上层的传统义务。对于穷人的施予和救助已经成为社会对富人一种不言自明的期待。乔丹指出，倘若一个伦敦商人不曾有过捐助或施舍等慈善行为，会是令人震惊的，除非因年龄、健康或生意失败等原因导致财产严重损失。[①] 权贵和富人拥有权力和财富的同时也肩负着相应的责任。慈善家托马斯·班纳德在其著述中反复强调上层社会对下层民众的职责，“占据阶层、权力、财富的人士应有其责任并付诸行动。”[②] 慈善活动正是履行社会责任的重要途径。

其次，慈善对社会中上层而言，不仅仅是道德义务，也是维持社会秩序，防范社会危机的手段之一。当社会的大多数人处于贫困时，容易引发不满和骚乱。18—19世纪，社会上层对穷人反抗的忧惧极为普遍，尤其是在食物价格较高的时候。在危急时刻或紧急情况下，地方精英往往通过慈善活动来化解危机或缓和紧张局面，相应地慈善救济亦明显增长。这对地方精英而言，其实是一种自愿征税。[③] 在经济危机、贸易衰退、天气严寒和饥荒等危急时刻，必然有大量失业和贫困人口。如果严厉执行流民法和居住法，会有社会紧张乃至动荡的危险。相对于社会动荡或爆发革命，通过各种慈善组织为特定群体提供救济和服务，以此缓解矛盾，维持秩序，显然是更为廉价的选择。而穷人在申请救济过程中，必然要强调自身合乎中上层的道德要求，即穷人在接受慈善的同时，须认可社会中上层的价值观和相应规则，即以屈从来获得庇护。

再次，宗教意义曾是慈善活动的要旨。在18—19世纪，尽管宗教不再是慈善的唯一动机，但基督教作为英国社会文化的底色，在慈善活动的动

① W. K. Jordan, *The Charities of London, 1480–1660: The Aspirations and the Achievements of the Urban Society*, New York: Russell Sage Foundation, 1974, p. 26.

② Thomas Bernard, “Prefatory Introduction to the Second Volume”, *Report of the Society for Bettering the Condition of the Poor II*, p. 26.

③ H. Cunningham and J. Innes (eds.), *Charity, Philanthropy, and Reform: from 1690s to 1850s*, New York: St. Martin's Press, 1998, p. 73.

机和目标方面皆有深远的影响。在此期间，宗教对慈善的影响体现在两个方面。一是自18世纪末福音派慈善的主导作用。在18世纪中期，伦敦慈善界更多强调人道主义和博爱精神，宗教色彩有所弱化。18世纪80年代之后，在福音运动的影响下伦敦不仅涌现了大量宗教性慈善组织，世俗慈善活动也混杂了福音主义因素。二是在19世纪，伦敦众多教派之间的竞争亦体现于慈善活动中。有学者指出，对于灵魂的渴求成为19世纪初伦敦慈善活动最强大的动力。[①] 19世纪众多的传教会和走访协会主要目的之一，即劝诱穷人改变宗教信仰。

最后，慈善活动成为向上流动的途径之一。对于那些经济获得成功而社会地位低微的人而言，他们可以用金钱或时间去换取社会资本。通过认捐名单，捐助人得以向公共社会展示自己的财力；在晚宴、音乐会等欢娱慈善活动中，富商大贾得以与贵族觥筹交错，相邻为伍。因此，慈善活动成为中产阶层攀登社会阶梯的途径之一。中产阶层通过慈善活动可以锻炼管理能力和发展社会关系网，这意味着给未来的财富和权力投资，甚至为未来政治生涯铺路。正如社会交换理论的代表人物彼得·布劳所说："但在这种似乎无私的面纱下，我们可以发现一种潜在的'利己主义'，帮助他人的倾向常常是以下述期望为动机：这样做会带来社会报酬。"[②] 某种程度上，参与慈善活动在个人发展方面也有作用，如参与慈善活动，也是中产阶级发展商业联系和建立与社会上层的关系的一种方式。

此外，中产阶层热衷于参与慈善事务，可能也是源于对权力的热爱。慈善家班纳德为"热病医院"争取捐助时发现了这一问题。"热病医院"作为一个传染病医院，无须遴选受助人，理事们也没有投票选举等决定

① Frank Prochaska, "*Philanthropy*" *in The Cambridge Social History of Britain*, *1750 - 1950*, F. M. L. Thompsoned, Cambridge University Press, 1990, p. 359.

② ［美］彼得·布劳：《社会生活中的交换与权力》，孙非等译，华夏出版社1988年版，第19页。

权。毕竟，传染病机构不可能要求申请人出具委员的推荐书。因此，在这类传染病医院中，捐助者较少从中感知到个人的重要性和切身利益，社会支持并不积极，资金募集比较困难。这些医院日益依靠教区支持和议会资助。班纳德由此认为："钟爱恩赐是众多所谓慈善的根基。"① 阿尔柯克（Alcock）也指出："救助对象应该谦卑恭敬……当收到感激时，我们认为自己的善行得到了报答，感到愉悦并获得继续施善的动力。"② 此外，捐助者也需要安抚和相应的荣誉，否则他们可能会撤回捐助。"洛克医院"的一个认捐者提出免费给医院提供油漆。理事们很高兴地接受了，但后来发现，他们收到一张要求支付 22 镑的票据。问及原因时，该捐助人抱怨说"洛克医院"没有公开致谢。③ "妇产科医院"也规定，产妇在出院后，有义务感谢医院所给予的治疗。如在每周的理事会议上公开致谢，或在产后向其举荐人送去感谢信。如果没有送出感谢信，那么该妇女在未来将不会得到这一机构的任何帮助。④

总体而言，社会中上层参与慈善活动的动机是复杂多元的，很难一概而论。杰弗里·芬利森（Geoffrey Finlayson）认为维多利亚时期最有名的慈善家，第七任沙夫茨伯里伯爵（Earl of Shaftesbury）投身慈善的原因部分是因为宗教信仰，部分是为了改善贵族的社会形象，部分是为了逃避"个人的内在冲突"。⑤ 布莱恩·哈里森（Brian Harrison）将慈善活动与休闲的本质联系起来。⑥ 而弗兰克·普罗查斯卡（Frank Prochaska）对 19 世

① Thomas Bernard, "*Report of the Society for Bettering the Condition of the Poor*", v., p. 186.

② B. K. Gray, *A History of English Philanthropy, from the Dissolution of the the Taking of the First Census*, London: P. S. King & Son, 1905, p. 269.

③ Andrew, D. T., *Philanthropy and Police: London Charity in the Eighteenth Century*, Princeton, 1989, p. 85.

④ Tanya Evans, "*Unfortunate Objects*": *Lone Mothers in Eighteenth – Century London*, Basingstoke: Palgrave Macmillan, 2005, p. 150.

⑤ Bernard Harris, *The Origins of the British Welfare State, A History of Social Welfare Provision in England and Wales from 1800 to 1945*, Palgrave Publishing Company, 2004, p. 6.

⑥ Brian Harrison, Philanthropy and the Victorians, *Victorian Studies*, Vol. 9, No. 4., 1966, pp. 353 – 374, 360.

纪英国妇女的慈善活动的研究则显示，这是维多利亚社会中产阶级妇女对其社会约束的理性的回应。①

尽管中产阶层参与各种慈善活动的原因复杂多样，但改善下层民众的困境，舒缓阶级矛盾，维护社会秩序无疑是其重要的努力目标，这也有利于英国社会在危险复杂的转型过程中得以平稳过渡。与维护社会秩序同样重要的是，社会中上层试图通过慈善活动来促进国家利益。18 世纪中期以来，众多慈善组织在募集资金和呼吁社会支持时，大多强调其对国家利益的贡献。同时，国家利益和社会现实需要的转变也会推动慈善目标的转移。

三 中产阶层参与慈善活动的优势

中产阶层投身慈善活动有其特殊的优势。首先，众多中产阶层参与不同的慈善活动，在此基础上形成了交流与合作。在 18 世纪之前，慈善活动以个人捐赠为主，如个人设立慈善基金，或个人捐资兴建救济院和学校等。这些个人的慈善活动是彼此孤立的，很少交集。自 18 世纪以来，随着联合慈善组织的兴盛，许多人通过认捐成为多个慈善机构的会员或理事。慈善家和捐助人参与这些慈善组织的管理工作时，如出席会议，参与讨论或决策，处理相关事务等，逐渐形成了关于慈善事务的交流与合作。同时，捐助人之间的商议与合作，有助于慈善活动的专业化。联合慈善组织往往从各式各样的认捐者中选择一小部分人作为经营者，而在选择时大多结合专业优势。如财务主管往往由商人或银行家等金融界人士担任，理事成员中的医生和律师则可以提供医疗和法律方面的建议和服务。来自不同行业的理事们得以充分发挥专长，为慈善组织提供相应的服务。

① Frank Prochaska, *Women and Philanthropy in Nineteenth - Century England*, Oxford, 1980.

其次，这一时期，商人、金融家和各个领域的专业人士构成联合慈善组织的主力。他们将商业方法引入慈善机构的经营，注重宣传，通过多种途径募集资金，如将休闲娱乐活动与慈善募捐结合起来的欢娱慈善。慈善组织的商业化运营，不仅使得慈善活动更富成效，而且比之官方济贫显得更为实用和灵活，更有效率。由于施行商业化运营，慈善组织与外界联系较为密切。慈善组织的经营者关注舆论导向变化，以现实需要和社会舆论为风向标，不断推进慈善组织的自我革新。

再次，在施予救济方面，慈善组织比济贫法更为公正。东印度公司的董事和托利党议员马修·德克尔（Matthew Decker）认为："由理智的市民自愿组织管理的慈善可能比教区济贫更为有效。这些人出于对真正慈善的热爱，仔细区分救济对象。"而"管理教区穷人的济贫官往往是被不情愿地选举出来的，或仅仅是为了从这一职位轻松地获得工资，是无法与那些自愿主动的人相比的"。[①]因此，许多评论者认为，私人慈善，尤其是联合慈善组织，比济贫法救济更好，因为前者能够更有效地了解和辨识救助者的实际情况，并对真正需要的人予以适当的关照。总体上说，人们认为慈善家们的动机更具普遍的善意，较少局限于狭窄私利，不会对真正需要的人克扣或吝啬。

此外，18—19世纪，随着国内的经济发展和国外的殖民扩张，英国人的民族自豪感日益上升。越来越多的英国人感到国家在进步，特别是那些在商业和殖民中获利的中上阶层，命运和利益的同步性使他们更加关注国家的强盛。乔纳斯·汉韦认为，英国的强盛是穷人和富人的一致利益，而这有赖于每个公民的共同努力，有经验、有能力者应该运用他们的常识和经验指导其同胞的生活，引领国家往更好的方向发展。[②] 中

---

① Donna T. Andrew, *Philanthropy and Police*: *London Charity in the Eighteenth Century*, Princeton, 1989, p. 27.

② John H. Hutchins, *Jonas Hanway*, *1712 - 1786*, London 1940, p. 134.

产阶层社会精英作为既得利益者，对国家强盛和社会稳定有很强的利益诉求。创建、经营或捐助相关的慈善组织成为实现这一目标的渠道之一。通过慈善活动，中产阶层得以参与社会管理，共同致力于理想社会的塑造。中产阶层大多具有一定的文化水平，他们往往将经济学家和社会哲学家的观点践行于其慈善活动之中。同时，他们对于国家形势有较好的判断力和理解力，对慈善活动的政治和经济意义有充分的认知。所以，这一时期的慈善活动具有一定的导向性，体现了中产阶层对社会需要和国家利益的判断。

最后，中产阶层作为社会的中间力量，充分发挥其上通下达的优势。一方面，中产阶层在经营慈善组织时，积极争取上层贵族和社会显要的支持。尤其在慈善组织初创时，由显要人士担任机构的庇护人，对吸引社会捐助有重要作用。中产阶层经营者千方百计争取贵族出席慈善组织举办的各种募捐活动，希望以此扩大影响，增加收入。中产阶层深知贵族在社会上的影响力，并充分利用这一点，以此助益慈善活动。另一方面，中产阶层通过慈善活动，不仅救助了大量穷人，而且对穷人的生存处境有更深入的了解，这是推动后来众多社会立法的基础之一。19 世纪之后，随着工人队伍的壮大，工人成为慈善活动的重要力量，工人的自助与互助组织日渐增多。中产阶层与下层民众在慈善活动方面开始出现多种合作。如下层民众成为中产阶层主导的慈善组织的雇员，中产阶层指导或资助下层民众的自助和互助慈善组织等。因而，这一时期，中产阶层充分发挥其媒介力量，推动各种社会力量共同为慈善服务。

中产阶层参与慈善活动的这些优势，恰好构成了 18—19 世纪伦敦慈善组织的优越之处。

本章小结

伦敦的慈善活动具有良好的历史基础。自 18 世纪以来，在工业化和城市化的进程中，伦敦积聚了复杂的社会问题，社会救济面临严峻的压力。而此时教会权威衰落，在慈善救济方面日趋退缩。17 世纪初颁布的旧济贫法弊端重重，已不适应 18 世纪的社会状况。这一时期，新兴的城市中产阶层凭借其财富和能力成为慈善活动的主力。大量中产阶层积极参与慈善，希冀通过慈善活动来化解矛盾，整合社会。城市贫民的救济需求，济贫法和公共服务的不足，伦敦慈善界在人员与资金方面的优越条件等，这些正是 18—19 世纪伦敦联合慈善兴盛的基础。

第二章　观念变迁

中世纪和近代早期，在基督教教会的主导下，贫困问题和慈善活动具有浓厚的宗教意涵。宗教改革之后，开启世俗化风潮，贫困问题与慈善活动的宗教性有所减弱。16—17 世纪，随着理性主义的兴起，人们开始探寻致贫原因。济贫法颁行之后，济贫税的征收促使社会开始关注贫困问题的经济负担。因而，贫困不再只是个人的事情，而关乎本地的经济税负，这对近代英国贫困问题的讨论和应对都具有重要影响。宗教意义减弱的同时，贫困与济贫的经济和社会意涵开始突出。作为社会治理和社会改良的重要手段之一，慈善活动的工具理性仍是突出的，在不同时期受到不同经济理论和社会思潮的影响，顺应并体现时代和社会的需求，呈现慈善活动的功用性特征。

第一节　从宗教神圣到世俗理性（1700—1770）

根据基督教的传统解释，穷人是上帝在人间的代表。教会强调慈善活动只有在践行适当的宗教意义时才能发挥作用，侧重对捐助者的意义。从这个视角而言，穷人只是宗教精神的一个中转或是流动枢纽，因而对受助者的品德是较少要求和质疑的。宗教改革之后，受助者不再被简单地看作只是基督在人间的代表，而是作为具有因果律的个体，自身须承担相应的责任。社会日益关注慈善对受助者的效应。17 世纪末，政治经济学派开始计算穷人的花费和价值。此后，济贫和慈善的实际效应日益得到重视。济贫法的施行开始强调对救助对象的辨识，对体健穷人和丧失劳动能力的穷人进行区分，予以不同对待。

一　慈善的世俗化

中世纪以来，慈善与宗教紧密相连。《圣经》中耶稣说："你要尽心、尽性、尽意，爱主你的神，这是诫命中的第一，且是最大的。其次也相仿，就是要爱人如己。这两条诫命是律法和先知一切道理的总纲。"①《圣经》为基督教的宗教角色定下了基调，教会则从多个方面不断强化慈善的功用。教会宣扬：给穷人施舍就是给上帝谢恩。因为人们无法直接供奉上帝或基督，上帝就特选一批穷人作为他在人间的替代和受纳人。因此，"无论给予他们什么样的帮助，都是给予基督本人。"②因而，慈善施舍成为兼具道德和宗教义务的行为，"施舍是基督徒的义务，否则是对上帝的不敬。"③

基督教的财富观也影响着慈善施与。基督教教义推崇贫穷，而鄙弃财富。《圣经》有言："富人想进天堂，比骆驼穿过针眼还难。"穷人更接近天堂，他们只要正直耐心，努力工作，就可以得到上帝……而富人如果贪心或据富自傲，则必须意识到永罚的危险。穷人因为免受财富的诱惑，在道德方面要优于富人。据此，中世纪出现贫困神圣化的趋势。许多人为了得到灵魂的优先权而自愿贫困，如散尽家产，乞讨为生。此外，教会强

① 《圣经·新约》，中国基督教协会 1998 年版，第 28—29 页。

② Slack, P., *Poverty and Policy in Tudor and Stuart England*, London, New York: Longman, 1988, p. 19.

③ B. K. Gray, *A History of English Philanthropy*, *from the Dissolution of the Taking of the First Census*, London: P. S. King & Son, 1905, p. 98.

调，富人应与穷人分享其财富，因为这些财富不是他自己的，“富人只不过是上帝的看管员和穷人的司库”，[①] 因此，富人必须将一部分财富慷慨地回馈给穷人。

中世纪教会将施舍与赎罪联系在一起，宣扬“善功得救”，行善则入天堂，吝啬则入地狱。通过施舍，富人可以掩饰其罪过，在末日审判时获得永生。因而慈善成为一项良好的投资，以慈善施舍的方式将钱存入“精神银行”，其利润则是灵魂的永生。[②] 于是，既然生前救济贫困同胞比死后留下巨大的金山更能令上帝愉悦，尘世中的行善便成为在天国积下财富的最安全的方式。[③] 富人们生前拥有大量财富，临终时希望通过捐赠财产来获得救赎。笃信基督教的英国人为了赎罪以便死后进入天国，死前往往以遗嘱的方式将自己土地的全部或部分捐赠给教会。由此，慈善不再仅仅是道德义务，而从宗教的维度，与个人的切身利益联系起来。因此，行善或施舍不只是爱心的自然表露，而是个人进入天堂的必需条件。“当信徒们被罚入地狱的恐惧驱赶到机械性的行善活动中去时，他们的爱心已经沦落为自爱。”[④]

在基督教慈善观念影响下，中世纪和近代早期慈善行为的两大特征是不加辨识和不求回报。首先，基督教的慈善观念强调不加辨别地救济一切穷人。在中世纪，慈善成为天堂大门的锁匙。穷人具有特殊作用，他们的存在为富人行善提供了机会。这种观念使贫穷和穷人的存在具有特定的价值和意义。穷人真正需要什么，穷人数量的多少，都不是富人最关心的问

---

① Slack, P., *Poverty and Policy in Tudor and Stuart England*, London, New York: Longman, 1988, p. 18.

② B. K. Gray, *A History of English Philanthropy, from the Dissolution of the Taking of the First Census*, London: P. S. King & Son, 1905, p. 98.

③ Brigden, S., “Religion and Social Obligation in Early Sixteenth - Century London”, in *Past and Present*, No. 103, 1984, p. 103.

④ 向荣：《论16、17世纪英国理性的贫穷观》，《武汉大学学报》（人文社会科学版）1999年第3期，第70页。

题，社会上是否有穷人给富人提供行善的机会才是最重要的。[1]因而，穷人以及对穷人的救济成为富人通往天堂的阶梯。同时，在基督教的慈善观念里，凡是一切穷弱者，都应予以救助。在这些观念的指引下，中世纪和近代早期，有大量流动于各地，靠施舍过活的行乞人群。

中世纪早期普遍认为穷人本身就是社会的一部分，贫困是无法消除的，救济穷人是社会常态之一。因而，人们在进行慈善救济时，并未打算创设一种新的社会秩序，或者以此消除贫困，只是通过慈善活动，实现一种富人与穷人的双赢。[2] 捐助者更关心他们自己的灵魂救赎而非穷人的真正需要。因而，中世纪社会并没有做出认真或一致的努力去消除、应对或阻止贫困，而代之以不计其数的不加辨识的施舍，如给予行乞者酒肉招待，或在葬礼上给穷人分发衣服和钱。

其次，“给予，不求回报，即不图任何未来的好处。施舍给孩童、老人，给不思感恩的人，濒临死亡的人，给那些你可能不会再见到的人。否则，你的施舍便不是慈善，而是交易或买卖”。[3] 这段话体现了基督教的慈善观念的要旨，即慈善应以施舍行为本身为重，对救助对象没有任何要求。事实上，这些慈善救济往往是基于互惠关系的，即以现实的物质换取灵魂的永生，“富人以救济品支撑穷人，穷人以祈祷庇护富人”。[4]

近代以来，英国的宗教改革，加之经济和社会的发展推动了人们对于贫穷、乞讨和慈善的态度变化。一方面，随着大批修道院的解散，教会财产的没收，以及教会势力的衰退，传统的教会慈善大大缩减。解散修道院的直接后果是穷人们失去了最重要也是最基本的住宿、医疗和教育支持。

---

① Norman Alvey, *From Charity to Oxfam: A Short History of Charity and Charity Legislation*, Phillimore & Co. Ltd., 1995, p. 6.

② James J. Fishman, *The Faithless Fiduciary and the Quest for Charitable Accountability 1200 – 2005*, Durham: Carolina Academic Press, 2007, pp. 38 – 39.

③ Jeremy Taylor, *The Rule and Exercise of Holy Living*, 1650, 转引自 Andrew, D. T., *Philanthropy and Police: London Charity in the Eighteenth Century*, Princeton, 1989, p. 1。

④ Slack, P., *Poverty and Policy in Tudor and Stuart England*, London, 1988, p. 19.

无家可归的穷人流落街头，四处寻求接济和藏身之所。不仅如此，宗教改革之后，富人为了获得心灵救赎而向教堂捐赠财产的行为也受到了限制。

另一方面，社会经济的变革，如圈地运动使许多人失去赖以为生的土地，流离失所，社会的贫困率大幅增加。政府开始关注和应对贫困问题。1601年和1603年，英国先后通过了《慈善用益法》和《济贫法》。这两个法令代表了英国此后几个世纪里官方救助与民间济贫的两个发展路向。《慈善用益法》旨在规范慈善资金的运用，确保实现捐赠者的意愿。这一法律的出现，标志着慈善施舍从宗教行为变成社会政策的工具之一。济贫法以教区为单位征收济贫税，施行地方义务救济。济贫税的征收意味着救济穷人开始成为地方社会的经济负担。此后，贫困作为一个社会问题，其宗教色彩弱化，而经济意义更为凸显。16世纪英国的慈善理念转变最重要的一个标志就是国家开始介入贫困问题：通过《济贫法》确立基于本地的义务救济体系；通过《慈善用益法》规范慈善捐助的用途，抑制随意赠予及其不良后果。

近代以来，贫困问题逐渐褪去神圣的宗教外衣，而清教徒反对随意救济则是其去神圣化过程的重要一步。16—17世纪，清教理性主义兴起，强调用理性的眼光看待问题。一些清教徒抨击贫困，谴责寄生穷人，尤其是四处流动乞讨的职业乞丐群体。清教徒们认为不加辨识的救济制造了贫困。在此之前，正如亨利·贝德（Henry Bedel）所言："人们不应该谴责或鄙视穷人。"①然而，16世纪之后，由于贫困规模较大，穷人如此之多，只能救济部分真正值得救助的穷人。人们开始认为拒绝施舍部分穷人是合情合理的，对穷人的谴责也更为常见。16世纪50年代，罗伯特·克劳利（Robert Crowley）呼吁："停止不加考虑地向所有穷人施舍。"②

---

① Slack, P., *Poverty and Policy in Tudor and Stuart England*, London, New York: Longman, 1988, p. 18.

② Ibid., p. 20.

慈善观念世俗化的一个表现是，人们逐渐开始对贫困予以辨识，如区分自愿贫困与非自愿贫困，将穷人分为有劳动能力与无劳动能力，然后采取不同的应对办法。1715 年，罗伯特·尼尔森（Robert Nelson）将贫困分为两类，一是灵魂的贫困，一是身体的贫困。前者需要灌输宗教训诫，后者则依据贫困程度予以救助。①尽管一些神学家仍强调救济一切穷人，但穷人的庞大队伍，济贫的沉重负担，使得不加辨识的救济不仅不切实际，还会造成不良后果——穷人依赖于救济，而非自立谋生。这一时期，社会观念提倡和鼓励救助应该救助的人，同时惩罚游手好闲之辈，反对不加区别地救济一切穷人。如济贫法的救济对象只能是那些丧失劳动能力、无法依靠自身劳动生存下去的人们。17 世纪的神学家如古奇（Gouge）、塞克（Secker）等都引证圣保罗的名言“不劳动者不得食”，认为“那些宁愿懒惰、游手好闲、流浪地乞食也不愿诚实劳动的人不应得到救助，而应遭受自己造就的恶果”。② 所以，人们拒绝通过救济纵容懒惰，强调慈善的真正目标是救助那些无法自立的人。17 世纪以后，英国社会日益强调：只救助真正需要和值得救助的人。综上可见，16 世纪以来，慈善观念由传统的宗教意涵转向更具现代性的社会经济的意义层面。

尽管有变化，但不能过分夸大这一变化的程度。慈善仍被认为是宗教生活的一个主要职责。17 世纪，非正式和相对不加辨识的施舍也很普遍。18 世纪上半叶，神学家们仍强调，慈善本质上是一种宗教行为。艾萨克·巴罗（Isaac Barrow）在布道时声称：“对于穷人的职责和慷慨，是所有交易当中获益最丰的。我们将钱借给上帝，他还以极高的利息。此刻他应承的是 100∶1 的利率，他将会使后来获得 1 对 100 万的回报。”③ 一些神学家

① B. K. Gray, *A History of English Philanthropy*, *from the Dissolution of the Taking of the First Census*, London: P. S. King & Son, 1905, p. 94.

② Donna. T. Andrew, *Philanthropy and Police*: *London Charity in the Eighteenth Century*, Princeton, 1989, p. 19.

③ Ibid., p. 15.

强调贫困是一种结果而非罪恶，是上帝为了加强人们之间的友爱而有意设计的。上帝运用这一方式使人们通过善行建立相互连接的纽带，富人有义务施善，而穷人报以感恩之心，双方借此获得救赎。以中世纪到近代虽然在程度上有所区别，但宗教信仰始终是慈善活动的重要出发点之一。

在中世纪，人们普遍敬畏上帝，信服"上帝"安排一切。理性主义的兴起逐渐削弱了中世纪的宗教思想，人们开始用一种因果律的眼光来看待现实世界，并把这种因果论带入道德观的审视中，倾向于认为道德是理性作用于行为的结果。宗教改革打破了教堂持有慈善财产的传统，教会在社会救济方面的影响缩小。因此，16 世纪中期开始，英国的慈善观念发生了重要改变。传统的慈善观念受到挑战和质疑，贫困与救济逐步褪去宗教色彩的神圣外衣，增添了道德意义与经济因素。此后，慈善的含义更为丰富，既有传统的宗教教义，也有新的社会动机。慈善活动开始趋于世俗化，更加关心受助人的实际需要。但总体而言，在宗教和经济因素之间，很难说是此消彼长的关系，更大程度上是一种交织并行的情形，具有转型社会复杂多元的特征。而贫困与慈善观念的多重性也直接体现于救助方式的多样化。

二　政治算术学派的影响

政治算术学派产生于 17 世纪中叶，创始人是威廉·配第（1623—1687），其代表作是 1676 年完成的《政治算术》。配第是英国古典经济学说的创始人，但他也是由重商主义向古典经济学过渡时期的经济学家，关于国家经济生活的一系列观点接近重商主义。如以重商主义的精神看待人口问题，认为贫困的真正原因在于人口稀疏。因而配第对人口增长的期望非常高，以至于把人口而不是国民利得作为解决经济问题的首要工具。在他的著作和通信中，人口增长是一个反复出现的话题。配第关注英国面临的国际环境和竞争状况，经常将英国与法国和荷兰进行对比衡量。政治算术学派的另一个代表人物是约翰·格朗特（1620—1674）。他以伦敦的“死亡公报”为研究资料，1662年发表了《关于死亡公报的自然和政治观察》，分析60年来伦敦居民死亡原因与人口变动的关系。约翰·格朗特首次编制了“生命表”，对伦敦死亡率与人口寿命予以分析，引起了普遍关注。

18世纪，英国出现了一批信奉政治算术理论和方法的人，通常称为政治算术家。政治算术家们认为一个强大、富有的国家必须有大量精力充沛的劳动人口，因为国家财富和力量的来源是劳动力及其劳动，劳动者的生产力是保持国家健康发展的强大推动力。因而，劳动人口被视为是有具体价值的，是一个生产力单位，类似于“人手”。他们的实际价值可以直接用金钱来衡量。劳伦斯·布莱登（Lawrence Braddon）声称：“穷人的每个孩子一旦出生，如果活下来，可能就值15镑。”“这些孩子一旦养育成人，必将给国家带来巨大的财富和力量。”① 因此，人口增殖是国家实力和财富增长的必要条件。无论处于战争还是和平时期，一个国家的人口越多，其威慑力量越大。② 在政治算术学家看来，人口规模与国家实力密切相关，因而他们关注并积极促进人口增殖。

政治算术家们认为，人口增殖具有多方面的益处。不仅劳动人口得以增加，而且大量人口的精耕细作会生产更多食物和产品，从而推动贸易发展。人口竞争的压力不仅使贸易扩展，而且人们为了维持生存会更加节俭和勤勉。众多人口会导致工资水平的下降。受低工资的推动，人们为了补偿所得收入的减少，不得不想方设法努力谋生。

政治算术家们的这些观点受到当时的道德哲学家和慈善家的赞同与认可。从当时的政治经济学家、道德哲学家和慈善家的著述中可以发现，对

① Lawrence Braddon, *The Form of a Petition for Relieving, Reforming and Employing the Poor*, London, p. 19.

② Lawrence Braddon, *An Essay or a Modest of Proposal of a Way to Encrease the Number of People and Consequently the Strength of the Kingdom*, 1693, pp. 10 - 12.

于英国繁荣强盛的野心是他们言论和行动的主要出发点。为此，他们提出了各种庞大计划和有益于国家强盛的建议。这些计划的核心目标是促进英国商业贸易等方面的发展。"增长"这一概念在政治算术家的思想中占据着至关重要的角色。政治算术学派喜欢运用大量的数据和繁复的计算来论证其观点，并试图通过数据统计来说明问题，为国家政策提供依据。

在政治经济学派大量数据的背后是对国家强盛的赤裸裸的渴望。而这一渴望正是中产阶层社会精英所深切认同的。当时的慈善家们赞同政治算术学派的观点，认为有劳动能力的穷人对于国家富强具有明显的潜在价值，视庞大人口为增进国家财富和国际竞争力的重要手段。慈善家乔纳斯·汉韦（Jonas Hanway）在其《关于年轻一代的信件》（1767）一文中，假设养大一个 15 岁的男孩需要花费 86 镑 5 先令，预期他可以工作 23 年。在此期间，他有望赚得 412 镑 7 先令 5 便士，这意味着公共社会有 326 镑 2 先令 5 便士的盈余。①在另一文中，汉韦假设育婴院接收 2600 名婴孩，按照既有存活率折算，其中 752 个可以活到 10 岁。估计 10—20 岁仍有 5% 的死亡率，约剩 715 人。他们每人每年工作可得 4 镑，总计可得 28600 镑。20 岁之后，以每人平均工作 15 年计算，每年大约 15 镑，总计为 16.0875 万镑。两项相加总共为 18.9475 万镑，除去育婴院的抚养费用 6.3226 万镑。汉韦认为他们的劳动可使国家获得 12.6248 万镑 10 先令。若有 20 组这样的弃婴，社会总共可获利 252.4970 万镑。②尽管在不同地方所用的数据不一致，但汉韦的基本结论是一样的，即"财富和力量的真正基础是劳工穷人的数量，每一个关于增加人口的合理建议都值得我们重视"。③ 可

---

① Jonas Hanway, *Letters on the Importance of the Rising Generation of the Laboring Part of Our Fellow Subjects*, 2 Vols., Vol. I, London, 1767, p. 59.

② Jonas Hanway, *A Candid Historical Account of the Hospital for the Reception of Exposed and Deserted Young Children; Representing the Present Plan of It as Productive of Many Evils, and Not Adapted to the Genius and Happiness of This Nation*, London, 1759, p. 24.

③ Johnas Hanway, *Letters on the Importance of the Rising Generation of the Laboring Part of Our Fellow Subjects*, Vol. I, London, 1767, p. 3.

见，在18世纪慈善家的眼中，人口的增加意味着国家财源和兵源的增加，而人口增殖的目的在于促进国家强盛。

以汉韦为代表的慈善家和捐助人也善于用政治算术的方式来分析社会。他们对英国的未来持乐观态度，对慈善组织的活动抱有良好期望。作为经济变革中的社会精英群体，他们的自信精神基于如下预期：国家财富的增加也会导致个人财富的增加；如果国家的繁荣和力量得到保证，那么个人的财产增长就有希望。因而，他们积极参与慈善，希望通过一定的举措，解决贫困及其滋生的各种社会问题，同时增进社会福利，促进国家强盛。

17世纪末的政治经济学派在描述事物时显现了明显的政治兴趣，行文中充斥着大量的数字，惯于用数量、分量和措施等词汇来论证观点。近来，历史学家们将其置于更宽泛的情境即“事实文化”的构建中。政治经济学虽发展于17世纪末，但对18世纪英国的智性世界和社会生活影响颇深。

三　人道与博爱

18世纪英国随着启蒙运动及其倡导的博爱思想的传播，人道主义思潮发展起来并推动社会改良。启蒙思想对人性持乐观态度，认为人是善的，制度是恶的，由此掀起了社会改革的风潮。18世纪下半叶，英国社会正处于变革时期，人们对于他人的苦难予以更多关注。社会活动家们通过个人调查收集证据，推动议会立法，促进社会改良。这些改革活动表明社会精英开始关注社会弱势群体，并为改善他们的生存状况而努力。

在《18世纪英国人道主义精神的演进》一文中，弗兰克·J. 克莱伯格（Frank J. Klingberg）指出：最新研究认为，18世纪可以分为上下两部分。在上半叶，更多是对苦难的沉默，而下半叶体现了人道主义精神及其行动。[①]也有历史学家认为：比之18世纪末和19世纪初的慈善努力，18世

① Frank J. Klingberg, The Evolution of the Humanitarian Spirit in Eighteenth - Century England, *The Pennsylvania Magazine of History and Biography*, Vol. 66, No. 3, 1942, pp. 260 - 278.

纪中期的慈善机构更具人道主义色彩，而后者基于更为实际的动机，如防范下层民众动乱和潜在的社会动荡。[①] 总体而言，关于18世纪中后期的英国社会，史学界认可这一时期人道主义思潮的盛行。历史学家大卫·欧文认为，18世纪中期慈善活动的动力源于对他者苦难的回应，人道主义理念弥漫于18世纪英国社会的空气中。[②]

不仅历史学家们如此认为，从时人对于当时的人道主义和慈善活动的表述中也可窥见一二。一个18世纪伦敦治安官声称："我们生活在一个以人道主义为风尚的时代。"[③] 1749年，伦敦治安官，小说家亨利·菲尔丁(Henry Fielding) 自信断言："慈善，正是这一时代的特征。我相信，我们最近的这种明智、崇高和基督教美德的施予是举世无双的。"[④] 18世纪末，约翰·卫斯理在一次布道中说，他欣慰地看到，在他有生之年，人们"对各种形式的痛苦表现出前所未有的仁慈和同情"。[⑤]

18世纪中后期，英国社会观念的人道主义色彩更为浓厚。与之相对应，英国文学从18世纪上半叶的古典主义转向下半叶的感伤主义。这一时期，"仁慈、感伤、人道主义"等词语经常见诸报端和时人言论。据统计，18世纪有16家期刊41次提及"benevolence"(仁慈)，16家期刊38次提及"sensibility"(敏感性)，6家期刊8次提及"sentiment"(感伤)。[⑥] 这股感伤思潮对于人类苦难的同情和呼吁，在推动慈善救助方面具有重要作用。

---

① Andrew, D. T., *Philanthropy and Police: London Charity in the Eighteenth Century*, Princeton, 1989, p. 98.

② David Owen, *English Philanthropy, 1660 - 1960*, Cambridge: Harvard University Press, 1964, p. 38.

③ Gertrude Himmelfarb, "The Age of Philanthropy", *The Wilson Quarterly*, Vol. 21, No. 2, 1997, p. 50.

④ Browne, J. G. (ed.), *The Works of Henry Fielding*, London, 1871, x, pp. 78 - 79.

⑤ David Owen, *English Philanthropy, 1660 - 1960*, Cambridge: Harvard University Press, 1964, p. 11.

⑥ Babcock, R. W., "Benevolence, Sensibility and Sentiment in Some Eighteenth - Century Periodicals", *in Modern Language Notes*, Vol, 62, No. 6, 1947, pp. 394 - 397.

18 世纪，布道和文章中对于人道主义的呼吁极为常见。如“我们所有人都是同一个父亲的孩子，我们不能无视同胞的需要和困苦”。[①] 塞克主教（Bishop Secker）在一个慈善布道中呼吁：“宗教、人道主义和审慎都要求我们救助这些穷困的病人。”18 世纪 90 年代，威廉·布利泽德（William Blizard）认为“伦敦医院”的创立“主要是出于对苦难的怜悯，当时并未预见这一慈善工作将会带来巨大好处”。[②]

18 世纪中期兴建的慈善机构在照护受助人时也体现了人道主义精神。慈善医院对病人予以适当的关注与善意。在照护和饮食方面，虽然只提供基本标准，但也尽可能让病患感到舒适。“伦敦育婴院”的弃婴长大成人后，遭遇困难时，仍向育婴院请求援助，且一般要求都会得到满足。一个年轻妇女的士兵丈夫被送往国外作战，她无力独自抚养孩子，请求育婴院照料其孩子，育婴院将其接收。育婴院秘书在给法纳姆教区官员的一封信中，为一位贫穷的妇人声援，“这是从育婴院长大的一个孩子，教区官员们一个个互相推脱，不给她任何帮助和救济”。他在信中提醒教区官员该妇人的权利以及他们的职责，并在结尾处说道：“如果必要的话，育婴院不惜采取法律手段，为这妇人争取公道。”[③] 显然，理事们对这些孩子有一种类似于家长的关爱和保护。

人道主义关怀始终是慈善活动的动力之一。1862 年，在解释这一时期慈善事业繁荣的原因时，桑普森·洛指出：“这一广泛而快速的增长绝非仅仅是因为其效用，也是信仰与爱的产物，亦是对人类的穷困和苦难之同情的增长。”[④]

---

① Donna. T. Andrew, *Philanthropy and Police: London Charity in the Eighteenth Century*, Princeton, 1989, p. 15.

② David Owen, *English Philanthropy, 1660 - 1960*, Cambridge: Harvard University Press, 1964, p. 39.

③ Ruth. K. McCure, *Coram's Children: The London Foundling Hospital in the Eighteenth Century*, New Haven and London: Yale University Press, 1981, p. 237.

④ Sampson Low, *The Charities of London*, London, 1862, p. xi.

本节回顾了中世纪至近代早期，英国社会有关贫困、救济和慈善的观念变化。首先，中世纪以来，慈善活动具有浓厚的基督教意蕴，施善同时是宗教和道德义务。《圣经》强调基督徒的慈善义务，教会倡导救济一切穷人。其次，16世纪之后，随着宗教、政治和社会经济等方面的变革，英国的慈善观念逐渐趋向世俗化，施救方式也相应改变，注意辨识救济。随着流民和贫困问题加剧，贫困与济贫的经济和社会因素逐渐凸显。最后，慈善活动显然具有工具性。在宗教时代，慈善活动是灵魂救赎的内容之一；近代以来，慈善成为社会治理的重要手段之一。在不同时期，慈善活动具有不同的功用性，这也体现于慈善观念的变化，但慈善的含义是相当混杂的，诸如宗教信仰、缓解社会矛盾和人道主义始终是其重要组成部分，只是在不同时期侧重点有所不同。

第二节　贫困问题的道德化（1770—1850）

18世纪中期至19世纪，处于工业化和都市化双重进程中的英国，呈现跳跃式发展，经济实力与国际影响力都在迅速攀升。但与此同时，社会转型时期的矛盾与危机也在不断加剧，不时爆发的经济危机，机器化生产导致劳动力过剩和失业问题，贫富分化所造成的社会矛盾与冲突等。这一时期，大范围的贫困与贫民引发关注，而中上层人士将贫困归因于穷人的品德有失与行为不端，贫困问题逐渐被道德化。因而，慈善活动强调辨识救济，其宗旨在于教化民众。其中，政治经济学派的观点和福音主义的复兴给当时的慈善观念和救助活动打上了烙印。

一　社会矛盾激化

相对而言，18世纪的前半部分，英国社会是比较稳定的。这一时期，人口缓慢增长，物价较低，食物供应相对充足，没有出现严重的社会混乱。1780 年，伦敦的戈登暴动（Gordon Riots）打破了这一平静。这一暴动致使 450 人被杀或被伤，暴徒们在首都街道流窜十天，烧毁许多监狱，银行也受到冲击。[①]这一暴动是潜在社会危机的一次爆发。18 世纪末 19 世纪初，尽管英国经济腾飞，实力增长，但下层民众承担着变革和发展的压力与苦果。贫富分化和各种社会问题导致阶级矛盾激化，下层民众的不满成为社会动乱的潜在威胁。

首先，工业革命带来了新的生产关系和社会结构。经济的革命性变革对社会结构也有重要影响。新兴行业出现的同时，一些传统的生产方式面临淘汰。相应的职业群体，如手摇纺织机织布工、驳船船员等大量失业，他们的地位和财产急剧减退。进入城市和工厂的失地农民，面对的是一个与农业生产完全不同的劳动环境。工厂制取代了相对自由散漫的农业劳作方式，工人们必须遵循严格的工厂纪律和时间制度，工作强度和劳动纪律普遍加强。生活方式的转变是一个痛苦的过程。人们感到对工作状况失去了控制力，“工厂是一种新式的监狱；时钟是一种新式的狱卒”。[②] 高强度工作和低工资激起了工人们的反抗，18 世纪 60 年代末出现了粮食骚乱和破坏机器运动。

其次，18 世纪下半叶，英国人口的增长相当快。据估计，1771—1786 年，英国人口从 645 万跃升至 729 万，几乎是半个世纪前两倍的增长率。[③]不仅人口规模扩大，人口的流动性更强，人口分布也呈现新变化。人口增加主要集中于工业和商业发达地区。伦敦人口增长极快。1750 年伦敦人口为 67.5 万人，1801 年人口增至 90 万人。[④] 人口和经济的变化具有深远的

---

① Donna T. Andrew, *Philanthropy and Police*: *London Charity in the Eighteenth Century*, Princeton, 1989, p. 163.

② H. J. 哈巴库克、M. M. 波斯坦主编：《剑桥欧洲经济史》（第六卷），王春法、张伟、赵海波译，经济科学出版社 2002 年版，第 261 页。

③ M. J. D. Roberts, *Making English Morals*: *Voluntary Association and Moral Reform in England*, *1787 - 1886*, Cambridge University Press, 2004, p. 24.

④ R. Porter, *London*: *A Social History*, Harmondsworth, 1994, p. 131.

社会影响。18 世纪末，随着人口规模不断扩大，食物供应的压力与日俱增。如 1795—1796 年和 1799—1801 年英国出现了饥荒。在 1780—1800 年的 20 年里，英国谷物价格翻倍，而工资并没有相应增长。[①] 随着机器生产的大范围应用，劳动力过剩，工作机会减少，失业再度成为一个严重的问题，济贫税随之增长，从 1748 年的 70 万镑增至 1775 年的 150 万镑。[②]

最后，社会犯罪率的上升。社会失序的表现之一是犯罪猖獗。一份统计资料表明，不到 100 万人口的伦敦，有 1 万名小偷和 5 万名妓女。[③] 这一时期伦敦的犯罪问题比以往更严重。根据《泰晤士报》(*The Times*) 的报道，1780 年，伦敦下层民众的犯罪率占其居民总数的六分之一。[④] 18 世纪末，在伦敦乃至整个英格兰，对犯罪的起诉和处决普遍增加。

工业革命的复杂变革给英国社会带来新的压力。工业社会的出现和成长带来了与以往有别的、不同程度和类别的社会问题。正是都市社会的各种复杂情况和迫切需求刺激了伦敦乃至英国的慈善组织的增长。自此之后，英国慈善事业在观念和活动方面都直接受到工业都市社会需求的影响和推动。

18—19 世纪，人口增长、食物供应的压力、经济的革命性变革、下层民众对现状的不满，加上法国大革命激进主义的影响，这些物质和意识形态因素交织在一起，发展成为对英国政治、经济和社会权力结构的质疑。传统的贵族等级社会结构和家长制道德伦理面临挑战。在这一社会背景下，慈善作为一种自发的社会资源调配，是由社会中上层主导的，强调道德规训，重视对穷人品质的辨识和要求。社会中上层希冀通过慈善活动来改良社会，净化灵魂。而当时社会思潮对贫困的定义，经济理论关于贫困

---

① R. J. Morris, "Voluntary Societies and British Urban Elites, *1780 - 1850*: An Analysis", *The Historical Journal*, Vol. 26, No. 1, 1983, p. 98.

② L. O. Pike, *The History of Crime in England*, 2 Vols., London: Smith Eden, 1876, Vol. 2, p. 236.

③ 邹穗：《英国工业革命中的福音运动》，《世界历史》1998 年第 3 期，第 56 页。

④ George, M. D., *London Life in the Eighteenth Century*, London: Routledge, 1996, p. 391.

问题的分析，共同推动了贫困问题的道德化，因而，18 世纪后期至 19 世纪英国社会慈善的主旨在于防止道德堕落与提高道德水准。

二 古典政治经济学与福音派的影响

1776 年，亚当·斯密发表《国富论》，这标志着古典政治经济学的诞生。在亚当·斯密之后，边沁的《为高利贷辩护》（1787），马尔萨斯的《人口论》（1793），大卫·李嘉图的《政治经济学及赋税原理》（1817），约翰·斯图亚特·穆勒的《政治经济学原理》（1848），这些著作都产生了巨大的影响。

虽然政治经济学家们在具体问题上存在分歧，但在四个核心问题上是一致的：一是经济上的不干预原则；二是自由贸易；三是规训穷人的必要性；四是提倡小政府和低税收。其中不干预原则是核心，构成了自由放任社会的基调。政治经济学推崇自由的商业社会和市场经济，即由"看不见的手"所指引的，个人的自发、自由和自私的举动，能最大限度地促进民众福祉和国家富裕。

18 世纪中期，政治算术学派认为人口本身即有价值。18 世纪末，在政治经济学派的影响下，英国的人口观念发生了明显变化。18 世纪 70 年代之前，人们认为只有未就业和失业的人口才是多余和不需要的。任何条件下，人口增长是需要，也是值得提倡和鼓励的。18 世纪 70 年代之后，出现了不同意见。政治经济学派认为，人口是国家财富的象征，经济增长的标志，但依据市场对劳动力的需求，人口规模是可以自我调节的。约瑟夫·汤森（Joseph Townsend）甚至呼吁逐渐废除济贫法，因为济贫法是对市场与人口规模之间自动调节机制的人为的破坏性干预。[①] 亚瑟·扬格（Arthur Young）强烈反对关于人口的悲观论调，他指出，那些悲观主义者

---

① Joseph Townsend, *A Dissertation on the Poor Laws*, London, 1797, p. 46.

认为会导致人口下降的因素，事实上都促进了人口的增加。作为商业和工业中心，城市对劳动力的需求导致人口增加；农业变革并未导致总体居民人数的下降；战争和移民也没有损害人口规模。只要社会存在对劳动力的需求，人口便会增长而不是下降。[①] 18 世纪中期的理论家和慈善家认为人口增长可以促进贸易和工业的扩张，但大卫·福斯特（David Forster）对大量人口的价值提出质疑："第一个错误是人们想当然地认为所有增加的人口都会促进社会福利。事实上，大量失业人口成为国家的负担和疾病。"[②]

1798 年，马尔萨斯出版了《人口论》，该书不仅倡导用科学方法研究人口学问题，对当时英国的人口观念也有深远影响。马尔萨斯提出两个级数的说法，即人口在无所妨碍时以几何级数率增加，人类生活资料以算术级数率增加。"人类将以 1、2、4、8、16、32、64、128、256、512 那样的增加率增加，生活资料却以 1、2、3、4、5、6、7、8、9、10 那样的增加率增加。225 年之内，人口对生活资料即将成 512 对 10 之比。300 年内，将成 4096 对 13 之比。"[③]尽管这个说法并不准确，但在当时却有震撼效果。马尔萨斯断定人口有无限增长的趋势，强调人口增长必须要有一个适当的限度。因此提出两个抑制。一是积极抑制，即用提高人口死亡率的办法来使人口和生活资料之间保持平衡。"包括产生于罪恶和苦难的各色各样的原因"，如疾病和传染病、战争、瘟疫和饥饿等。二是道德抑制，即让人民通过各种主观努力在道德上限制生殖的本能，降低出生率，如禁欲、不婚、不育。[④]

马尔萨斯认为，人口增长率远远超出食物增长率，而大量的人口会带

① Donna. T. Andrew, *Philanthropy and Police: London Charity in the Eighteenth Century*, Princeton, 1989, p. 139.

② Ibid., p. 147.

③ ［英］马尔萨斯：《人口论》，郭大力译，北京大学出版社 2008 年版，第 13 页。

④ 同上书，第 5 页。

来恶劣影响。“假设某一国的生活资料，恰好足够该国居民度安乐生活……如果人口继续增长，原先维持700万人的食物，现今要维持750万人或800万人。因此，穷人必须度过较为劣质的生活，他们中有许多，还不得不陷于悲惨的困穷中。劳动者的人数，亦超过市场上的职业的比例，劳动的价格遂趋于减少；同时，生活必需品的价格，却会趋于腾贵。劳动者要使其所得不减于前，必须做更劳苦的工作。”① 因而，人口增加会带来整体生活水平的下降。众多贫民不得不仰赖救济。马尔萨斯反对慈善救济，认为英国的济贫法损害自立精神。“养育院里面的人，一般说，决不能说是社会最有价值的部分，但他们所消费的食品量，却会减少社会上更为勤劳、更有价值的那一部分人的份额。因而，像前一趋势一样，会驱迫更多的人不能自立”，因为“一个男人，想到自己病了，死了，他的妻室儿女可到教区求助，遂禁不住要到酒家去；但若他知道，逢到此等意外的时候，他的家族必致饿死，不然，就只有乞食街头，他这样浪费其所得时，或不免会感到踌躇。”②据此，马尔萨斯认为济贫法“不增加维持人口的食物，而增加人口”，所以是“供养贫民以创造贫民”。③ 马尔萨斯指出，旧济贫法和传统施舍等不加区分的慈善只会增加贫困，短期内会导致食物价格上涨，长期则鼓励人口增长。他建议逐步废除为穷人提供立法救济的做法，而以自愿慈善代之。18世纪末19世纪初，马尔萨斯的人口观点得到积极响应，被经济学家大卫·李嘉图、约翰·斯图亚特·穆勒等许多人奉为真理。《人口论》的风行不只是因为其新奇的思想，也是因为其观点与当时的社会情绪极为吻合，因而得到社会中上层人士的普遍认同。

政治经济学派有关贫困和慈善的观点与态度对19世纪上半叶英国公共政策和慈善活动有重要影响。政治经济学派秉持经济自由原则，反对对穷

① ［英］马尔萨斯：《人口论》，郭大力译，北京大学出版社2008年版，第14页。

② 同上书，第36页。

③ 同上。

人进行有规则的，保证型的救济，无论是私人慈善还是公共救济。亚当·斯密在演讲中说道："人不得不认识到，不是像狗一般领受施舍，而是自爱才能期待一切食物。供应给我们的啤酒和面包不是来自善行而应源于自爱。除了乞丐，没有人完全依靠善行存活，即便是乞丐，如果完全依赖施舍的话，一周没有得到食物施舍就会死去。"①斯密认为，穷人接受施舍不仅被剥夺了人之为人的尊严，而且济贫和慈善不利于工商业的发展。个人作为自由劳动力，本可以在商业社会自主谋生，但有些人并非靠出卖自己的劳力为生，而是依赖救济过活，成为非生产性劳力，他们接受工资却未创造新产品，仍处于奴性的依赖状态。② 政治经济学家认为民众的违法行为和道德品质低下都是源于这种依赖。当一个人习惯于奴性的依赖时，无论他从事什么工作，都可能会道德堕落乃至违法犯罪。在政治经济学家们看来，独立是祛除一切恶性恶行的法宝。他们希望通过商业的发展，将人们从捆绑式和有辱人格的奴性中解放出来，从而战胜和消除大多数的犯罪行为。斯密说道："商业和工业的发展将会带来独立，这是防止犯罪的最好方式。通过这一方式，民众将会有更好的工资。随后，普遍的正直风尚弥漫全国。当他可以通过诚实和勤勉的方式过上较好的生活时，没有人会疯狂到拦路抢劫!"③ 正因如此，政治经济学家们反对慈善救济，推崇个人自立，相信个人自立有利于社会道德和风习的普遍改善。

此外，政治经济学家认为，如果将实质上应该付给生产性劳动者的钱用于义务或志愿济贫，给予非生产性人口，财富流入非生产性领域，不利于工商业发展，损害国家经济。据此，政治经济学家们呼吁缩小经济中这些非生产性和奴隶性的劳动力部分，想方设法令其成为有生产力的市民。

---

① Donna T. Andrew, *Philanthropy and Police*: *London Charity in the Eighteenth Century*, Princeton, 1989, p. 145.

② ［英］亚当·斯密：《国富论》，蒋自强等译，商务印书馆 2009 年版，第 56 页。

③ Donna T. Andrew, *Philanthropy and Police*: *London Charity in the Eighteenth Century*, Princeton, 1989, p. 152.

总体上说，政治经济学派强烈反对保障性的救助，而推崇商业社会和市场力量，相信个人通过努力将会获得财富。他们认为，在自由放任的社会里，自利的理性追逐能导致财富、利润、力量和安全的最大化。政治经济学家的这些观点为19世纪英国的自由放任政策奠定了基调。这也是19世纪英国社会慈善活动强调自力更生，奉行自助原则的思想来源和理论支撑。

社会哲学方面，社会学家赫伯特·斯宾塞（Herbert Spencer）认为济贫法是一种“滥情的仁慈”，让社会中健壮的人付出代价来帮助弱小和不幸的人，这种社会代价便是给后人留下了“不断增加的低能者、懒人和罪犯”。因此，斯宾塞反对任何法定的或由政府组织提供的福利，而主张个人主义的自助福利。在他看来，每个人都应对自己的幸福负责，贫困只是所得的匮乏，而人的所得之所以出现匮乏，根本原因在于个人能力的缺乏。如果有人因此而陷入贫困，那只是他个人的问题，为了使个人学会对自己的行为负责，实施所谓的社会救助是不可取的，而唯一可做的也就是个人之间的自愿和自发性的互助。国家采取的强制性福利措施，不仅会导致自发的互助精神的丧失，也会造成个人的依赖性。①

政治经济学派为18世纪末19世纪初伦敦的慈善事业定下基调，而在福音派②的引领之下，慈善在某种程度上成为一种风尚。18世纪中后期，在约翰·卫斯理（John Wesley）的领导下，英国出现了新教福音派教会的复兴运动。新教福音教会联合了除高教会成员（the High churchmen）之外的所有派别和一些非国教派（不信国教的新教派），这些教派主张所有人都是上帝的子民，在上帝面前是平等的。约翰·卫斯理认为，个体灵魂能否得救，不是取决于宿命式的“预定”，而是决定于他对上帝救赎恩典接

---

① ［英］罗伯特·品克：《社会福利发展：经验与理论》，古允文等译，（台北）桂冠出版社1988年版，第28、42页。

② 福音派：福音主义信徒的统称。

受或拒绝的生命决断。只要唤醒一个人沉睡的良知，就有可能推动他在信仰中获得生命的意义，走上通向“基督徒之完善”的心路。循道精神是福音主义的核心，即信徒不仅个人应形成一种严谨的道德自律意识，同时，他们还应有积极的献身精神，服务社会。

福音派承认大众的堕落恶习和无处不在的罪恶与苦难，倡导个人道德改革和社会改良。为此，福音派呼吁人们减少罪恶，过有意义的生活。1783 年，《绅士杂志》发出呼吁：“英国的这些问题都是缺乏宗教原则的后果。天堂的判决将会降临我们，因为我们忽略了福音书的信条，因为我们的罪恶和不信教。”甚至慈善活动“如果不能基于真正的福音原则……可能是很好的异教徒的德行……但不是基督徒的虔敬。”① 因此，福音派认为风习改革是消除社会弊病和抑制犯罪的有效方式。

18 世纪 60 年代开始，随着宗教复兴运动的发展，福音主义的生活理想和道德准则在英国社会广泛传播。大批出身社会中上层的福音主义者遵循以个人献身精神来改造社会的原则，推动了一系列社会改革，包括废奴运动、改善童工待遇、禁酒运动等，兴建了许多慈善机构。19 世纪下半叶，英国大约四分之三的志愿性慈善机构是由福音教派建立的。② 虽然福音派关注和涉及的慈善活动非常广泛，但其首要关注仍是宗教方面的慈善活动。如外国传教会、圣经协会和主日学校等，致力于运用福音主义来革新社会习俗与道德。同时，福音派推崇家庭作为社会基本单位的作用，重视家庭生活、社会怜悯和道德热忱。因此，在福音派的倡导下，来自各阶层的妇女们积极参与慈善活动，开始涉足更宽广的公共领域。

福音派将宗教信仰融合于慈善活动中，致力于社会改良和服务国家。因此，福音派在慈善活动中非常活跃，其参与的慈善活动范围之广，规模

---

① Donna T. Andrew, *Philanthropy and Police: London Charity in the Eighteenth Century*, Princeton, 1989, p. 168.

② David Owen, *English Philanthropy, 1660 - 1960*, Cambridge: Harvard University Press, 1964, p. 443.

之大，使得福音派在 19 世纪英国成为慈善的代名词。据学者估计，1850 年之后的半个世纪，高达四分之三的慈善组织都是由福音派负责的。历史学家福特·布朗（Ford Brown）提供的一份 80 个慈善家的名单中，平均每人认捐的慈善协会多达 15 个。热衷公益的威尔伯福斯认捐了 70 个慈善组织，将收入的四分之一捐助慈善活动。约翰·桑顿（John Thornton）一生捐出 15 万镑用于善举。[①]在福音派的引领下，伦敦涌现出众多的慈善组织。大卫·欧文认为维多利亚时期的慈善活动整体上为福音派精神所浸染。[②]德里克·弗雷泽（Derek fraser）认为从强调人为上帝服务转向人为他的同胞服务。维多利亚人创造了一种新的道德伦理，即所谓的世俗利他主义。[③] 19 世纪初乃至整个维多利亚时代的慈善活动都带有强烈的福音派色彩，即强调道德教化，通过净化灵魂来整顿失序的社会。

19 世纪，伦敦众多慈善组织的出现与福音派的复兴有很大关系。然而福音派的慈善也颇受诟病。福音派认为阶级关系是神定的社会秩序，几乎是不可改变的。富人就是富人，穷人就是穷人。上帝将他们安置在不同的位置，都值得感恩——富人应该感谢上帝，穷人应该感谢捐助慈善的富人。[④] 因而，福音派主导的慈善组织大多强调穷人温顺服从的重要性，并试图规训穷人。

18 世纪末和 19 世纪，政治经济学所倡导的自由主义和福音主义具有特殊的密切关系，都以个人主义为宗旨。正如阿尔伯特·戴西（Albert Dicey）所评论的："福音派对个人宗教信仰的呼吁，正好对应边沁信徒的

① FordK. Brown, *Fathers of the Victorians*, Cambridge University Press, 1961, pp. 71, 354 - 358.

② David Owen, *English Philanthropy, 1660 - 1960*, Cambridge: Harvard University Press, 1964, p. 95.

③ Derek Fraser, *The Evolution of the British Welfare State: A History of Social Policy since the Industrial Revolution*, New York: Palgrave Macmillan, 2009, p. 151.

④ David Owen, *English philanthropy, 1660 - 1960*, Cambridge: Harvard University Press, 1964, p. 95.

自由主义者所诉诸的个人精神。”①政治经济学家所推崇的个人自由、自立精神和福音派所信奉的个人行为决定灵性进程的宗教信念是一致的。这种思想上的异曲同工表明，某种程度上，这一时期的社会主流价值观在整体上是具有共识性的。

三 道德教化

18—19 世纪，英国社会对大众的道德状况极为关注。道德哲学家们认为商业发达与道德堕落有密切关系。商业社会日趋发展，平民大众更容易获得市场提供的商品和娱乐活动，这也意味着更多的诱惑机会与奢侈、堕落行为。在统治者看来，劳动阶层的奢侈尤其不能容忍，因为这与懒惰、犯罪和无序密切相关。

18—19 世纪，面对广泛存在的贫穷及其滋生的苦难，社会中上层将其归咎于穷人的道德败坏和生活堕落。道德学家们认为穷人的懒惰和无远见是致贫的主要原因。19 世纪初，《晨报》（*Moring Post*）宣称“贫困的存在，如同大多数社会罪恶，是因为人们按照其动物本能（来生活）”。②（穷人的）贫困和悲惨是由于个人道德败坏引起的，只有纠正罪恶、克服懒惰、停止酗酒，减少奢侈浪费，抑制鲁莽和轻率时，穷人才有可能免受贫困束缚。当时伦敦有许多仆人生活放荡，沉溺于赌博和饮酒，他们因此染病或丢掉工作，失去收入来源，沦为街头流民，甚而以偷窃为生。时人由此得出结论：闲散和堕落是穷人之所以为穷人的原因。“必须承认，虽然我们不恰当地责骂抱怨艰难时世，而正是我们自己使其如此。人们通常是懒惰、虚荣、轻率和挥霍的，这些相互交织正是人之为人。”③ 约瑟夫·

---

① Frank Prochaska, *The Voluntary Impulse*, *Philanthropy in Modern Britain*, London: Faber and Faber Limited, p. 24.

② F. David Roberts, *The Social Conscience of the Early Victorians*, Stanford: Stanford University Press, 2002, p. 139.

③ B. K. Gray, *A History of English Philanthropy*, London: P. S. King & Son, 1905, p. 208.

汤森（Joseph Townsend）认为，懒惰是贫困的首要原因，唯有对饥饿的恐惧才是驱使穷人工作的动力。[①]总之，在道德学家和其他评论者眼中，下层民众普遍缺乏自制力和道德，总是为激情和冲动所驱使，挥霍放纵，然后依赖救济，这是对经济和道德的双重威胁。

18 世纪中期至 19 世纪中期，英国慈善家们大多认为，既然穷人的苦难并非源于超出穷人自身控制之外的社会环境，而是他们无可救药的劣根性。那么，可行的补救方式是从道德上教化或规训穷人。为此，道德学家们纷纷开出道德药方，主要包括：独立勤谨的个人美德；恪守宗教教义，遵循家长制道德（温顺服从）。他们相信这些是穷人对抗贫苦与不幸的武器。这一时期，面对贫困率的攀升，社会中上层竭力要求穷人虔诚、勤勉、节俭和服从，通过各种慈善活动、布道、家庭传教、散发福音传教单和廉价读物等多种方式向下层民众灌输这些道德观念。

首先，从官员、道德学家到慈善家都强调个人道德的重要性。道德学家们认为贫困属于个人道德问题，是不良生活方式的后果。自力更生是面对逆境的妙方。正如埃德蒙·伯克所言："应该将忍耐、劳动、理智、节俭和宗教推荐给穷人，其他一切都是空谈。"[②] 1849 年，《纪事晨报》（*Moring Chronicle*）声称："大众贫困是不可避免的，直到节俭、未雨绸缪、勤勉和开明自制等美德可以管制所有人的行为。"[③]对他们而言，民众的无知是造成贫困、犯罪、酗酒、骚动、疯狂与穷困等诸多罪恶的首要原因。为了消除这些罪恶的来源，必须进行以自立和自助为目的的教育。社会应该给穷困孩童童年灌输合宜的价值观。如果他们在孩童时没有受到良好的道德教育，或未能在良好的环境下成长，这并非他们的过错。一个作者问

---

① Joseph Townsend, *Dissertation on the Poor Laws*, 1786, pp. 85 – 87.

② F. David Roberts, *The Social Conscience of the Early Victorians*, Stanford: Stanford University Press, 2002, p. 143.

③ Ibid., p. 140.

道："难道我们应该先遭受罪行，然后再施以刑罚，造就双重罪恶？"① 班纳德指出："让我们反思一下，在一度搅动欧洲的众多骚动之间，有多少罪恶可以归因于对穷人教育的忽视？这一忽视使得他们对谬见、迷惑和欺骗完全没有抵御能力。"②

正因相信社会罪恶的根源在于个人德性问题，在19世纪的伦敦，针对个人的道德改革成为慈善活动的重心。慈善医院不仅仅是医疗机构，也试图借机教化穷人。如陈勇先生指出："慈善医院之所以为穷人治病，不仅仅为了恢复他们的身体健康，其最终目的，更在于让贫困患者接受道德规训，使他们满怀感激或悔恨之心规范约束自己，消除下层人的非分之想和不当作为，以利于现有社会秩序的稳定和巩固。因此，慈善医院不仅成为贫民寻医问诊和治疗急重病症的医疗场所，同时在更深层的意义上成为社会上层训导教化贫民顺从统治的样板之地。报告里自诩的医院这一'规范社会'（regular society），正是他们希望扩大到整个大社会的缩微景观。"③ 在18—19世纪的伦敦慈善活动中，构造这一"规范社会"的努力是很普遍的。"首都访问和救济协会"（The Metropolitan Visiting and Relief Association）在其章程中宣称，该协会的目标之一是"去除那些创造或恶化贫困的道德原因，鼓励审慎、勤勉和清洁卫生"。④ 时人认为，只给穷人提供物质救助而没有改变其道德状况将是徒劳。因而，慈善家不仅从物质层面帮助穷人，也力图促进穷人在道德、精神、文化和智性方面的提升，将中产阶层珍视的价值观，如勤勉工作、节俭、理智和自助等观念灌输给穷人。

其次，通过慈善救助来加强宗教训诫。伦敦治安官帕特里克·柯恩宽认为："一旦缺失宗教力量或道德原则的影响和约束，人性中恶的习性便

① The Reports of the SBCP, Vol. 2, pp. 39－40.

② B. K. Gray, *A History of English Philanthropy*, *London*: P. S. King & Son, 1905, p. 256.

③ 陈勇：《从病人话语到医生话语——英国近代医患关系的历史考察》，《史学集刊》2010年第6期，第8页。

④ Derek Fraser, *The Evolution of the British Welfare State*: *A History of Social Policy since the Industrial Revolution*, New York: Palgrave Macmillan, 2003, p. 135.

会显现。迄今为止，宗教和道德一直是抑制大众特有的难以驾驭的激情的有力武器。”①18世纪末以来，为了让穷人养成良好的习性，伦敦的慈善教育机构极多。这些慈善教育主要提供宗教指导，劝导穷人遵循宗教教义。如主日学校唯一的课本是《圣经》。在其他慈善机构中，对受助人的宗教训诫也是重要内容之一。走访协会的访问员通常是一手《圣经》，一篮救济物品。实行院内救济的慈善机构往往会雇请牧师进行布道与访问。“妓女感化院”非常重视对受助人的宗教训诫。慈善家们认为，对宗教教义的领悟和遵从是穷人道德品性的重要部分。18世纪中后期的慈善家汉韦热衷于道德教化，写了许多宗教和道德指导小册子，对下层民众进行道德劝诫，劝导他们每天祈祷，反省自身，定期出席教堂，并告诉他们：对上帝的信赖和对上层的依从是会得到回报的。②

最后，在慈善活动中坚守等级观念。慈善家们认为，教育应该与一个人的阶层身份相称。穷人的孩子习得职业技能和基本读写能力已经足够。帕特里克·柯恩宽认为，在教育穷困孩童时：“不应包括任何逾越他们所属社会阶层的东西，超过那一点便是乌托邦的、不明智的和危险的。因为这样会混淆社会阶层，而下层的普遍幸福并不比上层的少。”③ 他们认为，过快地改善个人状况和地位可能会带来不幸的后果。因为适宜于绅士后代的教育对穷人的后代可能并不适用，这只会给予他们不切实际的抱负，使后者脱离所属阶层，变得不合群。

这一时期，社会主流观念认为，贫民的后代应该从事那些相对卑下的职业。这体现了社会中上层维护既存社会结构和职业等级的意图。主日学校遵行教育应该限于指导阅读和道德训诫。他们希望不会鼓励穷人孩童拥

① Partrik Colquhoun, *A Treatise on the Police of the Metropolis*, *Explaining the Various Crimes and Misdemeanors Which at Present are Felt as a Pressure upon the Community*; *and Suggesting Remedies for Their Prevention*, London, MDCCXCVI, p. 289.

② 如 Jonas Hanway, *Virtue in Humble Life*, *Containing Reflections on the Reciprocal Duties of the Wealthy and Indigent*, *the Master and Servant*, Ⅰ, Ⅱ, London, 1774。

③ Partrik Colquhoun, *Treatise on Indigence*, London, 1806, p. 148.

有不适当的野心。总体而言，慈善教育从未试图成为培养人才的世俗教育，而主要是提供宗教教义和基本训练。可见，慈善家们在慈善活动中坚守传统的等级观念，按照社会阶层来区分人群，期望下层民众遵循传统的社会等级秩序。

尽管社会中上层人士希望穷人自力更生，但并不鼓励穷人将自力更生作为攀升社会阶梯的手段。“他们期待的是顺从和尊敬，而不是蔑视与野心。如果偶尔他们被劝导独立，那也是独立于济贫税，而不是他们的主人。”① 慈善家经常在著述中强调：穷人应该服从他们的上层。如汉韦认为，那些“大声喧嚷和滋生骚乱”的人可能“有时是有其理由的”，但“以这种方式展现出来，他们一般会使治疗比疾病本身更糟糕”。② 汉韦强调，穷人愿意服从将会增加他们的利益，因为这样长官们会更加尽责。在其著作中，汉韦不遗余力地倡导虔诚、服从和勤勉的重要性，劝导仆人和学徒形成良好的个人品德和生活方式。在汉韦看来，人们应该安于自己的生活，不要超越自己所属的阶层，即使他们有能力这么做。③ 这一时期，社会中上层仍尊奉传统社会等级观念，认为社会各色人等之间的区分是神定的秩序，各有其特定的权利和义务，应该各安其位，相互依赖。可见，在社会经济处于革命性变革的时代，面对新社会的诸多问题，英国社会中上层仍企图用旧道德改造新社会，即希冀通过道德约束来应对现代社会弊病。慈善活动对社会等级观念的坚守表明，这一时期，观念还没有跟得上事实变化，思想并未同步于时代变革。

18—19 世纪，在英国社会中上层的观念里，个人道德和自助精神成为消除贫困的灵丹妙药。然而，道德败坏是否为贫困的主要成因呢？是否穷人遵照上层的道德药方即可免于贫困呢？

① F. David Roberts, *The Social Conscience of the Early Victorians*, Stanford: Stanford University Press, 2002, p. 143.

② Jonas Hanway, *Virtue in Humble Life*, *II*, London, 1774, pp. 334 – 335.

③ John H. Hutchins, *Jonas Hanway*, *1712 – 1786*, London, 1940, p. 158.

1800—1803年，商人马修·马丁（Matthew Martin）开始系统调查伦敦的乞丐。马丁对2000多个乞丐进行了仔细调查，随后声称，贫民行乞通常是由于不幸而非自愿选择。人们认为乞丐生活舒适，只是没有根据的错觉。[①] 无独有偶，1849年，亨利·梅休（Henry Mayhew）开始调查伦敦贫民和劳动者的状况，并在1861—1862年出版了调查结果。梅休指出，处于社会底层的穷人，生活极为艰难。事实上，正是这些最贫穷的人真正践行着自助的哲学。梅休并非将劳动阶层理想化的浪漫主义者，在关于伦敦45000个贫民（street people）的调查报告中，梅休并未忽视穷人们的缺点——他们在买卖上弄虚作假、喜爱饮酒、偷盗、欺骗，偶尔懒散，但远远更为普遍的是他们在维持生存中所体现的坚忍美德。穷困、不幸、疾病、苦难和无家可归折磨着这些败落的绅士、失业的工匠、孤儿、寡妇、跛子、酗酒者、乞丐，他们成为沿街叫卖的小贩、卖洋葱者、民谣歌手、捕鼠者、清道夫、挑水夫等。他们做了所有能做的事，而不是乞讨、偷盗或寻求教区济贫。事实上，对于伦敦的穷人而言，为了维持生存，自立是必须的。梅休承认，某些不幸是因穷人自己的鲁莽或惰性造成的，但他们的悲惨命运更通常是源于“一系列的不幸，其中许多是超出他们自身控制之外的”。[②]

梅休的报告里呈现了这些底层民众面对艰难时世，表现出刚强、勇气、坚韧、精明、具有顽强的自我意志，即使身处贫困仍保持着可敬的骄傲。梅休甚至敬畏这种无名大众的英雄主义——这些赤贫之人所展现的内在精神与力量。[③] 尽管如此，许多中上层人士仍坚持，这些人的穷困是由于生活堕落，缺乏自力更生的精神。

---

① Lynn MacKay, The Mendicity Society and Its Clients: A Cautionary Tale, *Left History*, Vol. 5, No. 1, 1997, p. 40.

② Henry Mathew, *London Labour and the London Poor*, 4 Vols., London: 1861, pp. 35, 37, 57, 95, 110, 114, 132, 289.

③ Ibid., pp. 321-322, 329.

经济繁荣时期，自力更生的哲学是有效的，大众通过勤勉工作和节俭生活可以维持生存。但在经济衰退或瘟疫流行期间，许多勤勉节俭的民众也可能陷于贫困。19 世纪上半叶，英国取得了举世瞩目的成就，但经济危机频仍，在 1801 年、1811 年、1816 年、1826 年、1839—1842 年、1847—1848 年都有过经济衰退，随之而来的是失业率和贫困率的上升。下层民众失业时，一旦患病则情况更糟。1842 年的卫生报告显示，疾病是导致贫困的最大成因。① 在经济的兴衰变迁和家庭的生老病死面前，个人美德是无能为力的。低工资和贸易衰退使得社会中上层所呼吁的自助仅仅成为一个空洞的口号。可见，穷人种种困境的更深根源是社会制度之弊病，并非完全是他们自己的过错。

道德学家们低估了下层民众勤勉和坚韧的程度，而高估了个人道德的力量。自立哲学并非总是有用的，即使民众完全遵照慈善家的道德训诫来生活，经济不景气和未充分就业仍是将他们卷入贫困的巨大风浪。许多勤勉、理智和谨慎的人同样遭受贫困和剥削。这一时期，社会中上层人士从未完全承认穷困亦是随经济浮沉而相应起伏的。道德学家和慈善家们坚持穷人的无远见和道德败坏是导致贫困的主要原因，信奉自力更生的神奇力量。这一坚持构成了关于贫困成因及其应对的假象。那么，他们为何愿意沉溺于这一假象呢？这一方面可能是因为时人对贫困成因认知的滞后性。如霍布斯鲍姆认为，直到 19 世纪 30 年代，人们才模模糊糊认识到，经济危机是有规律的，周期性发生的现象，至少在贸易和金融领域是如此。②总体而言，19 世纪中期以前，很少有人从经济和社会制度的角度看待贫困问题及其后果，对贫困现象认识的滞后可能严重妨碍缓解贫困的社会安排与制度设计。

---

① F. David Roberts, *The Social Conscience of the Early Victorians*, Stanford: Stanford University Press, 2002, p. 464.

② ［英］艾瑞克·霍布斯鲍姆：《革命的年代》，王章辉等译，江苏人民出版社 1997 年版，第 51 页。

另一方面，可能是社会中上层不想失去既得利益。19 世纪，在英国社会注重生产而忽视分配的情况下，大范围的贫困是不可避免的。这种情况下，穷困只能通过国家财富的再分配才能得以缓解。当然，这是富人所不乐意的解决方案，于是他们热衷于教导穷人温顺勤勉，安于现状。因而，他们不遗余力地向下层民众宣扬自助的价值与道德伦理，希望以此避免济贫的巨额花费。抨击当代慈善时，福克斯（W. J. Fox）质疑：19 世纪的慈善活动是否有利于维持不公平的现存社会秩序，反而转移了对更有效缓解困苦的方式的关注?① 可以确定的是，18、19 世纪英国社会的慈善活动是在不破坏整体格局和既存体制的前提下所进行的二次分配。

这一时期，人们对工业社会的贫困问题的认知仍停留于表面，更倾向从道德层面看待贫困问题。面对经济与社会变革中衍生的各种危机，将大规模的贫困和社会弊病归因于商业文化影响下的不良社会风气与个人道德败坏。因而，在慈善活动中，强调通过个人的独立与自助来匡正风气，维护社会秩序。然而，不是每个人都能践行自助的美德，或自始至终由此获益。正如一个文化史家所评论的："尽管维多利亚的说教文学一直坚持自助的必要性，但维多利亚小说中一个重要的传统主题是个人的无能为力。"② 社会对个人的无能为力的回应之一便是过度的慈善。因此，多种多样且范围广泛的慈善活动既是仁慈的确证，也是对"自助"这一概念的潜在反噬。

① Frank Prochaska, "Philanthropy", *in The Cambridge Social History of Britain, 1750 - 1950*, F. M. L. Thompson ed., Vol. 3, Cambridge University Press, 1990, p. 368.

② Derek Fraser, *The Evolution of the British Welfare State: A History of Social Policy since the Industrial Revolution*, New York: Palgrave Macmillan, 2003, p. 135.

第三节　从个人主义到集体主义（1850—1900）

1850—1900 年，贫困和福利问题成为英国社会各界关注的焦点。围绕着致贫原因，慈善的效应，个人与集体的关系，政府的角色等一系列问题，英国社会各界具有不同的态度和立场，呈现社会转型期的曲折与复杂情形。首先，在经济理论方面，由崇尚自由放任的古典自由主义向强调需求与消费的新自由主义转变。其次，关于贫困问题的定性是公共政策的起点。19 世纪，大量贫困问题和贫民状况的社会调查的出版，使得英国社会关于致贫原因的认知从个体和道德层面转向经济结构和制度因素。再次，社会思潮方面，社会主义和费边主义在探讨贫困问题和社会救济时，更强调集体和制度性的作用。最后，选举权的扩大；劳工运动的兴起；工人运动的政治诉求；国际环境的变化，等等。这些因素的叠加，使得 19 世纪以来英国社会的自由主义思想和个人主义观念渐次松动，开始由基于个体的志愿主义向强调集体主义的公共普遍福利的转变，这一观念转变为后来英国社会福利体系的建立奠定了思想基础。

一　从古典自由主义到新自由主义

19 世纪上半叶，在工业革命的推动下，英国经济发展的速度之快在世界历史上是空前的。1850 年英国的工业产品产量是 1811 年的 43 倍。[①] 工业革命不仅带来了生产力的飞跃，对社会结构和民众生活方式也具有深远影响。从 18 世纪末开始，大量的贫困工人成为英国一个显著的社会问题。

① F. David Roberts, *The Social Conscience of the Early Victorians*, Stanford: Stanford University Press, 2002, p. 156.

这一时期人口不断增长，1800年，英国人口约为1000万。到1850年，增至2100万。1750—1801年，伦敦人口从67.5万人增至90万人，[①] 而劳动者工资趋于下降。学者们对19世纪三四十年代生活水准的定量分析表明，这一时期大多数人口的生活水准较低。其中1835—1850年，货币工资最低。阿诺德·汤因比（Arnold Toynbee）指出，“工业革命的影响证明：自由竞争将会产生财富，但没有产生幸福”。[②] 霍布斯鲍姆指出，19世纪30—40年代，英国社会相当关注贫困问题。“激进主义、革命性的工联主义，宪章运动、骚乱和试图武装造反……这些不满是英国这几十年来特有的，与饥饿和绝望并存的。”[③] “对那些发现自己正处在资本主义社会道路上的贫民来说，在他们面前展现出三种可能性，而且他们在当时仍难以进入传统领域内，再也得不到有效的保护。这三种可能性是：他们可以争取成为资产阶级；或让自己忍受折磨；或起而造反。”[④] 1886年2月的暴动便是一个生动的例子，它提醒英国政府，社会底层的穷人可能成为社会动乱的威胁，具有强大的破坏性。19世纪中后期，日益严重的贫富分化导致了社会矛盾和社会冲突，成为危及政治和社会稳定的隐患，如何应对这些问题成为英国现代化进程的一个重要内容。

18世纪到19世纪中期，面对贫困及其滋生的社会问题，英国社会的主流态度是比较严厉的。在经济学界，政治经济学派奉行自由主义，反对慈善救济，认为在商业社会的自利动力驱使下，个体可以独立谋生。马尔萨斯将穷人的苦难、早亡、慢性疾病、缺乏食物等都视为是防止人口过快增长的手段，倾向于严厉对待穷人，认为济贫与慈善不利于穷人自助。[⑤]

---

① R. Porter, *London: A Social History*, Harmondsworth, 1994, p. 131.

② Ann M. Woodall, *What Price the Poor? William Booth, Karl Marx and the London Residuum*, England: Ashgate Publishing Limited, 1988, p. 11.

③ ［英］艾瑞克·霍布斯鲍姆：《革命的年代》，王章辉等译，江苏人民出版社1997年版，第11页。

④ 同上书，第267页。

⑤ ［英］马尔萨斯：《人口论》，郭大力译，北京大学出版社2008年版，第5页。

经济学家大卫·李嘉图认为济贫法是对穷人的纵容，“……任何薪金的给付若超出劳力的自然价格或市场价格，只会使穷人受害而非受惠。因为这种额外的收入会鼓励穷人早结婚，造成出生率的提高。解决贫穷的最好办法是减少对穷人的救济，教导穷人养成独立自由、节俭及深谋远虑的习惯。”① 1846 年，约翰·穆勒在文章中写道：“马尔萨斯主义”和“政治经济学家”这样的绰号经常被等同于铁石心肠、无情无义和穷人的敌人，这远非真实的指控。② 显然，政治经济学家们代表了反对济贫的力量。政治经济学家们坚持认为，社会政策不宜为了解决贫困问题而干预自由市场经济运作，以免助长穷人的依赖心理和扩大贫穷现象。

到 19 世纪末，政治经济学派的观点受到挑战。19 世纪中后期，一些学者对古典自由主义的观点进行修正，称为新自由主义。新自由主义学者们开始对贫困和救济等相关观念予以重新思考和定义。霍布森（J. A. Hobson）探讨消费不足与低收入之间的关系，对储蓄的价值提出怀疑，认为节俭的行为抑制而非促进经济增长。霍布森认为储蓄可能只适合少数精英，他们可以通过资金获取最大的利润回报而非购买国内市场的商品，从而促进就业。③ 1892 年，罗伯森（J. M. Robertson）出版了《储蓄的谬论》，该书也得出类似的观点，认为资金原本可以更好地花费在刺激商品需求方面，而储蓄却减少货币的流动。罗伯森认为：“工业自信显然是与需求活力程度相当的”，财富的创造可以通过“由消费的理念代替悭吝的理念来推动”。④ 罗伯森指出，通过储蓄和节俭来为老年人和患病者提供

① ［英］罗伯特·品克：《社会福利发展：经验与理论》，古允文等译，（台北）桂冠出版社 1988 年版，第 29 页。

② ［英］约翰·密尔：《密尔论民主与社会主义》，胡勇译，吉林出版集团有限责任公司 2008 年版，第 142 页。

③ Geoffrey Finlayson, *Citizen, State, and Social Welfare in Britain 1830 – 1990*, Oxford University Press, 1994, p. 149.

④ Ibid., p. 150.

福利，实际上限制了消费和需求，致使失业更为严重。[1] 霍布豪斯（L. T. Hobhouse）认为个人无法影响市场。[2]对新自由主义者而言，传统的自由主义高估了个人的能力，将个人设想为超脱的自立的个体，即个人是独立于或脱离于他所处的社会环境的，但实际上，在大工业化时代，工人的劳作与生活都与市场经济密切相关，因受经济环境影响而具有相当的不稳定性。

在这些学者及其观点的影响下，原先的自由放任和志愿主义都遭受批判。新自由主义学者们不仅质疑节俭和审慎的意义，同样批评慈善活动的缺陷。霍布森（Hobson）批评慈善只关注自身的个体苦难，却无视问题的关联性，如工业大生产的制度性和结构性问题。里奇（D. G. Ritchie）指出，慈善强调对个人救助的道德限制，而忽视了社会的有机结构。因此，对新自由主义者而言，慈善的失败在于未能抓住将共同体连接在一起的关联性因素。在最糟糕的情况下，慈善活动甚至可能是有害的。在最好的情况下，它所提供的也仅仅是缓解，且缺乏任何社会公平的相关考虑。[3]

从古典自由主义向新自由主义的转变，是当时经济学家们对英国的经济形势乃至未来发展道路的认知和理论的转变，这也体现于此后的经济发展趋势当中，而经济发展趋势决定社会需求，从而对社会观念的改变具有重要影响力。

二　贫困调查

19 世纪英国的财富和实力急剧增长，与此同时，贫困率和失业率也相

① Geoffrey Finlayson, *Citizen, State, and Social Welfare in Britain 1830 - 1990*, Oxford University Press, 1994, p. 149.

② Ibid., p. 156.

③ Ibid., p. 149.

当突出。为何一个经济繁荣的国家却存在如此严重的贫困问题？为什么英国的大多数人口未能分享经济繁荣的成果？面对这些疑问，英国社会开始了思考与探索，这一方面体现于慈善观念和目标的变化，以及慈善组织在方式方法上的创新；另一方面体现于大量的社会调查，以及关于贫困和救济问题的观点争锋。

19 世纪中期以来，英国成为世界头号工业强国，国内却存在着一支近百万人的贫困大军。面对工业大生产时代的各种弱势群体及其相应的社会保障问题，私人慈善力有不逮。维多利亚时代，英国社会中上层将慈善活动作为应对贫困问题的主要手段，如今这一想法出现动摇，人们开始对贫困进行调查和反思。许多社会活动家和慈善家是这类贫困调查的主力，其中影响最大的是朗特里（Rowntree）关于约克郡穷人和查尔斯·布斯（Charles Booth）关于伦敦穷人的贫困调查及其结论。这两份调查的数据显示，英国都市人口有 25%—30% 处于贫困之中，这可谓是“令人震惊的概率”。[①]

1901 年，希伯姆·朗特里（B. Seebohm Rowntree）对约克郡的贫困状况进行了充分调查，基于社会调查和统计数据提出了生命阶段性贫困和基本贫困线这两个概念，并分析了致贫的主要原因。生命阶段性贫困理论认为普通劳工在生命不同阶段呈现相对匮乏和相对充足的五个交替时期。第一个阶段，除非父亲是熟练工人，否则多数劳工阶层童年时往往处于贫困中，温饱难以保障；第二个阶段，步入青年时期，自己工作赚钱，自立自足；第三阶段，中年早期，因生养众多孩子而陷于贫困；第四阶段，孩子长大后开始工作赚钱，家庭经济状况好转；第五个阶段，孩子脱离家庭，自立门户，而家长步入老年，年迈体衰无法工作，失去收入来源，再度陷

---

① Rowntree, *Poverty: A Study of Town Life*, London: Macmillan, 1901, 2nd, 1902, p. 301. Charles Booth, *Life and Labour of the People in London*, *3rd*, London: Macmillan, 1902—1903.

入贫困。[1] 显然，这些相对匮乏和相对充足的生命不同阶段的交替，皆是由家庭状况、抚养孩子和年迈体衰等因素决定的，无关个人品行。在此基础上，朗特里分析认为致贫成因主要有以下六个方面：家庭中养家糊口之人的死亡；家庭中养家糊口之人因意外事故、疾病或年老而丧失工作能力；养家糊口者失业；工作不稳定；家庭人口数量的多少；工资过低。基于大量数据得出的致贫原因，朗特里有力地证明了下层民众的穷困源于外在环境变化而非个人道德问题。同时，朗特里提出基本贫困线概念。所谓基本贫困线是指摒弃所有不必要的其他支出之后，维持最低生存水平线的绝对必要的支出。[2] 他指出，生活在这条贫困线之下的穷人，实际上没有能力提升自己或积存储蓄，或以加入友谊协会等方式来获得基本保障，因为他们无法支付基本的会费。因而，对这一赤贫群体而言，中上层期待他们提升自己显然是不切实际的。[3] 朗特里的这一调查报告及其结论显然是对 18 世纪以来英国社会盛行的贫困的道德化的观念的一种有力反击。

1886 年，海德曼（H. M. Hyndman）发表的调查数据表明伦敦贫困人口达 25%。[4] 查尔斯·布斯是一位富有的船主，他试图架起沟通贫富的桥梁。查尔斯·布斯对海德曼数据的真实性表示怀疑，为此亲自展开对伦敦贫困状况的调查，随后写出了 17 卷的《伦敦人的生活与劳动》。然而，布斯本人经过调查后得到的数据更为糟糕。依据布斯的调查，伦敦 30.7% 的人口生活在贫困之中，因而海德曼的数据实际上低估了伦敦的贫困程度。布斯将这 30.7% 的贫困人口分为从最恶劣到相对较好的 A、B、C、D 四个等级。A 等级包含了临时劳动力……二流子和半违法者，以及某种意义上的野蛮人，布斯认为这些人虽然“不光彩，但并不危险”。布斯指出，即

① Rowntree, *Poverty: A Study of Town Life*, London: Macmillan, 1901, 2nd, 1902, pp. 136, 137. Charles Booth, *Life and Labour of the People in London*, *3 rd*, London: Macmillan, 1902—1903. .

② Ibid. , pp. 133, 134.

③ Ibid. , pp. 144, 145.

④ H. M. Hyndman in the Pall Mall Gazette in 1886.

使在A级，仍可以发现一些不错的人，也有许多令人同情的情况。B级穷人的生活艰难与工作的不稳定有关。他们平均一周顶多只有三天时间可以工作，但布斯也提到，如果他们有人能够获得长期的全职工作……很快会发现他们变得懒散或开始酗酒，不可避免地沦为穷人。C级的穷人大多有挥霍和饮酒等不良习气，他们工资并不高，花费却大手大脚，经常流连酒馆。D级是穷人中相对较好的，工作较稳定，个人品性较佳，踏实工作，努力经营家庭生活。①

调查伦敦东区时，布斯发现老年群体的普遍贫困，65岁以上的老人中38%的人接受济贫法救济。布斯认为，失业、低工资、没有储蓄等这些因素共同造成了贫困。② 查尔斯·布斯和西伯姆·朗特里等人的调查结论表明，工业进步和私人慈善活动并不能消除贫困，因而促使英国社会对贫困的理解从情感转移到以科学统计为基础的事实层面。

此外，“慈善组织协会”在1905—1909年的“济贫法皇家委员会”的报告里承认：“对现代工业状况的研究证明：失业通常是源于与工人个人责任无关的其他方面的影响。”③ 该报告高度肯定古老的节俭美德的价值，指出自1834年之后，“拥有小额储蓄，获得对抗疾病、伤害和老年保险的机会都显著增长”。然而，该报告也承认，“仍有空间和必要性为对抗失业而扩大保险”，且积极主张政府予以相关支持和补助。④

18—19世纪，英国社会关于致贫原因的认知经历了几个方面的变化。一是将致贫原因从穷人的道德堕落与懒惰依赖转向社会结构因素与制度性成因。19世纪末，许多社会调查基于较大范围的数据和统计，证明了贫困的成因远非长期以来所强调的个人的缺陷、失败或无能，相反，年迈体衰、低收入和工作的不稳定是导致贫困的重要因素。对贫困成因的认知，

① Fried and Elman, eds., *Charles Booth's London*, pp. 11 - 18.

② Ibid., p. 304.

③ *Report of the Royal Commission on the Poor Laws*, i. pt. vi, par. p. 569.

④ Ibid., p. 132.

破除了原先将贫困归因于个人责任，从而要求个人自我约束和自立的思想基础。二是日益注意到导致贫困的多重原因，在个人品行之外，注意到工业革命及其社会经济转型导致的相关因素。简言之，贫困成因的理论解释日趋深入，开始结合个体和群体状况来进行具体分析。

从贫困的普遍存在，到质疑贫困，探索贫困的本质，这体现了19世纪英国社会的进步。大量社会调查的出版，重申了贫困问题的普遍存在及其严峻性。这些调查报告引发了公众的关注，从而推动了解决贫困问题的努力。《伦敦弃儿的哭泣》（*The Bitter Cry of Outcast London*）在1883—1884年左右出版，伴随着公众舆论的关注，其影响力从伦敦新闻界延伸至议会辩论，随后议会任命了一个调查工人阶级居住状况的皇家委员会。①

19世纪是一个公共关注扩大和理论革新的时代，这些社会调查的出版，通过大量的详细数据所确立的事实，证明了贫困从根本上属于经济制度的结构性问题，从而改变了公众的既有认知，推动了贫困、救济、福利的相关概念和内涵的相应变化。

三　从施舍到公民权

从中世纪到近现代，济贫和慈善的意涵，受助人的身份和地位也经历了转变。中世纪，根据《圣经》教义和基督教教会的解释，贫困被神圣化，济贫和慈善活动具有信仰虔诚的意义。富人在施舍的同时，意图换取穷人为其灵魂祷告，以期获得宗教的救赎。因而，在宗教信仰的情境下，富人以施舍换取穷人的祷告，形成一种相对平等和互惠的关系。

近代以来，教会在社会救济方面的功能急剧衰退，适逢英国经济社会转型，出现了大量流民，救济需求扩大。英国政府在1601年和1603年分别颁发了济贫法和慈善法，由此开始官方救济和民间慈善并行的局

① E. P. Hennock, "Poverty and Social Theory in England: The Experience of the Eighteenth - eighties", *Social History*, Vol. 1, No. 1, 1976, pp. 67 - 91.

面。由于救济资源有限，而需要救济的人众多，为此，英国社会强调辨识救济，将穷人分为值得救助与不值得救助，英国界定穷人和提供救济的主要标准与依据是受助人有无劳动能力。前者大多为老弱病残，即老年人、长期病人、残疾人和孤儿。这些人基本没有或丧失劳动能力，因而由所在教区提供救济。后者是体健穷人，如具有劳动能力的乞丐、流浪汉和小偷等。对于体健穷人，即官方认为不值得救助的穷人，有着悠久的惩戒传统，如惩罚性或强制工作，或是安置在贫民习艺所。英国的惩贫传统在 1834 年的新济贫法通过之后达到一个高峰。18 世纪中后期出现并发展的政治经济学和功利主义思想，影响深入 19 世纪，间接促成了 1834 年新济贫法的出台。新济贫法试图补救之前体制的严重缺陷，强调救济的劣等处置原则，避免纵容不值得救济的穷人，规定对有劳动能力者的救济只能限于院内救济，力图使救济无法忍受。济贫法报告指出："如果让乞丐的条件比自力更生的劳动者的条件更舒适，那么给予的每个便士都是对懒惰和堕落的慷慨。"① 比起劳工穷人的生活，济贫院的生活更加贫乏和严酷，只有极端绝望才会驱使穷人申请救济。批评者称新济贫法为残忍、严酷和刻薄的，是为了迫使穷人迁徙，接受低工资的工作，依靠粗劣的食物生活。②

新济贫法颁布之后，英国济贫法强调院内救济，惩治不值得救助的穷人，而慈善机构则救济值得救助的穷人。同时，慈善活动的一个重要功能即教化民众。由于贫困问题的道德化，通常将贫困与个人品行联系在一起。慈善组织在遴选救助对象时，侧重道德要求和品行考察，救助过程中也强调规范和秩序，教化宗教教义和社会道德，灌输中上层认可的价值观，在物质层面救助穷人的同时，辅以精神方面的教化。

---

① ［英］诺曼·巴里：《福利》，诸建国译，吉林人民出版社 2005 年版，第 20 页。

② F. David Roberts, *The Social Conscience of the Early Victorians*, Stanford: Stanford University Press, 2002, p. 109.

救济资源和救助需求的严重不对称，加之根深蒂固的个人主义，使得英国在惩贫传统之外，衍生的产物是贫困的污名化。19 世纪，志愿主义和官方机构都旨在促进个体独立。穷人在接受慈善救济的同时意味着失去自立的能力和独立的身份，服从社会中上层的观念和教化，代表了对传统社会秩序和价值观念的臣服。在此过程中，作为接受救济的穷人，在一定程度上也丧失了作为公民的权利资格，自由和政治权利，因而，社会中上层主导的慈善活动是以受助者的被动接受与顺从为代价的，一定程度上兼具施舍和教化的双重意涵。

19 世纪中后期，随着对贫困成因的调查结果的公布，原先将贫困归因于道德的说法无法立足。人们认识到是外在的社会经济状况等结构和制度性因素，而非个人的缺陷导致了普遍的贫困，因此贫困是一个社会经济的结构性问题，所以广大下层民众对社会救济的诉求更具合理性，在此基础上，贫困问题逐渐脱离个体主义，以及对穷人本身的指责和约束，逐渐变成政府的职责所在与公民的合理权利资格。

19 世纪，随着选举资格日益放宽，英国选民群体不断扩大，大量劳工开始获得公民参政议政的权利，他们自然希望通过手中的选票获得相应的社会和经济权利。新自由主义者敏感意识到公民权这一新维度。在社会福利方面，随着越来越多的工人阶层在政治共同体的意义上变成公民，他们逐渐意识到比之通过社会慈善组织所提供的具有施舍意味的救助，源自政府的社会福利属于公民权利资格的一部分，更具平等性和普遍性。工人阶级及工会政治力量的壮大，成为福利国家中工业化文明和政治民主化发展的不可忽视的因素。但也要注意，19 世纪议会改革的程度和大众民主的普及程度容易被夸大。1911 年，英国成年男子中有投票资格的仍然只有 60%，因而，不能过分夸大这一时期劳工阶层在政治参与方面的重要性。

在政治权利和经济学理论之外，社会学理论对福利问题的讨论也有影响。如何解决贫困等社会问题；政府应扮演何种角色；提供何种公共政策，这些问题成为19世纪和20世纪之交的西方社会的重要关注点。韦伯夫妇（Beatrice & Sideney Webb）等费边主义者的社会改革思想深刻影响了英国社会政策的理念和实践设计，推动政府对大范围的社会贫困问题做出回应。费边主义学者较早提出了国家干预的观点，代表了个人主义向集体主义的转变。此外，社会福利的对象和范围问题，是针对部分人还是所有人的需要？采取“选择性”（Selective）或是“普遍性”（Universal）福利？各自的道德基础应如何确定？这些问题也成为20世纪社会学者们关注和争议的焦点。在蒂特姆斯看来，“普遍主义”（Universalism）可以促进社会整合，弱化社会阶级间的区分，因此只有“普遍主义”的社会福利才能实现社会政策的政治目标。

19世纪末，自由主义思潮受到打击，一种温和的集体主义兴起，马克思主义、费边社会主义和集体主义等理论学说对英国社会救济制度的影响越来越大。这一时期，关于贫困的范围和程度等问题形成新的认知，出现了新的概念。人们对贫困成因的看法也发生重大变化，由个人责任转变为结构因素说。19世纪之前，英国界定穷人和提供救济的主要标准与依据是有无劳动能力，19世纪之后，公民权利成为界定贫困和提供救济的主要标准和依据。总的来说，英国政府界定穷人和提供救助的标准从劳动能力为主转向公民权利为主，这一观念变化是公共政策转向和福利制度建设的思想和理论基础。

四 从志愿主义到国家干预

19世纪，英国奉行以古典政治经济学为理论基础的自由放任主义。自由放任的宗旨是反对政府干涉经济活动，反对政府征收除维持和平、治安和财产权以外的税赋。自由放任经济理论主张经济活动和资源配置完全由市场机制来推动，这将会免去因政府运作造成的效率不彰。政治经济学家们认为，政府对经济干预越少，经济运作效率越高。他们主张国家政府的经济职能仅限于保护自由竞争；保障私有财产；维持必要的公共事业和公共设施。因为政府的天职是“守夜人”。至于其他的社会问题，亚当·斯密等人认为，工业社会将会自行调整这些问题，无须政府干预。

尽管社会问题如此繁重，但英国推崇本地自治的历史传统，不信任政府干预社会事务，而将其交托给本地的志愿活动。非国教徒强调宗教自由，在慈善活动中也崇尚自主和独立。自由主义者和福音派都不信任政府。自由主义者信奉“管得最少的政府就是最好的政府”。他们相信，社会疾病最好由个人来应对或靠富人的慈善活动而非政府的干预。福音派倾向于认为政府是一个人为的发明，是捍卫英国利益和惩罚邪恶的必要存在，但在赎罪行动方面却无能为力。总体而言，英国社会对政府干预有一种普遍的敌意，视政府为另一种罪恶，太过危险而不能用来解决社会弊病。同时，他们认为政府机构在应对社会问题方面太过官僚主义，笨重且没有人情味。约翰·密尔担忧政府过多控制国家事务，可能会导向极权主义。相反，“个人或与其他市民联合施行的，大量富有活力且精力充沛的志愿行动，改善自己或其他人的生活，是自由社会的显著标志”。①

时人认为，政府在应对社会问题方面反应迟缓，花费许多时间去制定政策，还存在资源浪费、可行性不强等缺点。相反，慈善组织不仅自主灵活，而且充分体现了志愿精神。针对某个具体问题，在相关人员的努力之下，几周之内可以新建一个慈善协会。同时，在慈善组织中，捐助人可以自由加入或退出。慈善组织的政策和目标可以应时而变，极富弹性。人们认为，志愿机构在应对那些需要个人酌情处理的问题时更自由灵活。捐助

---

① Frank Prochaska, *The Voluntary Impulse*, *Philanthropy in Modern Britain*, London: Faber and Faber Limited, 1988, p. 85.

人可以根据自己的意愿选择救助对象，促使受助人获得道德训练和自律课业。①

19 世纪上半叶，英国民众不信任政府，而政府也乐意自由放任，对个人负责的说法赞赏有加，因为这可以减少财政支出。中央政府不愿在社会问题上花钱，本地政府又相对弱小，这些成为慈善事业发展的推动力。英国社会对个体主义和个人道德的社会价值有根深蒂固的信仰，志愿主义深入人心。潘恩指出，英国人将这种公共事务视为自己的事，感到有义务助益公共福利。他观察到："大批的协会参与公益工作。一个英国人很少对公共事务袖手旁观……他并不是生活在人群之外。相反，他感到有义务通过这样或那样的方式为社会共同体作贡献。"②

19 世纪中后期，自由主义和个人主义面临新思想新观念的挑战。首先，新济贫法虽然严厉，却无法解决因个人不幸、经济衰退或季节性失业而产生的贫困问题及其要求的救济。1825—1826 年、1836—1837 年、1839—1842 年、1846—1848 年的这些年份，英国都出现了经济衰退以及随之而来的大范围失业。虽然政治经济学派宣称"看不见的手"会自动调节，但贫困和社会苦难却挥之不去。因经济萧条或社会转型而引发的普遍贫困，以及破产、失业、年老体衰、疾病等引发的个人、家庭和社群性贫困现象不仅普遍而且持久存在。社会化大生产使得工人个体在经济社会的危机面前非常脆弱。19 世纪英国的社会现实表明，个体努力和志愿主义难以应对严重的贫困问题。大量下层贫民成为社会边缘化群体，这也为劳工阶层和资本家之间的阶级冲突埋下了伏笔。

其次，随着时代变化，英国在社会政治和文化层面也意识到志愿主义的缺陷，出现了由个人主义向集体主义的倾斜。一个偶然事件会打破个人

① Frank Prochaska, *The Voluntary Impulse*, *Philanthropy in Modern Britain*, London: Faber and Faber Limited, 1988, p. 68.

② Gertrude Himmelfarb, "The Age of Philanthropy", *The Wilson Quarterly*, Vol. 21, No. 2, 1997, p. 50.

长期节俭和审慎的努力，使其陷于贫困。慈善组织即使运营良好，也很少能够提供充分的供给。慈善组织确实能够缓解一些苦难，但以本地教区和志愿慈善组织为主的救助体系显然难以应对英国社会的各种问题。19 世纪中期之后，关于志愿主义的批评日渐增多，如慈善组织的救助缺乏协调与整合。19 世纪以来，政府职能逐渐扩大，政府部门的权力更趋集中统一，在提供社会救助和公共服务方面具有特殊优势，通过制定法令，推行统一的福利政策，从而整体上系统性地解决社会问题。同时，通过动员国家力量，资源充足救助，应对能力较强，如设立专门的机构。

最后，19 世纪中期以来，许多知识分子开始肯定政府的积极干预。此前英国社会的贫困问题和济贫努力严重依赖于志愿主义和本地教区济贫。1834 年新济贫法的出台充分体现了自由放任时代政府的有限性。这一时期，除极少数由中央政府的专门机构负责，英国的社会福利供给主要依靠地方教区济贫和志愿慈善组织。到 19 世纪中期，随着社会调查的出版，社会思潮的转向，个人主义和志愿主义面临质疑和挑战。到 19 世纪末，英国政府不再只是维持最低限度的运作，中央政府的职能逐渐扩张，积极应对社会问题。格林（T. H. Green）在关于政治义务的演讲中修正密尔的观点，认为允许政府有更大的权威，可以促进积极自由。[①] 新自由主义者认为，政府有责任去纠正因经济结构性缺陷而产生的大规模贫困，因为在此情况下，自由主义和个人主义所倡导的自我提升显然超乎个体能力之外。19 世纪后期，集体主义和国家干预逐渐取代个人主义和志愿主义，成为解决贫困等各种社会问题的新理念。

国际先例也为英国的社会改革提供了榜样和经验。19 世纪 80 年代，俾斯麦率先施行了缴费保险制度，覆盖工伤、疾病和老年等多种内容。英国也出现了俾斯麦社会福利政策的追随者。19 世纪末 20 世纪初，在多重

---

① Geoffrey Finlayson, *Citizen, State, and Social Welfare in Britain 1830 - 1990*, Oxford University Press, 1994, p. 95.

因素的影响下，英国政府在社会福利上日益发挥更积极的作用。1890—1914 年，英国用于社会服务的国家资金翻了一倍。1906 年，自由党政府上台后通过一系列法令，促进社会保障制度的发展。20 世纪二三十年代的失业进一步显示了志愿主义的局限，二战时的社会状况也进一步要求通过国家政府来提供系统性的社会福利。

杰弗里·芬利森（Geoffrey Finlayson）指出，在 1880—1979 年的一个世纪里，英国社会的政治和文化特征发生了明显变化，意识到志愿主义的缺陷，集体主义逐渐加强。1979 年之后，保守党政府则试图扭转这一个世纪来的发展趋势，但成效甚微。①

本章小结

任何一种成熟的社会制度的诞生都需要具备两个条件，一是其所以能在社会上存在所需要的现实环境，即社会基础；二是其所有能成为现实的思想渊源和理论基础。理查德·蒂特马斯（Richard Titmuss）认为研究福利制度可以发现其所属社会的主流政治和文化特征。②

近代以来的英国，伴随着城市扩张，经济发展与社会转型，贫困与救济不仅仅是一个社会问题，逐渐变成关系国计民生的经济问题和政治问题。关于贫困与救济的观念，涉及经济环境、社会结构、价值观念等多个方面，成为理解近代英国社会变革的一个窗口。18—19 世纪，英国社会关于贫困问题和济贫经历了几个不同阶段的变化。本章从意识形态视角，将

① Geoffrey Finlayson, *Citizen, State, and Social Welfare in Britain 1830 - 1990*, Oxford University Press, 1994, p. 79.

② Ibid., p. 1.

慈善相关的观念变迁与当时流行的社会思潮联系起来，探究智性变化对社会慈善的影响。尽管影响贫困与救济的相关因素较为混杂，但在不同时期，显然有其主导性的因素。如中世纪里贫困的神圣化；16—17 世纪的理性化；18 世纪前期，在相对宽松的环境，受启蒙运动和人道主义的影响，推崇博爱精神。自 18 世纪 70 年代，受到经济环境和意识形态的影响，对待穷人的态度趋于严苛，贫困问题被道德化，施善与教化紧密结合。到 19 世纪后期，从古典自由主义向新自由主义的转变；关于贫困和救济的社会调查报告的出版；社会和政治结构的变化；政治党争的影响，等等，受这一系列因素的影响，贫困的道德标签逐渐动摇，贫民接受救济的资格权利得到重视，这是英国从志愿慈善走向福利国家的思想基础。作为公共性机构，慈善组织的目标和形式也应时而变。在此期间，观念的变迁推动了组织的革新。

第三章　组织革新

18—19 世纪，伦敦慈善事业经历了从初兴到鼎盛的发展。本章从结构与运营、资金来源和约束机制等方面阐述慈善组织的运行机制及其变革。为了吸引捐助和维持运营，伦敦的慈善组织不仅注重管理和运营的规范，而且在运作方式、筹资手段等方面不断革新，力求发展出更经济和更高效的救助方式。

第一节　结构与运营

一　组织结构

17 世纪以来，尽管个人施舍仍广泛存在，但个人对个人的救助方式呈衰退趋势，集体施善成为新的发展方向，联合慈善（Associated Charities）成为慈善组织的主要形式。所谓联合慈善，是指时人借鉴当时在工商界风行的股份公司制度，仿照这一模式，设立集体性的慈善组织。即慈善组织以会员制为基础，通过理事实行联合管理，依靠社会捐助维持运营。会员缴纳一定的准入资费，同时由全体会员组成理事会或在会员中选出理事作为机构的主持，较大的慈善组织则每年从理事会选出委员进行经营管理。

理事和委员一年一任，每年重新选举。这一制度设计开创了民间慈善组织的新形式，成为此后英美民间慈善机构普遍采用的组织形式。

17 世纪末，慈善学校的运作中出现了联合慈善的雏形。联合慈善出现之前，捐赠慈善（Endowed Charities）是主要形式。捐赠慈善主要由遗赠设立，大多特别指定受益对象和具体用途。在捐赠慈善中，一旦捐款被指定特定用途，当其他需要出现时，受托人缺乏更改资金用途的权威。[①] 相反，联合慈善的资金来源更为灵活。同时，通过投票表决，或作为委员会成员，认捐者可以参与慈善组织的经营和管理，或监督其运作。捐助者可以自愿加入或自由退出。与此同时，慈善组织可以依据情况变化做出相应调整，或从试验和错误中汲取教训，形成更好的救助方式。因而，比之捐赠慈善，联合慈善是更灵活且更富弹性的组织形式。

联合慈善组织的成立通常是一群人就某个共同感兴趣的问题，形成一个相应计划并筹集资金。联合慈善组织以会员认捐为基础，每年认捐一定金额或一次性捐助一定金额即可成为该组织的成员。不同的慈善组织要求不一。如“伦敦育婴院”的理事大多经由年捐 5 个几尼[②]或一次捐赠 50 镑以上的礼物（1772 年减为 30 镑）的方式进入理事会。[③] “洛克医院”规定，每年给予 5 镑可以成为理事，捐赠总数达 50 镑便成为终身理事。[④] “威斯敏斯特医院”规定，每年捐助 3 个几尼或一次捐助 30 镑，可以成为理事。对于准入资金的要求使得慈善机构理事会的主体成员都是有产者。

慈善机构的会员有权参与管理，其中包括：（1）选举权，如选举理事

---

① Jonathan Allen Fowler, *Adventures of an "Itinerant Institutor": The Life and Philanthropy of Thomas Bernard*, a Dissertation Presented for the Doctor of Philosophy Degree, The University of Tennessee, Knoxville, 2003, p. 306.

② 几尼（Guine）不是货币单位，是一种英国金币的名称，1 几尼 = 1.05 镑 = 21 先令，最初是用几内亚的黄金铸造的，因此得名。

③ *Regulations for Managing the Hospital for the Maintenance and Education of Exposed and Deserted Young Children*, London, 1749, p. 4.

④ Kevin P. Siena, *Venereal Disease, Hospitals and the Urban Poor: London's "Foul Wards", 1600 - 1800*, Rochester: University of Rochester Press, 2004, p. 211.

或理事长，或选举会员代表和常务委员；（2）被选举权，可以被选为理事或常务理事等；（3）表决权，在会员大会上投票支持或反对大会的决议；（4）推举他人进入慈善组织留养和接受救济的权利。如“贫困盲人学校”（School for the Indigent Blind）规定，捐助一个几尼的年度会员拥有一票表决权，一次性捐助10个几尼成为终身会员后，永久拥有一票表决权。[①]医院等慈善机构的理事可以推荐病人入院治疗。“洛克医院”理事会规定：“只接收持有理事签名的推荐信的病人。”同时，“理事一次只可推荐一名病人，在第一个治愈出院之前不得举荐第二个”。[②]医院和诊所等慈善机构，往往依据理事的认捐份额，予以相应的推荐名额。“帮助已婚贫困妇女在家生产的慈善机构”（Benevolent Institution, for Delivering Poor Married Women at Their Own Habitations）规定，理事具有一年内推荐8个病人的权利。认捐数额翻倍，则推荐人数亦翻倍。[③]“综合诊所”（General Dispensary）规定，一年捐助一个几尼可以成为理事，一次性认捐10个几尼成为终身理事，理事一次可以推荐一个病人。认捐金额增加一倍，推荐人数亦增加一倍。[④]“皇家耳科诊所”（Royal Dispensary for Diseases of the Ear）规定，一年捐助一个几尼，可推荐一个病人，以此类推。一次性认捐10个几尼则为终身理事。[⑤]大部分联合慈善组织在会员认捐方面的规定是类似的。医院和诊所等慈善机构的会员有举荐权，同时会员权利与认捐资金相挂钩，这也体现了义务与权利的对等。

依据慈善组织功能和规模的不同，相应的组织结构也有差别。一般较大的慈善机构会从庞大的会员中推选部分人，形成理事会。规模较小的慈

---

① SampsonLow, *Charities of London*, London, 1862, p. 198.

② Kevin P. Siena, *Venereal Disease, Hospitals and the Urban Poor: London's "Foul Wards", 1600 - 1800*, Rochester: University of Rochester Press, 2004, p. 214.

③ John Murray, *The Annual Subscription Charities and Public Societies in London*, Printed by William Clowes, 1823, p. 18.

④ Ibid., p. 117.

⑤ Ibid., p. 31.

善机构则由全体会员构成理事会。理事会是慈善组织的最高决策机构，负责重大事项的审议，相关职务的选举和任命等。一般而言，施行院内救助的慈善组织机构更为健全。而实行院外救助的慈善组织在结构上相对简单。

1. 规模较大，组织健全的慈善机构人员构成。

其结构如下所示：

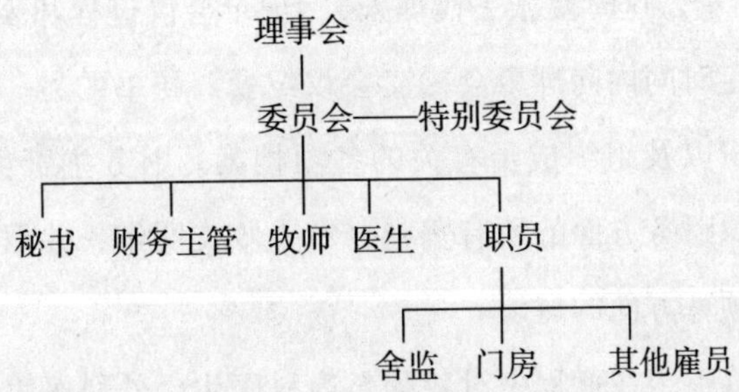

2. 大部分慈善组织规模较小，管理人员亦少，其组织结构相对简单。依据其职能和目标，不同的慈善组织有相应的机构设置，如走访协会虽然管理人员较少，但下属的访问员极多。1831 年，“促进地方走访协会”雇用了 573 名正规的访问员。主日学校和贫民儿童免费学校等慈善机构则有大量的教师和志愿者。这类机构的特点是管理层人员较少，而职员和志愿者的队伍相当庞大。

其结构如下所示：

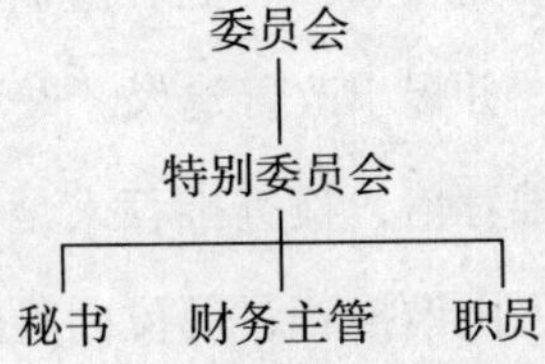

3. 结构不完善的组织。一些面向本地或针对群体内部的慈善组织往往规模较小，组织制度不甚健全，人员不齐，个别组织总共才有二三人，如

秘书和财务主管。有些慈善协会没有组织章程，也不曾出版相关文件和账目，资金去向不明。这或许是因为本地或集体性的慈善组织，大多属于成员内部福利，与外界社会关联较少。

一般而言，庇护人、理事长、副理事长、秘书和财务主管既是理事会成员同时也是委员会成员。在负责执行的常务委员会中，秘书和财务主管是核心人员，职责繁重。秘书必须出席理事会、执行委员会的所有会议（除非有必要回避，这时要派去代理人），记录会议进程和表决结果，并在会议结束后一定时间内向理事会提交会议纪要。秘书的另一项重要职责是保管与慈善组织以及组织成员有关的各项档案。财务主管负责财务管理，如收集慈善组织财务方面的所有资料，审查收支明细，并据此向理事会提出财务管理和预算方面的建议。

此外，慈善组织在章程中对牧师、内科医生、外科医生和药剂师等都有相应的职责要求。如牧师须定期访问受助人。对院内救助的慈善机构而言，舍监是重要的管理人员，一般由精明能干的中年妇女充任。舍监负责监督慈善机构的内部秩序合乎规范，日常生活作息按照规定进行。受助人的日常行为受到严密监控。

除理事会、委员会等通常的机构设置以外，不同的慈善机构，依据其具体职能和服务对象，也有一些特殊设置。如“综合诊所”的每月委员会指定12个理事作为督导员（house visitors），视察机构的规章制度是否得到正确执行。“每天早上，应有两个督导员来到诊所，查看职员或仆人的工作是否有所疏漏，病人行为是否得当，是否遵循规章制度。督导员应该向每月委员会报告相关情况，并提出改善建议。”① 此外，还设有专门的书记员，负责收取所有病人的推荐信，检查推荐人是否有推荐资格，并对病人的治疗情况，如何时接收；由谁推荐；哪位内科医生负责治疗；何时出院

① *An Account of the General Dispensary for Relief of the Poor, Instituted 1770*, London: printed by James Phillips, 1776, p. 19.

等相关情况保持详细系统的记录。同时，他们在财务主管的指导之下，负责准时收集认捐资金。①慈善组织的机构设置和人员配备与其职能密切相关。因而，虽然同属联合慈善，但各个慈善组织在具体运作上有所不同。

社会等级也精确地反映到慈善组织的人员结构之中。慈善机构的庇护人、理事长、副理事长主要由贵族充任。18 世纪 20 年代，伦敦约有 28 个慈善机构的庇护人是国王。②此外，约克公爵、苏塞克斯公爵以及其他贵族通常是慈善组织的庇护人或理事长。这些贵族担任多个慈善组织的理事长或副理事长，任期大都很长。但他们只在慈善机构的周年庆典或年会晚宴等重要场合出现，一般不参与具体管理。秘书通常由精明能干的中产阶层人士担任，而财务主管可能是本地商人或银行家。这一安排其实是完美的折中，在财富和权力已不完全对称的等级社会里，上层贵族与力图寻求身份和地位的中产阶层各司其职，各得其所。

二　运营管理

作为公共性机构，伦敦慈善组织的运营管理分为两个方面，一个对内的管理，如具体的组织机构设置，不同的职位及其相应职责等；一个是对外的经营，如争取社会支持，经营社会关系等。下面分别予以阐述。

（一）内部管理

建立之初，慈善组织的首要任务便是制定相应的规章制度，此后陆续修订完善并成文出版。这些章程是慈善组织运营管理的依据所在，包括机构的目标、救助对象，各级机构设置及其职能，各个职位的相应职责，捐

① *An Account of the General Dispensary for Relief of the Poor, Instituted 1770*, London: printed by James Phillips, 1776, p. 19.

② 根据 John Murray, *The Annual Subscription Charities and Public Societies in London*, 1823 一书所作的统计。

助人和受助人各自的权利与义务等。

联合慈善施行集体管理。慈善组织的管理机构一般设有理事会、委员会和依据需要成立的特别委员会。

（1）理事会：理事会是慈善组织的最高权力机构。理事会一般分为年会和四季会议。慈善组织的章程中规定了主要会议及其召开时间。如“育婴院”分别在3月、6月、9月、12月召开四季会议，每年5月召开年会。育婴院规定理事会至少由13个理事构成，由理事长主持，若理事长缺席，则由副理事长主持。[①]“海事协会”规定，理事会至少由七人组成。决策时进行集体投票表决，在票数相等的情况下，由理事长或主席定夺。[②]“综合诊所”的章程规定，每年3月、6月、9月、12月份的第二个星期三要召开季会，理事会至少有9个理事成员出席。特殊时期也可召开特别会议。理事长、副理事长和财务主管等人都有权在任何时间召集理事会（general meeting），需要至少提前一周知会各理事，同时须在报纸上刊登会议通知。[③]

一年一度的理事大会，又称年会，是慈善组织最重要的决策机构。年会的固定事项一般包括重新选举管理人员，审核收支账目，收取会员的认捐资金。一些慈善组织借机进行公开募捐，举办周年庆典等活动。如1822年1月14日，“聋哑人收容所”召开全体大会。会议内容如下：宣读上届全体大会的会议记录，重选庇护人、理事长、副理事长和财务主管，再选出新的委员会成员。财务助理宣读年度收支决算报表。随后，由理事投票表决，从名单上的85个候选人中选出21个孩童进入收容所。三点钟结束

---

① *Regulations for Managing the Hospital for the Maintenance and Education of Exposed and Deserted Young Children*, London, 1749, p. 5.

② *The Bye – Laws and Regulations of the Marine Society*, London, 1820, p. 35.

③ *An Account of the General Dispensary for Relief of the Poor*, *Instituted 1770*, London, printed by James Phillips, 1776, p. 13.

投票。依据财务助理的报告，这一天收到认捐与捐助资金共 504 镑。①

（2）委员会：理事会只负责重大事项的审议和相关职位的选举。一般由年会上选出的常务委员会来负责具体的运营事宜。常务委员会里的大小事皆由多数意见决定，必要时进行投票表决。票数相等时，主席有权裁定结果。常务委员会负责选出或开除下一级的干事、雇员。委员会制定并记录一切合约、协议，将其登记在册，记录所有的经济往来情况，确保所有收益按时收取。

慈善机构的委员会成员每周或每月聚集，讨论相关事宜。“综合诊所”规定：“委员会成员在每个月的最后一个星期三在诊所会面，负责指导相关事务。委员会会议对任何愿意出席的终身理事和被邀请投票的人开放。除了那些与所讨论的事务有利益关联的理事。”② “英国主日学校促进会”规定：“委员会在每月的最后一个星期三会面。”③ “博爱协会”的委员们每个周五在圣保罗咖啡屋会面。④ 总体上说，慈善组织的常务委员会在每周或每月召开例会，商讨诸种事务。除常务委员外，其他理事一般只要求出席四季会议和每年的年会。

（3）特别委员会：依据需要，常务委员会指定一个特别委员会或特别行动小组，集中负责某一具体事务，如专为建造房屋设立的房屋委员会、负责审核所有收支情况的账款委员会等。“育婴院”的审计委员会每月一会，负责审核干事和督察提交的账目，使其按条排列，并按时间排序，然

---

① John Murray, *The Annual Subscription Charities and Public Societies in London*, Printed by William Clowes, 1823, p. 43.

② *An Account of the General Dispensary for Relief of the Poor, Instituted 1770*, London, printed by James Phillips, 1776, p. 18.

③ John Murray, *The Annual Subscription Charities and Public Societies in London*, Printed by William Clowes, 1823, p. 52.

④ *Society for the Support and Encouragement of Sunday Schools Throughout the British Dominions*, 1785, p. 100.

后归档以供年会时审查。[①]有时是为了集中管理，如 1748 年，育婴院在常务委员会的基础上设立小组委员会，负责每周六上午审核账单或处理其他的紧迫事务。[②] 特别委员会的设置可以增强慈善组织的机动性和灵活性，效率较高。

一般而言，全体理事构成庞大的理事会，但大多数人不可能投入很多时间来参与慈善组织的管理工作。除非存在重大争议或涉及财产权益问题，需要补充新的重要职位等。通常情况下，会议出席人数总是不充足的。如 1766 年 3 月，“育婴院”的季会只有七个理事参加，由于达不到章程规定的人数要求（9 个），只好取消。1750—1760 年，“洛克医院”有 13 次理事会议因为出席率不足，被迫取消。[③] 无论慈善机构的会员或理事人数多少，真正负责运营管理的只是其中的极少数，而在这个极少数里几乎没有贵族。大多数理事对慈善机构的参与主要是捐助金钱，只有少数人负责慈善机构的具体运作。

18—19 世纪，伦敦慈善组织大多重视自我约束。因为这不仅关乎慈善机构的效率，也影响其社会声誉。慈善组织在章程中对日常运营的管理有非常详尽的规定。一般分为两个方面，一是对慈善组织干事和雇员的管束，二是对救助对象的资格审查和行为规范。管理章程规定相关人员的具体职责，防止可能的营私舞弊行为，并有相应的惩罚措施。“涉及与诊所有关的任何服务，这一机构的仆人不得在任何时间收取任何店主、病人、仆人或其他人的任何费用，包括报酬或小费，乃至赠物等类似情况，否则

---

① Alysa Levene edited, *Institutional Responses: The London Foundling Hospital, Narratives of the Poor in Eighteenth—Century Britain*, Vol. 3, Cambridge University Press, 2006, p. 40.

② Ruth. K. McCure, *Coram's Children: The London Foundling Hospital in the Eighteenth Century*, New Haven and London: Yale University Press, 1981, p. 169.

③ Donna T. Andrew, *Philanthropy and Police: London Charity in the Eighteenth Century*, Princeton, 1989, p. 133.

将立即被解雇。”① 这一类的防范也是有必要的，因为职员渎职或营私之类的行为并不鲜见。18 世纪中期，“洛克医院”的牧师因侵吞资金而被解雇。为了防止类似情况，理事会给新任牧师提供薪水。但新牧师也很快被遣散，因为他没有按照要求访问病人。② 一般情况下，一旦职员被发现有营私舞弊行为，即会被解雇。

慈善组织对救助对象的管理包括接收的程序、条件，受助人的行为规范和日常作息等。依据“妓女感化院”1768 年出版的规章制度，在此悔过的妓女生活俭朴，穿浅灰色制服，所有时间都用于勤奋工作和宗教静思。她们只有一个名字为人所知，姓氏则为宣誓保守的秘密。改造期间，悔过妓女须完全切断与外界联系，访客不允许调查妓女或声称某人曾是旧识。此外，她们不允许收信和寄信，除非经委员会、牧师和舍监审核。当召来医师或药剂师时，舍监和助理舍监须全程陪同。甚至理事也不能与这些妇女单独相处。院内日常生活的每一方面都有详细规定并受到监视。没有委员会的准许，悔过妓女不得与其亲戚和朋友见面。即使见面，只能在舍监在场的房间里交谈。总之，不允许这些妇女与任何人单独相处。工作人员不可容忍任何轻快或不适当的行为，而必须保持高度肃穆的态度和氛围。③“妓女感化院”的特殊性使其特别注意规范受助人的行为，防止可能的道德非议和舆论指责。

“洛克医院”规定，男人不准进入女病房区域。病人一旦因为不服从纪律而被遣散，则禁止再度进入。④“妇产科医院”要求产妇必须持有包括其婚姻状况和丈夫居住证的宣誓书，以及认捐者的推荐信，才能被接收。

① *An Account of the General Dispensary for Relief of the Poor, Instituted 1770*, London, printed by James Phillips, 1776, p. 13.

② Kevin P. Siena, *Poverty and the Pox: Venereal Disease, Hospitals and the Urban Poor: London's "Foul Wards", 1600 – 1800*, Rochester: University of Rochester Press, 2004, p. 219.

③ *The Rules and Regulations of the Magdalen*, London, 1769, pp. 37 – 45.

④ Kevin P. Siena, *Venereal Disease, Hospitals and the Urban Poor: London's "Foul Wards", 1600 – 1800*, Rochester: University of Rochester Press, 2004, p. 214.

推荐信由推荐人签名，担保申请人属于合适的救助对象。每一个希望入院生产的妇女都得向一个理事陈述其个人情况并保证服从医院的规章制度。同时，病人有义务服从医院规定，帮助护理和职员履行职责。她们不能饮酒、咒骂或赌博，必须出席星期天的宗教仪式。①

实行院内救助的慈善机构，受助人必须严格按照规定的作息时间生活。如“妓女感化院”规定：夏天6点起床，冬天7点起床。祈祷并工作1小时后吃早餐，早餐有面包、牛奶、燕麦粥、麦片粥、黄油面包，偶尔有奶酪。早餐过后，妇女们工作至中午。午餐有肉汤和肉，少量啤酒。餐后休息一个半小时，然后工作至夜晚。晚餐与早餐一样。晚餐后进行祈祷，10点入寝。② 这些规章制度为慈善机构的运营提供了有章可循的操作规范。

伦敦的慈善组织创设之初的首要工作便是制定机构章程，确定其组织机构和工作主旨。其中院内救助的慈善组织在具体管理方面更为制度化和规范化。而在“弃婴院”“妓女感化院”等慈善组织，因其救助对象存在道德争议性，更试图彰显机构在道德方面的无可指摘，以此证明其救助工作的合理性与效用，从而吸引社会捐助。

（二）对外经营

联合慈善组织以集体认捐为基础，慈善组织的生存与发展依赖社会捐助，因而慈善组织运营的核心任务之一是经营社会关系，争取社会支持。18世纪中期以来，伦敦慈善组织数量剧增，竞争相当激烈。除非慈善组织目标合理，经营得当，否则捐助人和资金极易流失。这促使慈善组织进行积极宣传，保持良好的社会形象，以期在激烈的竞争中赢得立足之地。

---

① Tanya Evans, “*Unfortunate Objects*”: *Lone Mothers in Eighteenth - Century London*, Basingstoke: Palgrave Macmillan, 2005, p. 150.

② S. Nash, “Prostitution and Charity: The Magdalen Hospital, a Case Study”, in *Journal of Social History*, Vol. 17, No. 4, 1984, p. 621.

首先，慈善组织积极争取社会显赫人士的支持。贵族等社会显要的加入有助于慈善机构扩大影响力。慈善医院中，圣乔治医院获得很多贵族的支持，第一任理事长是温彻斯特大主教。庇护人中包括威尔士王子和皇室家庭的许多成员。在其认捐名单上有主教和公爵等众多显要人物，如切斯特菲尔德勋爵、勃灵顿公爵、巴瑟斯特勋爵、罗伯特·沃波尔爵士以及其他知名人士。因庇护人和会员人数众多，不乏身份显赫者，圣乔治医院资金充足，发展较为顺利。第一年的认捐资金达 2300 镑，捐助金额超过 1850 镑。“伦敦医院”也有许多贵族家庭的世代支持，如巴克斯顿、巴克利、查林顿和汉伯里等家族都是该医院的固定赞助者。

19 世纪，慈善机构使出浑身解数来获得社会显要支持，特别是有头衔的贵族。为了在公共社会扩大影响力，理事们试图将慈善与时尚相融合。如果某个慈善机构的重要场合得到君主和王室成员的参与是其繁荣的保障。在一个深植等级观念和社会势力的社会，一个慈善机构获得皇家支持，便是获得最高荣誉和嘉勉。这对慈善运营而言，等同于商业中的皇家许可证，有类似的效应。伦敦主要的志愿医院大多有皇家赞助。19 世纪末，仅威尔士王子单独支持的机构就超过 200 个，其中包括 75 家医院。[①] 女王曾给予 2000 家慈善机构以支持。[②] 19 世纪 90 年代，爱德华王子参与 45 个慈善机构的官方活动。威尔士王子的案头有很多慈善公务，但他更偏爱礼仪性的工作，如新大楼的开放，主持周年庆典和出席周年晚宴等。威尔士王子作为 35 个伦敦志愿医院的赞助人，有生之年做了几百次访问。如在“伦敦热病医院”，他在 1863 年变成赞助人，并在 1864 年奠基时放下第一块石头，在 1878 年访问该机构，1882 年出席一场晚宴，1887 年出席了新楼仪式。[③]

---

① F. K. Prochaska, *Philanthropy and the Hospitals of London: The King's Fund, 1897 – 1990*, New York: Oxford University Press, 1992, p. 56.

② Ibid., p. 57.

③ Ibid., p. 60.

对慈善组织而言，贵族等显要人士出现在捐赠名单上或出席周年庆典，是吸引其他捐助人的方式之一。如贵族的随从和门客也会随之加入，这也吸引中产阶层纷纷跟随。因此，慈善机构千方百计延请贵族担任理事长或副理事长。“综合产科医院”的理事希望其捐助人爱德华·阿斯特利（Edward Astley）说服约翰·圣奥宾先生（Sir John St. Aubyn）担任他们的副理事长，给后者写了若干封信，个人拜访三次无果之后，才最终放弃。同样，“洛克医院”派托马斯·夸尔米（Thomas Quarme）拜访并请求格兰比侯爵、曼森勋爵、卡朋特勋爵和陆军上校利特尔担任其副理事长。① 由理事成员代表慈善机构，通过他们的熟人、朋友、家庭和商业关系网络，劝说更多的人参与捐赠。这是慈善机构的通常做法。1763 年 9 月 15 日，“妓女感化院”的秘书给莱恩先生送去一封信，请求他运用自己在绅士间的影响力，为该机构争取捐助者。1772 年 5 月 26 日，“综合妇产科医院”致信各委员，要求他们每人至少找到一个新的认捐者。② 这类个人关系网的力量和重要性，从中可见一斑。

18 世纪，伦敦慈善组织筹资的渠道之一是举办周年庆典、音乐会、戏剧演出等结合了娱乐与慈善的活动。筹办欢娱慈善的关键在于争取达官显贵的参与。因此，慈善组织出售绝大多数的票，但会为某些特别来宾预留票或赠票给潜在的资助者。“海事协会”的理事们通过各种方式将票送给社会显要，期望他们的出席可以增加周年庆典的声誉。“米德尔赛克斯医院”印了 500 张红色的门票，而在 12 张黑色的门票上略去票价，赠予那些“他们的到来会增加晚会的气氛”的社会显贵。③

在周年庆典集中的 4 月和 5 月，各个慈善机构想方设法争取支持者，

---

① Donna. T. Andrew, *Philanthropy and Police*: *London Charity in the Eighteenth Century*, Princeton, 1989, p. 83.

② Ibid., p. 84.

③ Sarah Lloyd, *Charity and Poverty in England*, *c. 1680 - 1820*: *Wild and Visionary Schemes*, Manchester: Manchester University Press, 2009, p. 234.

竞争非常激烈。为吸引最显赫的庇护者，理事们尽量选择一个天时地利人和的日期。

表 3－1　　伦敦部分慈善机构举行周年庆典的日程

月份	周年庆典数量	月份	周年庆典数量
1 月	2 个	7 月	3 个
2 月	10 个	8 月	4 个
3 月	17 个	9 月	2 个
4 月	26 个	10 月	6 个
5 月	51 个	11 月	8 个
6 月	19 个	12 月	15 个

资料来源：John Murray：The Annual Subscription Charities and Public Societies in London，Printed by William Clowes，1823，pp. xx－xxiv。

从表 3－1 可知，3—6 月正值伦敦社交盛季，也是慈善机构周年庆典最集中的时段。查理一世统治期间，许多大贵族开始定居威斯敏斯特区，而其他中小贵族则每年在伦敦居住一段时间。17 世纪 90 年代开始，每年 11 月到次年 5 月，大约 160 名贵族和 500 名乡绅聚集伦敦出席议会，他们在从事政治活动的同时，也热衷于社会交际和娱乐活动。从 7 月开始，举办周年庆典的慈善机构数量剧减。7—10 月，总共才 15 个机构举办活动，不及之前 1 个月的数量。这是因为英国贵族习惯在夏天到乡下避暑度假。可见，周年庆典的时间安排与贵族的行程安排是一致的。虽然贵族不参与慈善机构的管理，大多充当庇护人或理事长，但他们对慈善机构的活动仍具有较大影响力。

伦敦和威斯敏斯特慈善学校为了求得最佳时机甚至改变庆典的日期。

1728年，周年庆典的时间从圣灵降临节（6月初）改为5月的第一个星期三，理由是避免教堂里的孩子们因天气炎热而呼吸困难。真正的原因是这一时间大多数贵族、主教和绅士都不在城里，登报广告也无济于事。1787年，“牧师之子协会”的膳食委员会秘书约翰·培根（John Bacon）听说国王选择在“牧师之子协会”周年庆典日这一天检阅骑兵卫队。培根抱怨说，这不仅会使庆典失去最好的管弦乐，而且许多贵族士绅因此不能参加周年庆典，将会减少募捐收入。后来，在坎特伯雷大主教的干预之下，国王在那一天没用管弦乐且将检阅推迟一天。① 理事们如此费尽心机争取社会权贵的参与是有其理由的。1876年，当克里斯提安公主（Princess Christian）取消出席“皇家防止虐待动物协会”在圣詹姆斯大厅举行的年会晚宴时，该协会理事长对只有半满的大厅和失望的人群致辞：“慈爱是非常受欢迎的，但公主也很受欢迎，或许更具吸引力。我相信，如果她出席的话，这个大厅一定可以坐满。”②

慈善组织的理事们想方设法争取贵族显要的参与，是因为他们深知贵族在引领民众方面的魔力，如“在许多场合我都看到，即使最理智的英国人，也会因为同一个英国贵族沾亲带故或因为看到了他而兴奋不已”。③英国在社会风尚上素来以贵族为风向标，对上流社会的好奇与追慕通常是时尚风潮的动力。正如凡勃伦所言“就荣誉性的习尚这一点来说，英国的有闲阶级是这个国家的上层有闲阶级，因此，它是它以下的各级的榜样”。④欢娱慈善活动中，王室人员和大贵族的参与对于社会中上层其他人士具有

① Sarah Lloyd, “Pleasing Spectacles and Elegant Dinners: Conviviality, Benevolence, and Charity Anniversaries in Eighteenth - Century London”, *The Journal of British Studies*, Vol. 41, No. 1, 2002, p. 25.

② Brian Harrison, “Philanthropy and the Victorians”, *Victorian Studies*, Vol. 9, No. 4, 1966, p. 365.

③ ［法］古斯塔夫·勒庞：《乌合之众——大众心理研究》，冯克利译，广西师范大学出版社2007年版，第135页。

④ ［美］凡勃伦：《有闲阶级论：关于制度的经济研究》，蔡受百译，商务印书馆2009年版，第112页。

重要的示范作用，吸引后者纷纷效仿。理事们深谙此道，因此千方百计争取社会显要的支持。

其次，慈善组织注重公开宣传和经营公共关系。志愿协会与慈善信托（endowed trusts）的最大不同，也是18世纪慈善组织的一个重要特征，即它们的公共性质以及随之而来的对宣传和公共关系的重视。“对于主要依靠私人捐赠的慈善机构而言，广为宣传是必须的。为了吸引潜在的捐助者，慈善机构需要让捐助人知悉，他们有望从慈善投资中获得何种回报。”①

慈善组织的公开宣传分为两种。一是通过报纸、杂志和书籍刊登相关信息，宣扬成就，呼吁资助。18—19世纪，英国民众识字率相对较高，印刷文化较为发达。伦敦拥有报纸、杂志、小册子、各种小说等丰富多样的出版物。慈善组织经常在这些出版物上刊登会议通知、周年庆典、音乐会、舞会和晚宴的门票的广告、募捐公告等。甚至在桑普森·洛1862年出版的《伦敦的慈善组织》一书附录中竟包括几个慈善机构的广告。二是慈善组织的公开出版物。这一类的出版物包括慈善组织的章程、募捐公告、会议记录、财务报表和年度报告等。一般而言，规模较大的慈善机构都会定期出版年度报告。这些报告包括关于该机构的介绍、运营状况、相关成就、收支明细，以及长长的认捐者名单。1839—1840年，《为贫民提供夜间住宿和临时救济》的委员会报告中，包含如下内容：会议记录；通过的决议；规章制度；救助对象及其相关要求；委员会名单，包括理事长、财务主管、市参议员在内共45人；财务收支状况和认捐名单。② 这些出版物有多方面的作用，如以示公正，扩大宣传，增加机构知名度，吸引社会捐助等。

---

① Frank Prochaska, *The Voluntary Impulse*, *Philanthropy in Modern Britain*, London: Faber and Faber Limited, 1988, p. 140.

② *Report of the Committee Appointed to Manage a Subscription for the Purpose of Affording - nightly Shelter to the Houseless and Temporary Relief to the Destitute for 1839 - 1940*, Hume Tracts, 1840, Published by: UCL Library.

THE

NATIONAL TEMPERANCE CHRONICLE

AND

TEMPERANCE RECORDER.

It is good neither to eat flesh, nor to drink wine, nor anything whereby thy brother stumbleth, or is offended, or is made weak.—ROM. XIV. 21.

No. 1, JOINT SERIES.]　JANUARY, 1846.　[PRICE 1½*d.*, STAMPED 2½*d.*

CONTENTS.

图 3－1　国家禁酒协会的年鉴与记录

资料来源：the national temperance chronicle and temperance recorder，no. 1 Joint Series January 1846. Hume Tracts. http：//www. jstor. org/stable/60213。

18—19 世纪，伦敦慈善组织的出版物有明显改进。18 世纪初，慈善组织的募捐公告相当简略。一般是三四页的小册子，用几行文字提醒公众应该更关心慈善，阐述慈善活动对社会整体的影响。然后，报告会强调某一特定慈善活动的实际需要，呼吁公众予以物质救助。[①] 18 世纪中期，慈善组织出版的文件更为详尽。1749 年育婴院出版了管理章程，长达 56 页。文件首先简单地提及其历史，阐述其存在的合法性、价值和意义。文件不仅包括育婴院的具体管理规章，还附有建筑图片和文字描述。18 世纪末以

① Jonathan Allen Fowler，*Adventures of an "Itinerant Institutor"*：*The Life and Philanthropy of Thomas Bernard*，a Dissertation Presented for the Doctor of Philosophy Degree，The University of Tennessee，Knoxville，2003，p. 178.

后，慈善家撰写的报告日趋繁复，从几页的小册子发展为几卷的长篇，大多充斥着冗长的论述与说教。18 世纪 80 年代，罗伯特·扬格（Robert Young）为“博爱协会”（The Philanthropic Society）所写的报告便是代表之一。扬格在简要介绍了这一协会的基本信息之后，花了大量的篇幅将协会的目标与英国社会的幸福联系起来。正如格雷所言：“以一份慈善报告的形式，扬格写了一篇关于社会和教育学说的论文。”[①]这些慈善组织出版物试图传递和体现支持者所希望看到的社会形象。

慈善组织力图在出版物中宣扬成就，向公众证明其效用，从而争取更多社会支持。例如，1775 年，“妇产科慈善机构”向伦敦新闻界宣布：“1774 年 1 月 1 日—1775 年 1 月 1 日，该机构为 5458 名妇女接生。该机构接生的产妇总数已达 37200 名。”[②] 其他慈善机构也通过报纸广告和其他出版物传达类似的信息。1796 年，“伦敦医院”宣称，1740 年建立以来，已经治疗了 46.9342 万名病人。[③] 1819 年，“威斯敏斯特医院”在广告里声称：该医院现在成立 100 周年，在此期间，总共为 17.4 万个病患提供了舒适有效的救助。[④] 在慈善组织的公告和文件中通常有大量的数据，庞大的数字本身似乎具有使人信服的力量，能够产生非凡的效果和影响。但慈善机构的数据并不能尽信，如“洛克医院”宣称，头 50 年治疗病人 30.2 万个，但“洛克医院”仅有 65 张病床。[⑤] 这一数据有点令人难以置信。慈善机构出版的记录和数据难免存在夸大乃至不实的情况。

最后，慈善组织努力营造良好的社会形象，以此吸引社会捐助。慈善

---

① B. K. Gray, *A History of English Philanthropy*, *from the Dissolution of the Taking of the First Census*, London: P. S. King & Son, 1905, p. 275.

② Sarah Lloyd, *Charity and Poverty in England*, *c. 1680 – 1820*: *Wild and Visionary Schemes*, Manchester: Manchester University Press, 2009, p. 124.

③ Ibid.

④ John Murray, *The Annual Subscription Charities and Public Societies in London*, Printed by William Clowes, 1823, p. 28.

⑤ David Owen, *English Philanthropy*, *1660 – 1960*, Cambridge: Harvard University Press, 1964, p. 52.

机构依靠社会捐助维持运营，因而要对捐助人和社会公众负责。社会舆论对慈善机构的生存和发展具有重要影响。一旦慈善组织出现负面的传闻或批评，可能会导致捐助人和资金的流失。尤其是那些存在道德非议的慈善机构，如“妓女感化院”“洛克医院”等，更是尽力避免相关的负面影响。为此，委员会充分重视乃至敏感应对舆论意见，尽力营造和维护良好的社会形象。

尽管他们急于募集资金开展工作，但“海事协会”的绅士们更注重维护机构的社会形象，他们拒绝来路不明或可疑的钱款。18 世纪 60 年代，一个拍卖商宣称将拍卖所得捐给“海事协会”，但财务主管乔纳斯·汉韦要求说明其指赠行为是否获得相应授权。1782 年，康希尔的安东尼·帕克斯（Anthony Parkes）提出赠予协会 24 张彩票，当时“海事协会”的主事桑顿先生发表声明，将彩票退回。[1]“海事协会”的理事们希望通过维持良好声誉来赢得公众的友好与尊敬，在此基础上，协会也更容易募集资金。

“伦敦育婴院”曾是 18 世纪中期最负盛名的慈善机构，但 50 年代末的大接收及其带来的各种弊端，导致社会舆论的激烈批评，社会声誉和资金收入都一落千丈。18 世纪 90 年代，育婴院在接收程序和教育方式等方面进行了改革。为了赢得潜在捐助人的信赖，1796 年，时任育婴院财务主管的班纳德出版了《伦敦育婴院报告》（*Account of the Foundling Hospital in London*），着重提出了育婴院的各项改革和政策变化，力图塑造正面的社会形象。经过大接收之后的声誉毁损，育婴院要获得积极形象并不容易。班纳德的基本策略是承认之前的错误，然后展示该机构如何修复与纠正之前的错误。班纳德指出，育婴院在照料孩童方面有明显进步，婴儿死亡率从大接收时期的 67%，到 1787—1797 年降到 17%，18 世纪末进一步下降。死亡率的下降原本是育婴院效用的重要证明。然而，18 世纪 90 年代，人

① J. H. Hutchins, Jonas *Hanway*, *1712 - 1786*, London: S. P. C. K., 1940, p. 85.

口增殖不再受欢迎，捐助人更关注社会上的道德危机。班纳德也深知这一点，因而强调育婴院对宗教和道德教育的关注。班纳德声称，育婴院的许多孩童成为值得尊敬的人，定居伦敦，已婚且从事固定工作。[①] 总体来说，班纳德在报告中一再强调该机构对孩童道德品质的重视。

也有证据表明，理事们在出版物里试图刻画的社会形象与现实情况之间存在鸿沟。“洛克医院”的委员会采取某些措施，试图防止公众，尤其是显赫富有的捐助人见到病房里的病人。为此，“洛克医院”的章程规定：“如果任何高贵人士希望查看房屋内部，门卫应立即带他进入会议室，或交由熟悉的舍监陪同参观。”理事们欢迎富有者来到“洛克医院”，但并不希望他们看到这里的严酷事实。院内的秩序是混乱的。有些男病人经常打开窗，做出不雅行为，骚扰路人。理事会不断收到病人开窗袭击路人的抱怨。理事们试图关闭门窗，以免外界得知病房的无序。总体上，理事们希望将病房里的真实情形隐匿于公共视野。[②] 这或许是因为，“洛克医院”经常在募集资金的文件中声称，该医院里的病人主要是无辜的妇女和儿童，但实际上居住其中的主要是男性病人，为此，理事们不得不隐瞒这些不愉快、不体面的情况。可见，真实的“洛克医院”和理事们所试图塑造的“洛克医院”之间是存在差别的。出于对社会舆论影响力的忧惧，慈善组织的理事们总是尽可能地宣扬成就，而避免任何负面消息和不良影响。

联合慈善组织的公共性决定了其对公共关系的重视和运用。伦敦慈善机构大多重视公开宣传，强调自身的价值和效用，表明资金不会被浪费或滥用。这些报告难免有夸大矫饰的成分。正如塞米教授（Simey）所言：“在志愿协会里，失败必须予以掩盖，而成功则需大事宣扬。”[③] 18 世纪中

① Thomas Bernard, *Account of the Foundling*, pp. 66 – 70, 71 – 72.

② Kevin P. Siena, *Venereal Disease, Hospitals and the Urban Poor: London's "Foul Wards", 1600 – 1800*, Rochester: University of Rochester Press, 2004, pp. 229 – 230.

③ Brian Harrison, "Philanthropy and the Victorians", *Victorian Studies*, Vol. 9, No. 4, 1966, p. 366.

后期的慈善家汉韦在其著作中总结了慈善组织经营的几大原则：纳税人并非普遍支持慈善，他们对错误和浪费绝不同情；慈善机构依靠公众的良好意愿而存活，因此受公众误解的政策，必须不辞辛劳地一再纠正；遇到困难必须予以公开的坦率讨论，成功必须一再宣扬。慈善的首要障碍在于缺乏稳定有序的管理来维系公众的信心。慈善组织不应施行公众不理解和不支持的举措。这些都是汉韦在其著述中不断重复的原则，也是理解慈善组织运营的法门所在。

三 运作方式

运作方式是指慈善组织在施行救助时所采取的方式和方法。18—19 世纪的伦敦，随着慈善事业的兴盛，慈善机构分工更为细化，针对不同的社会需求，发展出更为专业和灵活的应对方式。因而这 200 年里，伦敦慈善事业蓬勃发展的同时，慈善组织的运作形式也日趋多样化。这一时期，既有传统的院内救助，也有站点式服务，如诊所，还有上门服务，如走访协会、探访盲人机构，以及促进慈善信息与技巧传播的慈善机构等。

实行院内救助的慈善机构大体可以分为三种。一是救助孩童、老人和残疾人的慈善机构。孩童、老人和残疾人是传统慈善活动的主要救助对象，其共同特征是没有或丧失劳动能力，需要照顾。二是医疗慈善机构，如综合医院、性病医院和精神病院等。三是各种收容所和管教所，这些机构主要是给堕落或犯罪分子提供改造自新的机会，如妓女、青少年犯等，这类慈善机构在 19 世纪发展最为显著。

联合慈善初兴的 18 世纪中期，伦敦采用院内救助的慈善机构较多。所谓院内救助，即接收受助人入住，对其进行道德教育和工作训练。院内救助要求相应的设施如房屋、家具；配套的管理服务如舍监、门房和其他职员、内科医生、牧师等。18 世纪中期，伦敦兴建了一批实行院内救助的慈善机构，如“育婴院”“妓女感化院”“洛克医院”“妇产科医院”和“综合医院”等慈善组织实行院内救助，有固定房产，相关设施和管理人员，接收受助人入住，由委员会及其领导下的雇员负责管理。19 世纪上半叶，伦敦有几十个各种管教所。这些管教所是提供住所、救济、革新改造、职业或教育等救济和服务的集合体，收容和管教青少年犯、妓女和释放的罪犯等群体。院内救助的优势在于集中管理，目标明确，慈善组织对受助人有较大的掌控能力。但院内救助需要相应的物质设施和管理服务，费用极为高昂。此外，批评者指责院内救助提供长期居留，容易导致受助人的依赖。

联合慈善组织的公共性不仅体现于公共捐助、集体经营和社会监督，还在于其运营受外界社会的影响。18 世纪初至 18 世纪中期，在一个需要人力，且以人力为财富的年代，人口却处于下降趋势。在期望与现实的鲜明对比中，伦敦社会弥漫着人口危机的论调，人口增殖成为慈善活动的重点目标。但到了 18 世纪 70 年代，英国的对外战争告一段落，对战士和殖民者的人口需求减退。同时，随着机器化大生产的出现，社会对人口的需求不如以往迫切。然而，18 世纪 60 年代以后，人口的增长趋势却日益明显。因而，世纪中期出现的众多以人口增殖为目标的慈善机构不再受欢迎。实行院内救助的慈善组织，因其臃肿的机构，庞大的管理费用，需要巨大的资金投入。由于空间有限，院内救助的慈善组织所接收的人员一般很少。因此，时人认为这类实行院内救助的慈善组织不仅花费高而且效率低。18 世纪 70 年代以后，在政治经济学的影响下，社会主流价值观推崇个人自立，强调穷人须自助。社会舆论批评院内救助所造成的负面效应，认为这不仅耗费甚巨，而且纵容穷人好逸恶劳。因此，社会上普遍反对院内救助。育婴院和其他类似机构受到公众的质疑和反对。人们指责实行院内救助的慈善组织长期圈养受助人，容易导致穷人依赖慈善救济。同时，捐助人更加重视慈善活动的效率，期望慈善机构有效率的运作和迅速的回报。

联合慈善主要依靠社会捐助，社会舆论的倾向和公众的兴趣直接影响其资金收入。18 世纪后期，社会舆论对院内救助的质疑和反对，对那些实行院内救助的慈善机构是一个沉重的打击。18 世纪 70—80 年代，院内救助慈善机构普遍面临危机，表现为捐助人流失，资金不足等。以“妓女感化院”为例，认捐人数从 1776 年的 701 个降至 1786 年的 565 个，收入下降了 17%，平均年收入从 1765—1775 年的 3369 镑降到 1776—1786 年的 2724 镑。①“妓女感化院”不仅既有捐助人员下降，而且吸纳新认捐人的能力也下降。救助贫苦少女的“兰贝斯救济院”（the Lambeth Asylum）也面临同样的困境。这一时期，几乎所有收容和照顾女性的慈善机构都遇到类似问题。这些慈善机构的共同特征是，受助人居留时间长，花费高，人员周转较慢，捐助人无法看到慈善工作快速可见的效率与回报。

面对公共舆论的批评和社会捐助的衰退，为了摆脱困境，维持生存，这些慈善组织纷纷进行改革。18 世纪 70 年代末，“兰贝斯救济院”开始采取措施加速人员周转，尽快安置女孩参与工作。1777 年，“兰贝斯救济院”接收 35 个少女，很快安置 28 个。②如此一来，受助人实际居留时间越来越短，人员更替相当迅速。理事们认为，这样不仅提高了效率，而且受助人不会因为长期圈养而失去自立的需要和意愿。“兰贝斯救济院”强调，他们不仅仅是抚养受助人，也对这些孤儿和被弃孩童进行工作训练，致力于解决女性道德堕落问题，帮助这些女孩获得工作并走向自立。③ 通过这些变革，“兰贝斯救济院”力图向公众证明，他们的工作与当前所倡导的救济新趋势是一致的，即受益人应尽快且尽可能彻底地自己养活自己。18 世纪末，“伦敦育婴院”“兰贝斯救济院”和“妓女感化院”等慈善组织不

① Donna T. Andrew, *Philanthropy and Police: London Charity in the Eighteenth Century*, Princeton, 1989, p. 159.

② *An Account of the Institution and Proceedings of the Guardians of the Asylums for Orphan Girls*, London, 1789, p. 42.

③ Ibid., p. 45.

得不最大限度地减少院内救助的负面效应，进行相应变革，以期迎合新的救助理念，取悦社会舆论。

18 世纪末，道德教化取代人口增殖，成为新的慈善目标。这一时期，众多慈善机构在募资文件中纷纷强调其对救助对象道德品质的重视。“洛克医院”的转变便是典型的例子。1780 年之前，“洛克医院”的筹资宣传文件中，并未特别强调道德改良和宗教训导。18 世纪 80 年代后，一群福音派人士主导“洛克医院”的管理运营，开始注重宗教训导和道德改良。1787 年，“洛克医院”新建“洛克收容所”（Lock Asylum），力图教化在此治疗的沉沦妇女。“洛克收容所”的规则比“洛克医院”严厉得多。成员必须进行体力劳动，每天接受两次宗教训诫，出席小礼拜堂的宗教仪式，禁止一切游戏。舍监不在场的情况下，妇女不得与任何人交谈。舍监还负责审查她们的个人财物和来往书信。此外，舍监对她们的道德和宗教行为保持监视与警惕，每周向董事会报告她们的行为情况。[①]“洛克收容所”的做法并非个例。这一时期，公众更倾向于支持那些注重辨识救济，鼓励穷人自助的机构，因而世纪中期兴起的慈善机构，纷纷进行相应的调整，开始重视道德训诫，对受助人的甄别和选择也更为严格审慎。

18 世纪 70 年代—90 年代早期，大多数慈善家认为提供院内救济和照护的慈善机构只会增加济贫负担，毁坏劳动者的品性。[②] 在这些舆论的影响下，慈善组织开始了新的探索。首先在医疗领域出现了更为便捷的救助方式。18 世纪 70 年代兴起了门诊治疗，门诊主要为上门应诊的病人提供治疗建议和医药。比之医院，门诊无需房屋、设施及人员和管理方面的花费，运营费用相当低廉。因此，门诊的认捐费用明显低于医院。门诊不仅

---

① Kevin P. Siena, *Venereal Disease, Hospitals and the Urban Poor: London's "Foul Wards", 1600 - 1800*, Rochester: University of Rochester Press, 2004, pp. 240 - 241.

② Donna T. Andrew, *Philanthropy and Police: London Charity in the Eighteenth Century*, Princeton, 1989, p. 158.

便宜而且救助人数大大增加。因其廉价且高效，门诊受到慈善界的欢迎。18 世纪末，综合医院的捐助减退，而诊所的发展极为迅速，并由伦敦扩展至英国其他城市。

妇产科慈善救助也有类似的例子。世纪中期，伦敦出现了众多的妇产科医院，但因床位有限，救助人数也有限。1757 年建立的“妇产科慈善机构”（Lying - in Charity）开创了妇产科救助的新方式，派出助产士到孕妇家中帮忙接生。这一做法比住院生产更便宜，且接生人数大为增加。“英国妇产科医院”（The British Lying - in Hospital）的每个产妇平均花费 4 镑 1 先令。“伦敦城市妇产科医院”（The City of London Lying - in Hospital）则是 5 镑。而“妇产科慈善机构”仅仅花费 10 先令。1760—1769 年，这一机构平均每年接生 1200 名妇女，而上述两个医院在 1759—1768 年平均每年仅接生 431 名妇女。[①]

“妇产科慈善机构”成本低且效率高，充分体现了效用。这些优势与伦敦当时的社会舆论是合拍的，因而获得了充分的社会支持。1768 年，“妇产科慈善机构”有 400 个认捐人。1767—1770 年，捐助人数增加一倍。[②]在“妇产科慈善机构”的影响下，其他妇产科医院也开始提供类似服务。1774 年，“米德尔赛克斯医院”委员会决定开始派出助产士，帮助妇女在家里生产。到 1786 年，这一做法成为伦敦普遍的接生方式。1786 年之后，一年只有两个妇女被接收进该医院生产。[③]

18 世纪后期，比起昂贵的院内救助，那些灵活轻便，廉价高效的新型慈善机构更受欢迎。门诊等简易性的慈善机构不需花费大笔资金建设房屋，或购买相关设施。同时，这些机构提供即时帮助，而受助人不曾长期

① Donna T. Andrew, *Philanthropy and Police: London Charity in the Eighteenth Century*, Princeton, 1989, pp. 105 - 106.

② *An Account of the Lying - in Charity……Instituted in 1757 with the State of the Charity to January 1770*, London, 1776.

③ Tanya Evans, "*Unfortunate Objects*": *Lone Mothers in Eighteenth - Century London*, Basingstoke: Palgrave Macmillan, 2005, p. 170.

居留，不会导致穷人的依赖。这些简易性慈善机构成为新的发展趋势，吸引了更多捐助人和资金。可见，慈善机构的组织革新呼应了18世纪后期有关社会救济的观念变化，即注重辨识救济，强调受助人的自立，避免助长依赖。

18世纪后期至19世纪，社会舆论对慈善救济的态度更为审慎，强调穷人的自助，认为慈善的界限在于“助人自助”。因而，这一时期新兴的慈善组织在运作形式方面更为灵活多样，如“改善穷人状况协会”给穷人提供合理生活的建议；“为露宿穷人提供夜间住宿协会”和“露宿穷人收容所”等机构只在非常时期开放，提供临时救助。这些机构的设计在于既能缓解危机又不会导致穷人依赖。在强调个人自立与自助的社会舆论导向下，19世纪增长最快的是强调预防贫困和集体互助的慈善活动，如储蓄银行、勤俭互助会和禁酒协会等。

组织革新对观念变迁的敏感反应和迅速应对，有两方面的原因。一方面，联合慈善需要源源不断的社会捐助来维持运营，社会舆论的臧否直接影响其资金收入。因而，慈善机构的运营往往以社会需要为风向标，努力使慈善工作符合社会期望。同时，捐助人总是热衷更廉价且高效的慈善方式，这也推动着伦敦慈善机构在组织形式方面不断革新。另一方面，慈善活动重心的转移体现了捐助人对效用的坚持。效用是理解18世纪伦敦慈善组织活动的关键词。萨拉·劳埃德（Sarah Lloyd）认为，效用是慈善机构的本质追求。在18—19世纪，几乎所有慈善机构都将其目标指向功用性并竭力证明这一点。[①] 对效用的强调见诸有关慈善的各种议论和规划，慈善机构也通过各种途径宣传其卓越的效用。然而，在不同时期，效用的内涵也随之变化，效用含义的变化直接推动慈善目标的更换。

社会支持慈善存在功利性目的，而联合慈善组织需要持续的社会

---

① Sarah Lloyd, *Charity and Poverty in England, c. 1680 – 1820: Wild and Visionary Schemes*, Manchester: Manchester University Press, 2009, pp. 36 – 37.

捐助来维持运营。因而，慈善机构密切关注社会舆论的变化，迎合社会期望，在必要的时候做出相应变革。在18—19世纪的伦敦，慈善组织数量众多，竞争激烈，这也促使慈善组织不断强调其效益，并积极推动改革。

18世纪中期至19世纪中期，联合慈善组织的结构日趋稳定，管理更为规范。这些慈善组织在具体运营方面存在趋同现象。伦敦慈善组织不仅数量激增，运作方式更为多元化，其中既有传统的延续，有也新的创设。

第二节　资金来源

慈善机构运作的核心问题是募集到足够的经费，否则巧妇难为无米之炊。联合慈善组织的运营依靠持续不断的社会捐助，因而财务不稳定乃至资金不足是一大问题。认捐会员的去世、捐助人的兴趣转移和慈善风尚变换，经营不善或声誉不佳等都会导致捐助的下降。慈善组织经营者的核心任务之一便是筹集资金。这一时期，慈善组织数量剧增，募资竞争相当激烈，为此，慈善组织开辟多种募资渠道，同时，在方式方法上不断创新。

一　社会捐助

慈善组织接收的社会捐助一般包括会员认捐、个人或团体的捐助和遗赠。联合慈善组织以会员认捐为基础，也接受其他捐助或遗赠。所谓认捐，是指捐助人捐赠慈善组织规定的金额，成为慈善组织的年度会员或终身会员。每个慈善机构都会在章程中规定会员的入会金额。“女王妇产科医院”规定，每年认捐3镑3先令即可成为会员。[①]“威斯敏斯特医院”规定，一次捐助30镑或每年捐助3个几尼，可以成为理事。[②]“耳科皇家诊所”规定，每年认捐1个几尼可以成为会员，10个几尼为终身会员。[③]1754年，伦敦医院有600名终身会员（每人30几尼）和170名年度会员（每年5几尼）。[④]1770年，“妇产科慈善机构”出版的捐助名单上有80多名终身会员（每人30几尼）以及200多名的年度会员（3几尼）。[⑤]长长的认捐名单往往是慈善机构获得社会充分支持的证明。1738—1739年，“威斯敏斯特医院”的收入为2087镑；1750—1751年，“伦敦医院”的收入是5447镑；1749—1750年，“米德尔赛克斯医院”收入为992镑。在这些医院的收入中，认捐资金的比例一般在三分之一到三分之二之间。其他则依靠遗赠、捐助，或特定场合的募捐。[⑥]年度认捐的优势在于，捐助人可以依据慈善机构的运营状况和个人意愿，决定是否继续捐助。这对慈善机构的运营具有重要的监督和促进作用。如果捐助人一开始就捐助大笔金额，他们对慈善组织的运营失去掌控能力，便无法发挥监督作用。

认捐是构成慈善机构之人员和资金的基础，但对多数慈善组织而言，光靠认捐资金是不够的。除会员认捐之外，慈善机构也吸收个人捐助和团体捐助。如1749年乔治二世给育婴院捐助2000镑，1754年育婴院又获得1000镑。[⑦]公司、行会等团体性的捐助也越来越普遍。“海事协会”获得了伦敦的同业协会和公司的广泛支持。其中，东印度公司捐助200镑，俄

① Sampson Low., *Charities of London*, London, 1862, p. 20.

② Ibid., p. 28.

③ Ibid., p. 31.

④ David Owen, *English Philanthropy, 1660 - 1960*, Cambridge: Harvard University Press, 1964, p. 47.

⑤ *Account of the British Lying - in Hospital, 1749 - 1770*, London, 1771, pp. 24 - 29.

⑥ Sampson Low, *Charities of London*, London, 1862, p. 48.

⑦ John Brownlon, *The History and Objects of The Foundling Hospital with A Memoir of the Founder*, 1865, p. 74.

罗斯公司捐助100镑，其他11个城市行会各捐助100镑。[①] 1843年成立的"首都访问和救济协会"获得"皇家交易所"（the Royal Exchange Assurance Corporation）捐助的200镑。[②]

遗赠是古老的慈善捐赠方式。中世纪以来，许多人为了获得灵魂拯救，死后将财产捐给教会，由教会用于宗教或慈善事务。对18世纪的慈善机构而言，遗赠也是重要的资金来源。1750—1770年，"英国妇产科医院"收到8300镑遗赠。[③] 1751—1791年，"圣路加医院"收到的遗赠多达8万镑。"妓女感化院"在16年里收到的遗赠达2.75万镑。[④]

慈善机构尤其欢迎遗赠。遗赠是一次性支付的大额捐助，可以免于捐助人的监督、追查、要求或规定。财务状况较好的时候，理事会通常将遗赠用来投资，用于购买年金（公债）和股票，获得固定利息或股息收入。财务困窘时，大额遗赠往往是重要且快速的资金补充。18世纪，伦敦多数慈善机构中，遗赠约占年收入的20%。[⑤] 慈善组织秘书的工作之一即是乞求并登记这一类的礼物。"综合妇产科医院"甚至准备去别人的病床前索要遗赠。[⑥] "育婴院"委员会努力确保第一时间得知关于遗赠的事项。他们传阅函件，令秘书奔赴各地，收取声明捐赠给育婴院的遗产，必要时不惜诉诸法律，但仍有许多没有收到。据1821年财务主管的一份报告，18世纪大约有53起遗赠未能收取，然而未支付的遗赠仅占这一世纪349份遗赠中的15%，而兑现的遗赠则是仅次于议会资金的收入来源。1739—1756年

---

① Donna T. Andrew, *Philanthropy and Police: London Charity in the Eighteenth Century*, Princeton, 1989, p. 112.

② David Owen, *English Philanthropy, 1660 – 1960*, Cambridge: Harvard University Press, 1964, p. 141.

③ *Account of the British Lying – in Hospital, 1749 – 1770*, London, 1771, pp. 24 – 29.

④ David Owen, *English philanthropy, 1660 – 1960*, Cambridge: Harvard University Press, 1964, p. 72.

⑤ Donna T. Andrew, *Philanthropy and Police: London Charity in the Eighteenth Century*, p. 79.

⑥ Ibid., p. 80.

的17年间，遗赠在育婴院总收入中占52.63%，每年约2146镑。① 研究表明，近代以来，遗赠在慈善收入比例中逐渐下降，如表3－2所示。

表3－2　　慈善遗赠的下降

年份	遗嘱数量(份)	遗赠百分比(%)
1675—1699	10	70
1700—1719	76	63.5
1720—1739	107	53.2
1740—1759	149	39.3
1760—1779	127	38.5
1780—1799	152	40.7
1800—1850	42	29.9

资料来源：安德鲁：《慈善与管制：18世纪的伦敦慈善组织》(Andrew, D. T., Philanthropy and Police: London Charity in the Eighteenth Century, 1989, p. 46.)。

随着慈善观念的变化和联合慈善的出现，生前施善和集体行善成为新的发展趋势。过去人们大多以遗赠的方式将钱留给教会，或是救济院和养老院。这些慈善机构很容易变得管理不力或经营不善，也容易滋生腐败和舞弊现象。因而18世纪的施善者更倾向于生前行善，这也是因为18世纪之后，随着众多慈善机构的涌现，这些慈善组织通过多种募资方式吸收了大量慈善资金。

相对传统的个人施舍，联合慈善组织代表了施善方式的深刻变革，这也

① Ruth K. McCure, *Coram's Children: The London Foundling Hospital in the Eighteenth Century*, New Haven and London: Yale University Press, 1981, pp. 180－181.

带来了慈善捐助方式的变化。比之都铎和斯图亚特时代，18 世纪的大额捐赠似乎很少，这并非慈善衰退的表现，而是慈善方式变更的结果。

二 公开募捐

公开募捐包括慈善组织在报纸、杂志刊登的募捐广告，以及举办的其他募捐活动。18 世纪开始，伦敦慈善组织充分利用报纸来发布信息，召集理事会议，恳请社会捐助。周年庆典、慈善晚宴等欢娱慈善活动大多通过出售门票来获得收入。慈善组织往往提前在报纸上登广告作宣传，以此出售门票。1727 年，“牧师之子协会”为即将开始的周年庆典在 4 份报纸上刊登了 6 个广告。1744 年，他们仅在《每日邮报》（*Daily Post*）就刊登了 9 则广告。① 1775 年 4 月 21 日，“为已婚贫困妇女设立的产科医院”在伦敦《公共广告报》（*Public Advertiser*）上刊登了广告，告知在何处何人手中可以获得门票。② 1822 年 5 月 30 日，“综合诊所”告知大众：“周年庆典的晚宴门票 15 先令一张，现场不会进行其他募捐。”③ 慈善机构经常登报宣传并呼吁募捐。下面是 1822 年 11 月“陌生人之友协会”（the Strangers' Friend Society）刊登的广告：

> 依靠公众的仁慈，本协会多年来致力于缓解穷人的苦难。然而，委员会痛苦地觉察到，现在资金告竭，已经没有办法救助众多承受苦难的穷人。去年，协会访问了 7956 户人家，花费救济金 2769 镑 10 先令。现在，根据协会的记录，有 500 户需要救助。由于资金减少，许多救济工作无以为继。正因如此，委员们恭敬且诚挚地恳求慷慨的公

---

① Sarah Lloyd, “Pleasing Spectacles and Elegant Dinners: Conviviality, Benevolence, and Charity Anniversaries in Eighteenth - Century London”, *The Journal of British Studies*, Vol. 41, No. 1, 2002, p. 44.

② Ibid., p. 233.

③ John Murray, *The Annual Subscription Charities and Public Societies in London*, printed by William Clowes, 1823, p. 117.

众伸出援手，使得协会可以继续救济工作，给予众多真正困苦且值得救助的穷人以希望。访问员们经常在首都的阁楼和地下室里见到人间惨象。以下即是其中一例：

“住在哈克尼街附近的托马斯一家。访问员发现他们的处境极为悲惨。这个可怜的男人躺在一张破旧的床架上，身上只盖着布袋。他的三个孩子在一间小屋里，几近赤裸。一把破烂的椅子和一张桌子便是他们所有的家具。当问及因何陷于困境时，他说道，之前他作为一名军装商人，过着体面的生活。当战争结束，和平到来时，他失去所有的生意，逐渐陷于贫困。但在几个月之前，即他妻子去世之前，这一家庭尚无需慈善救济。因为勤勉的妻子管理并支撑着这个家庭，防止其陷入赤贫状态。一个晚上，妻子在为一个举办晚宴的人家工作时，手中举着一大盘肉从楼梯上摔下来，导致血管破裂。她被送到伦敦医院，在那里去世。几天之后，访问员探访这个绝望无助的家庭时，发现他们的晚餐只有一根骨头，一小片猪皮。这是悲惨的男人从一个邻居那里乞讨得来的，而前者本是准备将其喂狗的。这个家庭所展现的画面正是最令人心酸的人间苦难。”

目前，真正令人感到痛苦的是，财务主管手头已经没有资金，访问员不得不从这些苦难的景象中退却，因为没有办法提供必要的救济。然而，委员会确信，向慷慨的基督教公众陈述这些状况，他们将会慷慨解囊，为众多悲惨且值得救助的家庭提供救济。[①]

在多次阅读这类募捐公告之后，可以发现，这类例子是经过精心选择的。首先，募资公告中关于受助人境况的描述，大多暗示外在因素是其贫困成因，借此向潜在捐助者表明，救助对象的贫困并非源于个人道德品行

① John Murray, *The Annual Subscription Charities and Public Societies in London*, Printed by William Clowes, 1823, p. 130.

问题。其次，慈善机构所选取的这些极端困苦的案例往往会引发人们的同情，进而予以捐助。

Advertisement Appendix

TO THE

CHARITIES OF LONDON IN 1861.

A Reference is made to this Appendix in the General Index.

THE

MIDDLESEX HOSPITAL,

W.,

FOUNDED 1745; *INCORPORATED* 1836.

The Weekly Board of Governors earnestly solicit the succour of the public to the support of this old-established Hospital, which contains three hundred and ten beds. Twenty-six beds are devoted to the cancer establishment, instituted 1791, where the patient is allowed to remain "until relieved by art, or released by death." Eight beds are appropriated to women suffering from diseases peculiar to their sex. The other two hundred and seventy-six beds are occupied by patients afflicted with the various medical and surgical diseases and accidents to which the poor and labouring classes are subject. Upwards of nine hundred lying-in married women are attended at their own habitations, and eighteen thousand out-door patients are relieved every year. The income from all the sources of the Charity is quite inadequate for its maintenance. A Subscription of Three Guineas constitutes an Annual Governor; Thirty Guineas a Governor for life.

Any Donation or Subscription will be thankfully received by the Treasurers, William Tooke, Esq., 12, Russell Square, and Joseph W. Thrupp, Esq., 50, Upper Brook Street; the Bankers, Messrs. Coutts and Co., Hoare, Drummond, and Sir Samuel Scott and Co.; the Collector, Mr. W. H. Chaplin, 5, Canonbury Square, Islington; and the Secretary, at the Hospital.

By order,

ALEX. SHEDDEN, *Secretary.*

1

图 3－2 “米德尔赛克斯医院”的募捐广告

iv *Advertisement Appendix to*

LONDON HOSPITAL.

SUPPORTED BY VOLUNTARY CONTRIBUTIONS.—1861.

President—His Royal Highness GEORGE WILLIAM, DUKE OF CAMBRIDGE, K.G.

Vice-Presidents.

The Archbishop of Canterbury.	The Lord Bishop of Winchester.
Rt. Hon. the Earl of Carlisle, K.G.	Rt. Hon. Viscount Eversley.
Rt. Hon. the Earl of Shaftesbury.	Rt. Hon. Lord Ebury.
The Lord Bishop of Loudou.	&c. &c. &c.

Treasurer—Captain Richard Wilson Pelly, R.N.

Chairman of the House-Committee—Thomas Fowell Buxton, Esq.

Bankers—Messrs. Curries and Co., 29, Cornhill, E.C., and Messrs. Robarts, Lubbock, and Co., Opposite the Mansion House, E.C.

THE LONDON HOSPITAL relieves annually upwards of 32,000 Patients.

It is the great receptacle for ACCIDENTS occurring throughout the Eastern portion of the Metropolis.

Nearly 12,000 of these Cases were brought to the Hospital during the year 1861.

Its wards therefore cannot (to any extent) be closed, nor its Expenditure controlled, as in the case of Institutions devoted chiefly to the reception of Patients suffering from *Chronic* Maladies.

The munificent Donations obtained at the Anniversary Festival in May 1860, contributed to avert the serious loss of £1500 per ann. (then resulting from the termination of the Long Annuities),—but the Hospital still depends upon *Voluntary Contributions* to the extent of *more than* £5000 *per annum*, its Fixed Income being about £12,000, while its expenditure unavoidably averages £17,500.

STATISTICS OF PATIENTS FOR THE YEAR 1861.

In-Patients..........	4,169	Total
Out-Patients	27,911	32,080

The following Classification will show the URGENT CHARACTER of by far the greater portion of the Cases constituting the In-Patients of last year.

FREE	Accidents	2,191	2,916	4,021
	Extra Cases admitted for immediate Preservation of Life	725		
Recommended—Certified by the Medical or Surgical Officers as......	URGENT............	705	1,105	
	VERY PROPER for Admission......	400		
	Proper ditto			148
	Total			4,169

The following is a Statistical Account of Accidents.

	In-Patients.		Out-Patients.		Total.
Fractures	540	....	745	....	1,285
Wounds..........................	293	....	2,498	....	2,791
Contusions	349	....	3,258	....	3,607
Sprains	109	....	1,348	....	1,457
Dislocations......................	13	....	115	....	128
Concussions....	76	....	5	....	81
Burns and Scalds	194	....	456	....	650
Bites of Dogs	6	....	102	....	108
Inflammation from Injuries, etc. ..	350	....	619	....	969
Attempts at Suicide and Poisoning	27	....	—	....	27
Various..........................	234	....	636	....	870
Totals......	2,191	....	9,782	....	11,937

☞ A Donation of *Thirty Guineas* constitutes *a Governor for Life*; an Annual Subscription of *Five Guineas* constitutes an *Annual Governor*, enabling the Governor in either case to recommend One In-Patient and Four Out-Patients at the same time. W. J. NIXON, Secretary.

图3-3 "伦敦医院"的募捐广告

资料来源：桑普森·洛（Sampson Low），伦敦的慈善组织（The Charities of London），1862，p. i，p. iv。

除报纸之外，慈善组织也在杂志和书籍中刊登广告。前面两张图片摘选自桑普森·洛1862年出版的《伦敦的慈善机构》一书中的广告附录。该书的广告附录中刊登了34个慈善机构的广告。而该书的1844年版和1850年版并未刊登广告。可能的解释是，正如作者桑普森·洛所期望，19世纪中期，《伦敦的慈善机构》作为流行的施善指南，而成为慈善机构热衷的宣传阵地。这也从侧面反映了伦敦慈善组织敏锐的宣传意识。

18世纪开始，伦敦慈善组织往往将休闲娱乐活动与公开募捐结合起来，本文将其统称为欢娱慈善。18世纪，伦敦社会对休闲娱乐活动的消费需求明显上升，大量中产阶层的财富与闲暇及其寻求社会认同的努力为城市的休闲活动提供了强大的消费动力。而慈善组织的中产阶层经营者深谙此理，遂将慈善与休闲结合起来，使人们在施善的同时享受轻松愉悦的休闲活动。欢娱慈善是慈善资金的主要来源之一。因此，慈善组织的理事会对此非常重视，理事们在季会和年会上相当广泛地讨论这些活动的安排与细节，甚至指定特别委员会专门负责筹备欢娱慈善活动。

欢娱慈善主要包括周年庆典、音乐会、戏剧演出以及布道等宗教仪式活动。周年庆典是中世纪以来行会庆祝的一种旧俗。17世纪末以来，慈善组织将其予以精心设计，使之成为一个展现慈善组织的社会形象，体现其功用并吸引公众关注的活动。周年庆典一般有四个环节，包括公务处理、队列游行、宗教仪式和慈善晚宴。队列游行是指慈善组织的相关成员组成队列前往教堂。慈善组织的理事和成员身着具有协会标志的正装，按等级排序行走。队列缓慢前进，伴以摇铃、棍棒、缎带和乐队等，以此吸引公众注意。伦敦慈善学校的周年庆典尤为壮观。1704年开始，伦敦慈善学校的周年庆典上都有穿着制服的几千个孩童排成队列，整齐有序地穿过街道，从两个方向会聚于教堂，参加礼拜仪式，唱赞歌。[①]对捐助者而言，这

① David Owen, *English Philanthropy, 1660 - 1960*, Cambridge: Harvard University Press, 1964, p. 31.

样的宏大场面是令人愉悦的，这些孩童意味着未来的劳力、战士和殖民者，是国家强盛的潜在力量。而下层的顺从与国家的强盛正是社会中上层施善的主要动机。慈善组织的中产阶层经营者深知捐助人的心理动机，有意展示慈善工作的成就，以此吸引捐助。

除了周年庆典，慈善组织也利用其他休闲娱乐活动来进行募捐。1747年5月1日，在“伦敦育婴院”小礼拜堂的奠基仪式上，举行了一个集庆祝仪式和劝募活动于一体的早餐会，许多有名望的绅士和女士们受邀参加。早餐会上，孩子们将装满鲜花的花篮献给女士。随后开始劝募，共募得596镑13先令作为小教堂的建设基金。①此后，育婴院的早餐会成为一年一度的定制。1748年5月，有1000多人参加育婴院的女士早餐会。18世纪80年代，“主日学校”的创始人罗伯特·雷克斯（Robert Raikes）也仿照育婴院，在格洛斯特花园（Gloucester garden）举办募捐早餐会。②

戏剧演出也是一种重要的欢娱慈善形式。18世纪初，伦敦相继出现了好几家剧院，如干草场剧院于1705年开张。特鲁里街的皇家剧院和考文特公园的剧院成为伦敦中上层人士经常光顾的休闲场所。③慈善组织通常在周年庆典或晚宴之后，安排显要人士去观看演出。如1757年，“海事协会”的捐助者在晚宴后前往特鲁里街的剧院观看募捐演出。1759年，“产科医院”在考文特公园的慈善演出获得163镑11先令。④有时，慈善组织的理事们说服剧院作公益演出，然后收取募捐。

18世纪以来，参加音乐会、戏剧演出和艺术展等文化休闲活动成为时尚潮流。“伦敦育婴院”在这方面引领风气之先，由此成为当时最受欢迎

---

① Ruth K. McCure, *Coram's Children: The London Foundling Hospital in the Eighteenth Century*, Yale University Press, 1981, p. 66.

② Sarah Lloyd, *Charity and Poverty in England, c. 1680 - 1820: Wild and Visionary Schemes*, Manchester: Manchester University Press, 2009, p. 187.

③ James Peller Malcolm, F. S. A., *Anecdotes of the Manners and Customs of London during the Eighteenth Century*, London, 1810, p. 125.

④ Donna T. Andrew, *Philanthropy and Police: London Charity in the Eighteenth Century*, p. 80.

的慈善机构。在著名画家威廉·霍加斯（William Hogarth）的努力下，一些伦敦艺术家将作品捐赠给育婴院做装饰。1747 年 4 月 1 日，育婴院接受艺术家们的捐赠并正式向公众开放。“1747 年 4 月 1 日，育婴院举办了一个慈善晚宴，包括委员会和其他相关绅士在内约 170 个捐助者参加。悬挂来自最杰出的画家哈尔曼、霍加斯、威尔斯等人的四幅新作，这些画作的主题都与救助孩童有关。”①艺术展览吸引了大批访客。见此情形，艺术家们争相把作品送到育婴院，希望作品得到公众的注意，此时的育婴院成为伦敦的艺术中心。

18 世纪 50 年代，艺术展览并非吸引伦敦人拜访育婴院的唯一原因。小礼拜堂的音乐会也带来了许多观众。1749 年 5 月，《绅士杂志》（*Gentleman's Magazine*）报道了由音乐家亨德尔指挥的育婴院的首场慈善音乐会：

> 5 月 27 日星期一，威尔士王子以及其他许多身份高贵的人士出席了育婴院小礼拜堂的音乐会。其中一些乐曲是专门为此创作的。唱词来自圣经，适用于慈善。现场并没有募捐活动，但门票收费半个几尼，观众多达 1000 人。②

1749 年 5 月 27 日，由著名音乐家亨德尔指挥的声乐音乐会是育婴院的首场慈善音乐会。此后，亨德尔与育婴院开始长期合作。1750 年 5 月 17 日，亨德尔在小教堂演奏了《弥赛亚》，轰动一时。此后，《弥赛亚》成为育婴院小教堂的经典曲目，创造了丰厚的收益。育婴院的慈善音乐会大获成功后，亨德尔也受到其他慈善组织的邀请。1753 年 3 月，亨德尔答应在“洛克医院”举行一场清唱剧演出。1758 年 3 月他对“海事协会”的负责

① Ruth K. McCure, *Coram's Children: The London Foundling Hospital in the Eighteenth Century*, Yale University Press, 1981, p. 67.

② John Brownlon, *The History and Objects of the Foundling Hospital with A Memoir of the Founder*, London, 1865, p. 77.

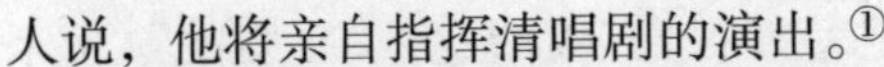
人说，他将亲自指挥清唱剧的演出。①

图 3－4　育婴院的小礼拜堂

资料来源：http：//en. wikipedia. org/wiki/Foundling_ Hospital。

慈善组织举办欢娱慈善活动不仅有助于提升知名度，而且收益颇丰。"洛克医院"成立初期，认捐和捐赠的资金相当有限，因此欢娱慈善的收益尤其关键。1756 年 7 月，"洛克医院"的认捐资金仅 601 镑 2 先令 6 便士，而由一次慈善晚宴、一场慈善音乐会和一场戏剧演出构成的三次欢娱慈善活动总共募得 673 镑 15 先令。1765 年之后的 20 多年里，"洛克医院"每年仅小礼拜堂的布道和音乐演出等活动的收入就超过 935 镑，同一时期，平均每年认捐才 708 镑。②可见，欢娱慈善募集的善款在慈善资金里占有相当重要的比例。1762 年，"牧师之子协会"在简报里自豪地宣称，晚宴和

① Donna T. Andrew, *Philanthropy and Police*: *London Charity in the Eighteenth Century*, p. 80.

② Kevin P. Siena, *Venereal Disease*, *Hospitals and the Urban Poor*: *London's "Foul Wards"*, *1600－1800*, Rochester: University of Rochester Press, 2004, p. 225.

音乐表演总共募集了 500 镑。① 18 世纪慈善音乐会总共给“育婴院”带来了近 9000 镑的收入。② 到 1856 年，“伦敦医院”历年周年庆典募集的总额已经高达 2.6 万镑。③欢娱慈善让人们在轻松愉快的氛围中捐出善款。正如一个法国游客的评论：“英国人善于将行善与欢乐结合起来，将富人灌醉使其在欢愉中捐出善款。”④

尽管欢娱慈善旨在募集善款，但这些活动通常需要相当的投资。1773 年，“卫斯理慈善学校”的一场戏剧募捐演出募集了 177 镑的善款，但花费 92 镑。⑤ 1777 年，“海事协会”的晚宴仅酒类就包括烈啤酒、波特酒、白波特酒、最好的波特酒、最好的马德拉酒、普通的马德拉酒、霍克酒、雪利酒、苹果酒、马德拉尼加斯酒和白兰地，还有茶、咖啡、苹果、橘子、杏仁以及其他的食物消费，总共花费 77 镑。⑥尽管如此，与“牧师之子协会”相比，这一花费仍算是较少的。1728 年“牧师之子”花费 150 镑，光法国酒就花了 42 镑。1724 年，“牧师之子协会”在年会结束后提供了一场有许多重要人物出席的奢侈招待，全场伴随着管弦乐队的表演，总共花费 435 镑。⑦关于慈善晚宴的奢侈消费也是存在争议的。18 世纪 70 年代，慈善家乔纳斯·汉韦（Jonas Hanway）抱怨说，伦敦每年用于周年庆

---

① Sarah Lloyd, *Charity and Poverty in England, c. 1680 – 1820: Wild and Visionary Schemes*, Manchester: Manchester University Press, 2009, p. 227.

② Ruth. K. McCure, *Coram's Children: The London Foundling Hospital in the Eighteenth Century*, Yale University Press, 1981, p. 181.

③ John Woodward, *To Do the Sick no Harm: A Study of the British Voluntary Hospital System to 1875*, The Gresham Press, 1978, pp. 18 – 19.

④ David Owen, *English Philanthropy, 1660 – 1960*, Cambridge: Harvard University Press, 1964, p. 166.

⑤ Sarah Lloyd, "Pleasing Spectacles and Elegant Dinners: Conviviality, Benevolence, and Charity Anniversaries in Eighteenth – Century London", *The Journal of British Studies*, Vol. 41, No. 1, 2002, p. 24.

⑥ Sarah Lloyd, *Charity and Poverty in England, c. 1680 – 1820: Wild and Visionary Schemes*, Manchester: Manchester University Press, 2009, p. 227.

⑦ Ibid., p. 222.

典饮宴的花费有 2500—3000 镑。[①] 1775 年，汉韦点名批评“牧师之子协会”，指责他们“过度奢侈”，募集了 1000 镑，但宴会开支至少花了 400 镑。他说：“我们希望教育穷人们节俭和勤勉，而不是给他们树立一个坏榜样。”[②]也有人反对汉韦的说法：“为了慈善，这些奢侈乃至挥霍的做法是必要的。”[③]一般而言，慈善晚宴等活动仅限于能够承担这些花费的中上层人士。18 世纪的伦敦，休闲活动成为新兴暴发户追逐社会地位的重要途径，特征之一是通过奢侈性和炫耀性消费来彰显财力，标榜身份。这些奢侈与挥霍也是一种门槛，将无力承担的人排除在外，从而达到体现尊贵和享受特权的目的，这与通过奢侈挥霍来证明社会地位的古老风气是一致的。显然，慈善组织为了吸引这些中上层人士的参与和捐助而有意迎合这种奢侈风气。

三　自主创收

18—19 世纪，伦敦慈善组织的资金来源更为广泛。其中源于自主创收的资金在收入比例中明显增加。慈善组织的自主创收可以分为几个方面：一是投资收入；二是租金收入；三是受助人的工作收入。

投资收入主要包括股息和利息收入。慈善机构通常将闲余资金用来购买国债或股票，从中获得收益。18 世纪末，伦敦医院的投资和地产收入逐渐增加，其中股息和租金成为收入的重要来源。1782—1784 年的 3 年里，这两项每年各有 1000 镑的收益，约占“伦敦医院”收入的三分之一。[④]

---

① Sarah Lloyd, *Charity and Poverty in England, c. 1680 - 1820: Wild and Visionary Schemes*, Manchester: Manchester University Press, 2009, p. 227.

② Jonas Hanway, *The Defects of Police the Cause of Immorality*…… London, 1775, p. 276.

③ Sarah Lloyd, *Charity and Poverty in England, c. 1680 - 1820: Wild and Visionary Schemes*, Manchester: Manchester University Press, 2009, p. 231.

④ David Owen, *English Philanthropy, 1660 - 1960*, Cambridge: Harvard University Press, 1964, p. 48.

1780 年，“圣路加医院”的股息收入达 3000 镑以上。[①] 1861 年，“贫困盲人学校”（School for the Indigent Blind）的股息收入近2000 镑。[②] 1812 年建立的“国家慈善协会”（National Benevolent Institution for the Relief of Distressed Persons in the Middle Ranks of Life）以受托人的名义，买进 1500 镑的股票，1820 年的收益为 953 镑。[③] 18—19 世纪，将余裕资金用来投资，成为伦敦慈善组织的通行做法。为此，《1860 年慈善信托法》甚至专门规定，设立一名慈善基金的官方受托人，接受慈善信托的受托人交给他进行管理的财产，并免费为受托人或者慈善信托的利益进行投资。

古老的捐赠慈善机构一般拥有大量地产。根据 1843 年的统计，伦敦的慈善组织拥有 4.7 万英亩土地，散落于整个王国。其中几个皇家医院拥有的土地近 3.4 万英亩。[④] 随着土地的升值，这些古老的慈善机构来自地产的收入大为增长。

在 18 世纪 70—80 年代，“伦敦育婴院”一度失去社会支持，资金短缺，历经困窘，90 年代终于走出低迷，其中自主创收具有重要作用。1787 年春季，育婴院的理事们提议开发育婴院的地产。育婴院有 56 英亩土地，建筑覆盖面积只有 9.25 英亩。理事们为此在报纸上征求发展建议。1790 年，育婴院成立了一个五人组成的建筑委员会，其任务是审查地产发展计划。最后，委员会决定，预留 9 英亩土地，以备未来育婴院的使用和扩建，然后规划发展剩下的 36 英亩土地。育婴院发展地产的计划相当成功。1789 年之前，育婴院每年租金所得仅 81 镑 3 先令。然而，到 1796 年，在建筑委员会发展地产计划之后，租金达 2089 镑 17 先令。三年后已增长至 3045

① David Owen, *English Philanthropy, 1660 - 1960*, Cambridge: Harvard University Press, 1964, p. 72.

② Sampons Low, *The Charities of London*, London, 1862, p. 198.

③ John Murray, *The Annual Subscription Charities and Public Societies in London*, printed by William Clowes, 1823, p. 106.

④ David Owen, *English Philanthropy, 1660 - 1960*, Cambridge: Harvard University Press, 1964, p. 192.

镑12先令4便士。[①] 1772年以后，虽然遗赠收入仍占较大比例，但投资和租金收入慢慢增加，逐渐成为育婴院的主要资金来源。

实行院内救助的慈善机构，一般都会安排受助人从事适当工作。理事们认为这不仅有益于受助人的道德教化，帮助其养成勤勉习惯，也是增加收入的办法。18世纪，受助人的劳动收入在慈善总收入中所占的比例相当低。1759—1830年，“妓女感化院”的平均年收入是6009镑，而受助者的劳动收入平均每年100—150镑。在此期间，来自妇女工作的收入很少超过全部收入的2.5%。[②]这或许是因为妇女们只能做一些缝补编织和清洗之类琐碎且收入低的工作。

19世纪，伦敦众多收容和管教青少年的慈善机构在自主创收方面有特殊优势。1798年，“博爱协会”180名孩童的工作收入为990镑，占当年收入的22%。1813年，该协会的201名孩童创收2700镑，占全年收入7144镑中的39%。“博爱协会”的孩童工作收入较高是有其原因的。“博爱协会”同时收留男孩和女孩，且男孩所占比例越来越高。如1792年，有男孩93个，女孩123个，而1798年，男孩为130个，女孩50个。随着男孩所占比例的上升，他们的工作收入随之升高。因为男孩可以从事一些比较专业且工资高的工作，如木匠、砌砖、裁缝、制鞋和印刷等行业。此外，“博爱协会”只接收年龄较大的孩子，一般是10—12岁。[③] 19世纪中期，伦敦众多的教养所和感化院主要靠自营收入维持运转。1860年“贫民收容所”（Refuge for the Destitute）的收入为3084镑，近一半来自受助人

---

① Jonathan Allen Fowler, *Adventures of an "Itinerant Institutor": The Life and Philanthropy of Thomas Bernard*, a Dissertation Presented for the Doctor of Philosophy Degree, The University of Tennessee, Knoxville, 2003, p. 126.

② Nash, S., "Prostitution and Charity: The Magdalen Hospital, a Case Study", in *Journal of Social History*, Vol. 17, No. 4, 1984, p. 619.

③ Donna T. Andrew, *Philanthropy and Police: London Charity in the Eighteenth Century*, Princeton, 1989, p. 185.

的工作收入。[①] “伦敦女性感化院”的受助人工作所得占收入的 20%。1818 年，“兰贝斯收容所”（Lambeth Refuge）受助人工作收入占 35%。和“博爱协会”一样，“兰贝斯收容所”自主收入特别高是因为其受助人以男性为主，所做工作专业性更强、收入更高。

除上述资金来源之外，慈善组织还有许多难以归类，零散和偶然性的收入，本书不一一赘述。此外，政府会对某些慈善组织予以资助。如 1756 年开始，议会给“伦敦育婴院”提供资助。1756—1771 年，议会为育婴院的大接收总共支付了 50 万镑。1833 年，议会拨款 2 万镑资助 2 个教育慈善机构兴建校舍。[②]在 1854 年，“皇家救生船慈善机构”（The Royal National Lifeboat Institution）获得一笔政府资助，得以度过财务危机，维持运营。[③]然而，19 世纪中期之前，总体上，慈善组织的经营者信奉志愿主义，避免官方介入，慈善家大多不愿接受政府捐助。因而，来自政府资助的收入不具普遍性。但 19 世纪中期之后，政府与民间慈善组织的合作日趋普遍，接受资助的慈善机构明显增加。

伦敦的慈善组织不仅在筹资方法上创新，在筹资渠道方面也有所开拓，广大民众也成为劝募对象。19 世纪中后期伦敦的志愿医院为了解决资金不足问题，设立星期六基金，广泛吸收工人阶级的个人捐款。1898 年，一年能募集 17029 英镑，占伦敦所有医院资金的 7%。[④] 19 世纪，伦敦慈善组织不仅资金来源更为广泛，募资人员也有变化。众多慈善机构的志愿者涌入伦敦街道，向每家每户劝募，一点一滴募集小额捐款。慈善机构开

---

① Sampons Low, *The Charities of London*, London, 1862, p. 66.

② B. K. Gray, *A History of English Philanthropy*, *from the Dissolution of the Taking of the First Census*, London: P. S. King & Son, 1905, p. 67.

③ Frank Prochaska, *The Voluntary Impulse*, *Philanthropy in Modern Britain*, London: Faber and Faber Limited, p. 67.

④ Keir Waddington, “Subscribing to a Democracy? Management and the Voluntary Ideology of the London Hospitals, 1850—1900”, *The English Historical Review*, Vol. 118, No. 476, 2003, pp. 357 - 379, 376.

始重视来自下层民众的小额捐赠，积小成大。在19世纪，每年的小额捐助总数高达几百万镑。①“圣经协会和教会传教会”（the Church Missionary Society）等机构发现，青少年是理想的募捐人员，因为其父母和邻居不愿让那些参与慈善工作的孩子们认为，他们是吝啬的。派出孩童募捐的慈善机构大多获得了丰厚的收入。19世纪，卫理公会教派的传教协会下属的青少年传教协会募集了100万镑。而其年度报告显示，1900年，大约20%的收入来自儿童募捐者。此时，妇女和儿童总共带来整个慈善收入的70%。②19世纪，在慈善组织数量众多，资金竞争激烈的情况下，伦敦慈善组织在资金筹集的方式方法上不断创新，不仅开辟新的募资渠道，运用各种募资手段，同时更多群体和人员加入募资队伍，从而推动慈善收入不断增加。

慈善组织的运作需要持续不断的捐助，而资金匮乏往往关系慈善组织的兴衰存亡。正是志愿机构的特征使其经营者痴迷于资金筹集。甚至可以说，慈善家在筹资方面比花钱更独出心裁。③ 因此，18—19世纪的伦敦慈善组织充分利用可能的机会和场合，向公众募集资金。在18世纪盛行的宗教仪式、晚宴、舞会和音乐会等活动之外，19世纪又新增了慈善集市义卖等形式。新的筹资方式一旦出现，往往很快被其他慈善机构所效仿。尽管慈善组织千方百计募集资金，但并非所有募集的钱都能到穷人的手中。慈善机构的建筑，华丽的晚宴和舞会，刊登广告的宣传费用，等等，这些都导致“必要费用”的增加和救济资金的减少。总体而言，从18—19世纪，伦敦慈善组织的收入更为多元化，尤其是自营收入有较明显增长，这在院内救助的慈善机构中尤为突出。此外，一些慈善组织注重添置增值性资产，这有利于增强财务的独立性和持久性。

---

① Frank Prochaska, *The Voluntary Impulse*, *Philanthropy in Modern Britain*, London: Faber and Faber Limited, 1988, p. 60.

② Frank Prochaska, *Women and Philanthropy in Nineteenth - Century England*, Oxford University Press, 1980, p. 83.

③ Frank Prochaska, *The Voluntary Impulse*, *Philanthropy in Modern Britain*, London, Faber and Faber Limited, 1988, p. 59.

第三节　约束机制

18—19 世纪，伦敦慈善组织的约束机制来自三个层面：一是法律监督。在此期间，随着慈善组织的迅速发展，法律监管明显不足。这一状况在 19 世纪中期以后得到改善。二是自律机制。联合慈善组织重视维护自身的社会形象，订立详细的章程规则，防止营私舞弊现象。三是社会监督。社会舆论的臧否是慈善组织重要的外在监督力量。

一　法律约束

英国慈善事业有悠久的传统，相关的法律监管也很早出现。但这些法律主要针对的是慈善信托。18 世纪的联合慈善组织与慈善信托基金不同。“信托”是指为了他人的利益而持有和管理财产。而慈善组织则依赖社会捐助维持运营，自主施行慈善救助。慈善信托基金是古老的捐赠形式，而联合慈善是新兴的志愿性集体慈善。一个由志愿认捐维持的孤儿院与一个由慈善信托资金资助的孤儿院，两者的法律基础是完全不同的。法律关于慈善信托基金的规定极为复杂周密。这些永久性的慈善捐助，需要更为严格和复杂的程序来保证其公正施行。18 世纪，对联合慈善组织而言，法律在监管方面的影响较小，法律对慈善组织要求较少，也很少提供优待。这或许是因为在 18 世纪，联合慈善组织属于新兴现象，法律相对滞后，但自 19 世纪中期之后，针对慈善组织的法律逐渐开始完善。

16 世纪宗教改革之后，教会在社会救济方面的作用和影响急剧缩减。17 世纪初，英国相继颁布了《济贫法》和《慈善法》。这两部法律标志着国家和社会开始承担社会救济职责。16—17 世纪，信托是最主要的捐赠方式。慈善信托的最大问题是慈善财产可能会被私人占有。《1579 年济贫法》认为“慈善用益财产流入那些贪婪者的口袋可能是最不合法、最不能被宽恕的行为，这与赠与人的意图完全相反”。[①] 因而，保证慈善财产得到有效利用，对鼓励人们捐助慈善活动是极有必要的。因此，英国颁布了历史上第一部慈善法——《1601 年慈善用益法》。《1601 年慈善用益法》不仅是英国，也是多个国家慈善法的起点。这一法令表明，慈善不再只是宗教行为，也成为促进和调节社会发展的重要手段。

1601 年慈善法有两个目的。首先，该法试图建立一种有效募集慈善资金的机制，鼓励慈善事业发展；其次，力图杜绝慈善的财产滥用，并通过在序言中列举慈善目的种类和建立慈善监管制度来实现这一目标。该法规定除衡平[②]法院之外，地方政府也可以对慈善用途财产的滥用进行调查。这一调查需要以郡为单位任命 5 个慈善专员，并由他们共同组成一个慈善委员会，对任何违反慈善用益的做法，包括虚假报告、闲置、隐匿和改变慈善财产用途等行为进行调查。一旦发现上述行为，慈善委员会就会提请地方政府注意，宣布慈善财产滥用，然后发布一道命令纠正该行为或者向衡平法院提起诉讼。[③]

根据《1601 年慈善用益法》设立的慈善委员会所采取的调查和监督方式不够灵活且效率低下，其调查方法并未得到有效施行，因为“绅士们不愿意担任委员，陪审员憎恶其陪审服务，教区官员松懈且不称职……”[④]，

---

① James J. Fishman, *The Faithless Fiduciary and the Quest for Charitable Accountability 1200 - 2005*, Durham: Carolina Academic Press, 2007, p. 101.

② 衡平法院：衡平法院又称“大法官法院”。英国 15 世纪正式确立的与普通法院平行的法院。随着衡平法的出现而逐渐形成。由大法官根据“公平正义”原则，审理不属普通法诉讼形式范围的民事案件，用以弥补普通法的不足。根据 1873 年和 1875 年先后颁布的法院组织法，衡平法院与普通法院合并，其职权由高等法院下设的大法官法庭行使，负责审理有关房地产、委托、遗嘱、合伙和破产等民事诉讼。

③ Gareth Jones, *History of the Law of Charity 1532 - 1827*, Cambridge University Press, 1969, p. 45.

④ Ibid., p. 53.

内战和复辟时期，慈善委员会的人数急剧减退，权力衰落。18 世纪，慈善委员会虽然存续，但人数逐渐变少，1787 年最后一届慈善委员会后，趋于终止。①

18 世纪，英国在慈善立法方面的成果是有限的，法律干预只有《1736 年永久营业权和慈善用益法》。1727 年，托马斯·盖伊（Thomas Guy）将 2.2 万镑遗产全数捐出，创建盖伊医院。这本是一大善举，却在当时引起了争议。时人认为托马斯·盖伊的这一做法是出于虚荣，并且剥夺了后人的财产继承权。② 托马斯·盖伊的巨额捐赠引起了人们如此多的议论，出现了许多相关亲属没有得到遗产的流言。考特尼·肯尼（Courtney Kenny）认为，这些关于剥夺合法继承人的权利，亲属未能获得遗产的流言和争议，甚至引起了人们的担忧与恐惧。③

在此背景下，国会通过了《1736 年永久营业权和慈善用益法》（*the Mortmain and Charitable Uses Act 1736*）。该法意在保护继承人的权利，避免快要死去的人为了使其灵魂得到安息而将其财产全部捐赠给教会。《1736 年永久营业权和慈善用益法》要求立遗嘱人将其遗产用于慈善目的时应当出于完全真实的意思表示。该法规定只有在两个或两个以上证人在场做证，并且在赠予人死亡之前的 12 个月里为慈善目的设立的信托才有效，否则遗嘱中所列遗产转由遗赠人合法的继承人继承。该法还规定，为了慈善目的而设立的信托所持有的任何受赠的土地都是有效的。该法颁布后，某项捐赠如被认为具有慈善性质，那么，依据该法，原告（通常是立遗嘱人的合法继承人）可以以遗嘱设立慈善信托的程序不合法为由请求法院确认

① Gareth Jones, *History of the Law of Charity 1532 - 1827*, Cambridge University Press, 1969, p. 160.

② David H. Solkin, "Samaritan or Scrooge? The Contested Image of Thomas Guy in Eighteenth - Century England", *The Art Bulletin*, Vol. 78, No. 3, 1996, pp. 467 - 484.

③ David Owen, *English Philanthropy, 1660 - 1960*, Cambridge: Harvard University Press, 1964, p. 7.

该赠予无效，并将遗产转移给继承人。①

遗赠所引起的法律纠纷是很常见的。1763 年，希克斯（Hickes）向“海事协会”捐赠 2.2 万镑的遗产。但这一遗产立即遭到一个远房亲属——赫特福德郡一个屠夫女儿的争夺，理事们试图与之协商并取得折中。但前者试图获得全部遗产，最后双方对簿公堂，诉讼持续了 6 年。最终，1769 年 7 月，法庭判定“海事协会”获得 11569 镑 13 先令 5 便士。② 18 世纪 20 年代，富商托马斯·盖伊将其所有财产捐出，用于建立“盖伊医院”，引发关于慈善捐赠和亲属财产继承权的争议。随后《1736 年永久营业权和慈善用益法》的颁行表明财产继承原则优先于慈善施予。因而，慈善机构有时无法顺利收取遗产捐赠。据育婴院 1821 年的一份财务主管报告，18 世纪大约有 53 起遗赠未能收取。③

为了探察济贫法的实施情况，同时鼓励私人设立慈善信托救济贫困，在托马斯·吉尔伯特（Thomas Gilbert）等人的推动下，英国国会于 1786 年通过了《慈善捐赠报告法》（Returns of Charitable Donations Act 1786）。该法要求各地方提供贫困救济的详情。该法颁布之后，各个教区提供的济贫资料和数据大致能反映出地方济贫的现状。英国的 1.3 万个教区中，仅有 14 个未能提供救济数据和资料。但教区提供的信息大多比较简略，如简单阐明赠予的财产在何时，以何种方式，用于何种目的，以及捐助的受益人是谁。④《慈善捐赠报告法》是英国从国家层面开始对慈善活动进行系统监管的重要标志。

英国的慈善登记制度肇始于 18 世纪末期。1812 年，议会颁布了《慈

① Kerry O' Halloran, *Charity Law & Social Policy: National and International Perspectives on the Functions of the Law Relating to Charities*, Dordrecht: Springer, 2008, p. 137.

② John H. Hutchins, *Jonas Hanway, 1712 – 1786*, London, 1940, p. 98.

③ Ruth K. McCure, *Coram's Children: The London Foundling Hospital in the Eighteenth Century*, Yale University Press, 1981, p. 180.

④ James J. Fishman, *The Faithless Fiduciary and the Quest for Charitable Accountability 1200 – 2005*, Durham: Carolina Academic Press, 2007, p. 131.

善捐赠法》（Charitable Donations Act），要求慈善组织必须在衡平法院进行登记，但由于缺乏执行力度，登记在册的慈善组织数量很少。

18 世纪末和 19 世纪，由于地方慈善委员会权力的衰落，皇家检察总长和衡平法院对慈善组织的监管力度不够，慈善组织财产的滥用愈发严重。随着慈善组织数量的迅速增长，慈善组织监管制度的不完善乃至缺失日益凸显。19 世纪初，亨利・彼得・布鲁姆（Henry Peter Brougham）积极推动慈善信托制度改革。1818 年 10 月，布鲁姆在发表了《致塞缪尔・罗密里一封信：关于慈善财产的滥用》一文，文中列举了各种各样的慈善财产被滥用的事例，并指出专门委员会面对这个问题时所处的尴尬境地。[①]此文引起了很大反响，随后成立了布鲁姆委员会。布鲁姆委员会由 4 个巡回调查机构组成，每个调查机构由 2 个委员和 1 个办事人员组成。[②]这些委员们对各个地方的慈善信托进行调查取证，力图明确慈善信托财产收益的数额、种类等情况，以及当外部环境发生变化，慈善信托是否能够有效实现最初的慈善目的。

布鲁姆委员会的调查范围很广。以 1834 年为例，共计有 26751 个慈善信托组织被调查。对其中 400 个慈善信托向皇家检察总长提出了起诉建议，大部分被采纳。另外，该委员会还对 2100 个信托进行了必要的改进。1819—1837 年，布鲁姆委员会的调查工作增加了慈善信托财产运行的透明度；为对滥用慈善信托财产的犯罪分子进行惩罚提供了依据。[③]

经过 20 多年的努力，布鲁姆委员会调查了英国将近 3 万个慈善信托，总耗资 2.5 万镑，最后出版了 40 卷的工作报告。报告建议在英国建立一个全国性的常设慈善委员会，但该提议历时近 20 年才被议会采纳。为了消除

---

① James J. Fishman, *The Faithless Fiduciary and the Quest for Charitable Accountability 1200 - 2005*, Durham: Carolina Academic Press, 2007, p. 141.

② David Owen, *English Philanthropy, 1660 - 1960*, Cambridge: Harvard University Press, 1964, pp. 189 - 190.

③ Ibid., p. 197.

1852年和1853年发生的两起慈善组织财产滥用的丑闻事件带来的恶劣影响，英国下议院通过了《1853年慈善信托法》。依据该法，英国成立了全国性常设的慈善委员会。该法创设的慈善委员会由4名委员组成，其中3名是受薪委员，并且4名委员中的2名必须要有12年以上出庭律师的执业经验。委员会具有调查和传唤受托人的权力，并且有权要求受托人提供财务和慈善组织运营情况的报告。该法的大部分条款都集中在对慈善组织财产的保管和使用的规范上。此外，该法设立了一名慈善基金的官方受托人，其接受慈善信托的受托人交给他进行管理的财产，并免费为受托人或者慈善信托的利益进行投资。①

《1860年慈善信托法》的颁布，使慈善委员会获得了管理慈善组织的权力。但是该法规定慈善委员会不能干涉有关慈善组织的司法管辖争议的案件。一名受到质疑的慈善信托的受托人可以引用此条款保护自己免受慈善委员会的干涉。

总体而言，19世纪中期之前，英国法律监管落后于慈善组织发展，因而慈善组织的自律和社会监督等约束机制尤为重要。

二　自律机制

运营合乎规范是慈善组织得以正常运转并吸收社会捐助的重要条件。创建之初，慈善组织的理事大会首要任务便是制定管理章程。管理章程的主要内容之一即明确参与其中的各方之权利和义务，防止可能的徇私舞弊现象。

联合慈善组织实行集体管理，力图防止权力集中和腐败现象。如“海事协会”规定，该机构的印章应该放在一个有3把锁和3把钥匙的箱子里。其中一把钥匙应该由财务主管保管，另一把应该由一个副理事长保

① David Owen, *English Philanthropy, 1660 - 1960*, Cambridge: Harvard University Press, 1964, p. 202.

管，或指定的某个委员保管，第三把应该在秘书手中。①

委员会尽可能避免理事个人与慈善机构之间的利益关联。1740 年育婴院的管理章程明确规定：任何委员不得牵涉与育婴院有关的交易（房产、土地除外）。育婴院采购时，不得与育婴院的理事或委员做交易，尽量杜绝一切营私现象，避免可能的负面影响。理事会或委员会不得选举其成员担任院内有薪水的职务。② 同样，1820 年，"海事协会"的规章制度的第 16 条规定："与该协会有利益牵涉的理事（governor），不能被选为委员会成员。"③

为了保持公平公正，慈善组织有相关的回避原则。如投票表决时，与议题相关的理事须回避。1792 年，"伦敦育婴院"理事会规定，根据规章的第 4 条，当理事的私人利益与育婴院发生纠纷时，该理事无权参与讨论或投票，而应回避，直到纠纷结束。④ 同样，"综合诊所"规章制度的第 8 条规定：会议向任何终身会员或有权投票的会员开放，除了那些与会议所讨论的事务有利益牵涉的会员。⑤

章程中对雇员的行为规范有详尽规定。如"综合诊所"规定："该机构的管事或仆人在从事与该机构相关的任何事务时，不得收受任何报酬、小费或赠物，他们只能由该机构付薪。任何管事或仆人违反该规定，即被解雇，且不得再雇佣。"⑥ 这些约束是必要的，因为职员徇私的例子并不鲜见。如 1756 年 10 月，"伦敦育婴院"的一个门房因接受 2 个几尼的贿赂，将一个年龄超过 2 个月的婴孩混入，他因此被解雇。两周后，一个看守也

---

① *The Bye - Laws and Regulations of the Marine Society*, London, 1820, p. 39.

② Alysa Levene edited, *Institutional Responses*: *The London Foundling Hospital*, *Narratives of the Poor in Eighteenth—Century Britain*, Vol. 3, Cambridge University Press, 2006, p. 48.

③ *The Bye - Laws and Regulations of the Marine Society*, London, 1820, p. 42.

④ Alysa Levene edited, *Institutional Responses*: *The London Foundling Hospital*, *Narratives of the Poor in Eighteenth—Century Britain*, Vol. 3, Cambridge University Press, 2006, p. 48.

⑤ *An Account of the General Dispensary for Relief of the Poor*, instituted 1770, London, printed by James Phillips, 1776, p. 15.

⑥ Ibid., p. 13.

因同样的原因被开除。[1] 1763 年 5 月，“洛克医院”的舍监和厨师因克扣病人食物被解雇。[2]

慈善机构在年会上对财务状况进行一年一度的审计。章程中会规定相关的审计程序，并设有审计委员会。育婴院圣母日之后的四季会议，由常务委员会之外的 7 名理事组成特别委员会，依据规章制度审计所有账目。[3] 审计委员会一月一会，负责审核干事和督察提交的账目，使其按条排列，并按时间排序，然后归档以供育婴院年会时审查。[4] 如“综合诊所”规定，12 月的季会，理事会指定一个委员会审计财务主管这一年的账目。同时，理事会指定一个医疗委员会，由内科医生、外科医生和药剂师或熟悉医药知识的（除了第八条中被排除的）的理事组成，他们有权检查药品，审查账单，并向每月委员会报告相关情况。[5] 这些措施旨在防止和杜绝账目混乱和贪污挪用之弊。

为了向认捐者和社会负责，一般慈善组织在理事会上审核所有账目，由特别委员会对收支状况进行审计，然后将经过审核的账目公开出版，接受社会监督，如图 3 -5 所示。

从慈善机构的各类出版文献中可以发现，公开财务状况是通行做法。这些收支明细报表，或简或略，呈现其收入来源和支出去向，一般有审计人员的签名，以示经过核准，具有真实性。

慈善机构的公共性要求其对捐助者和社会公众负责。一方面，是利益

---

① Tanya Evans, “*Unfortunate Objects*” - *Lone Mothers in Eighteenth - Century London*, New York: Palgarve Macmillan, 2005, p. 90.

② Donna T. Andrew, *Philanthropy and Police*: *London Charity in the Eighteenth Century*, Princeton, 1989, p. 133.

③ *Regulations for Managing the Hospital for the Maintenance and Education of Exposed and Deserted Young Children*, London, 1749, p. 5.

④ Alysa Levene edited, *Institutional Responses*: *The London Foundling Hospital*, *Narratives of the Poor in Eighteenth—Century Britain*, Vol. 3, Cambridge University Press, 2006, p. 40.

⑤ *An Account of the General Dispensary for Relief of the Poor*, Instituted 1770, London, printed by James Phillips, 1776, p. 13.

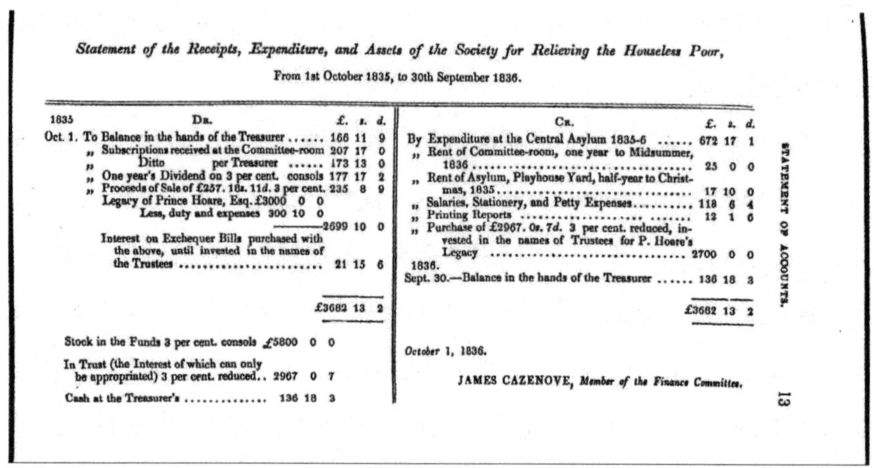

Statement of the Receipts, Expenditure, and Assets of the Society for Relieving the Houseless Poor,

From 1st October 1835, to 30th September 1836.

1835	Dr.	£.	s.	d.
Oct. 1.	To Balance in the hands of the Treasurer	166	11	9
„	Subscriptions received at the Committee-room	207	17	0
„	Ditto per Treasurer	173	13	0
„	One year's Dividend on 3 per cent. consols	177	17	2
„	Proceeds of Sale of £257. 18s. 11*d*. 3 per cent.	235	8	9
	Legacy of Prince Hoare, Esq. £3000 0 0			
	Less, duty and expenses 300 10 0	2699	10	0
	Interest on Exchequer Bills purchased with the above, until invested in the names of the Trustees	21	15	6
		£3682	13	2

	£.	s.	d.
Stock in the Funds 3 per cent. consols	£5800	0	0
In Trust (the Interest of which can only be appropriated) 3 per cent. reduced..	2967	0	7
Cash at the Treasurer's	136	18	3

	Cr.	£.	s.	d.
	By Expenditure at the Central Asylum 1835-6	672	17	1
„	Rent of Committee-room, one year to Midsummer, 1836	25	0	0
„	Rent of Asylum, Playhouse Yard, half-year to Christmas, 1835	17	10	0
„	Salaries, Stationery, and Petty Expenses..........	118	6	4
„	Printing Reports	12	1	6
„	Purchase of £2967. 0*s*. 7*d*. 3 per cent. reduced, invested in the names of Trustees for P. Hoare's Legacy	2700	0	0
1836. Sept. 30.	—Balance in the hands of the Treasurer	136	18	3
		£3682	13	2

October 1, 1836.

JAMES CAZENOVE, *Member of the Finance Committee.*

STATEMENT OF ACCOUNTS.　13

图3－5　1835—1836年收容露宿穷人协会的账目明细

资料来源：Report of the Committee Appointed to Manage a Subscription for the Purpose of Affording Nightly Shelter to the Houseless and Temporary Relief to the Destitute, for 1835, 1836, 1837&1838－9.（为无家可归者提供夜间住宿以及为赤贫者提供临时救济而设立的认捐管理委员会在1835年、1836年、1837年、1838—1839年的报告）Hume Tracts,（1839）. http://www.jstor.org/stable/60205541。

回避原则；另一方面，则是财务信息的公开透明。通过这些方面来进行自我约束，从而确立公信力，这是18—19世纪伦敦慈善组织获得长期社会支持的重要基础。

三　社会监督

联合慈善组织依赖社会捐助维持运营，因而注重经营社会关系和维护其社会形象。而慈善组织的一举一动也处于公众的监督之中。事实上，18世纪与19世纪上半叶，在慈善组织发展速度领先于法律监管的情况下，社会监督往往是更有效的约束力量。

18—19世纪，伦敦的报纸杂志经常刊登对慈善组织及其活动的批评文章。也有人专门出版小册子，指摘慈善机构存在的问题并提出相应的建议。如霍克斯利·托马斯（Hawksley Thomas）1869年出版了《伦敦的慈善组织及其管理中的某些失误》。他指出："有时，这些机构经营很糟，完全是浪费财产和努力，有时他们的报表相当模糊或没有规律出版。"① "在这样一个开明时代，我们的社会管理应该是明智的，我们应该庆祝贫困的消失。但这些失败，无疑，更大程度上是因为错误而非忽略。我们如何解释这些失败？经过深思熟虑，我认为可以归咎于两个方面：一是错误的方法，二是缺乏组织。"②这些批评对于慈善组织而言，是督促其改善管理和加强规范的外在推动力量。

1825 年，伦敦出现了一份匿名发表的攻击"乞丐协会"的文章——《撕下乞丐协会的假面具》(*The Mendicity Society Unmasked*)。作者声称撰写此文："为了公开谴责一个协会的行为，这通常是持久伤害那些值得救助的和受苦的个体的原因所在。贫民们不敢说出抱怨的话，害怕蔑视的手指将会指向他们，因而在厚颜无耻的不公正面前沉默服从。"③ 该文指出，"乞丐协会"被一小撮人掌控，他们年复一年地重新委任。有时自作主张，而没有对任何人负责。该协会确实做了一些好事，但为恶更甚。许多人乞讨是由于极端贫困，被迫以此谋生，而"乞丐协会"采用的手段太过严厉。

作者指责"乞丐协会"过度调查，深挖受助人的生活和家庭的所有秘密，力图揭露他们个人的全部历史。作者指出，"许多值得救助的人不愿外人知晓其家庭事务。他们因此不愿回答相关问题，而你们访问员的无知推断，往往造就恶果"。作者还批评职员的行为。在决定乞丐是否值得救助时，职员有很大的影响力，但他们并不具备做这类判断的资格，他们甚至经常改变报告内容，影响委员会的决定。对于协会的访问员，作者有一

① Hawksley Thomas, *The Charities of London and Some Errors of Their Administration*, Bristol Selected Pamphlets, 1869, University of Bristol Library, p. 14.

② Ibid., p. 10.

③ Lynn MacKay, "The Mendicity Society and its Clients: A Cautionary Tale", *Left History*, Vol. 5, No. 1, 1997, p. 44.

些严苛的评论，称其为“没有教养，缺乏教育”。

作者显然非常熟悉该机构的运作情况，尽管貌似可信，可能也有夸大和不实之词。但其中某些证据表明作者的说法并非空穴来风。创立早期，“乞丐协会”尚能仔细选择访问员。但1825年之后，不再通过公开竞选来填充访问员职位，而由委员个别指定，这其中难免存在个人徇私的情况，如该文作者指出，一个访问员是协会助理的内弟，另一个访问员则是一个职员的堂兄。① 显然“乞丐协会”的职员并非总是表现得合乎规范。“乞丐协会”似乎对其职员的行为也没有充分的控制。而职员的良莠不齐，确实使人质疑“乞丐协会”在判断其救助对象是否值得救助以及评估穷人的道德状况方面的公正。这类批评会对该协会的信用和声誉造成不利影响，直接导致社会捐助的下降。

社会舆论对慈善机构的影响力，以“伦敦育婴院”的案例最为典型。1756年，育婴院理事为了扩大规模，请求议会予以财政支持并获得批准。此前，由于资金有限，1741—1756年的15年，育婴院总计接收了1384个孩童，平均每年92个。但育婴院在接收议会资助后，公开接收所有符合两个基本条件的婴孩。短短四年内育婴院总计接收了14934个，而在整个18世纪育婴院总共才接收了1.8万名孩童。②

随着大量婴孩的涌入，育婴院管理混乱，出现了营私舞弊现象。1756年10月，一个门房因接受2几尼的贿赂，将一个年龄超过2个月的婴孩混入而被开除。两周后，一个看守也因同样的原因被开除。③按照济贫法规定，教区有义务抚养本辖区出生的弃婴和私生子，这是教区的主要济贫负担之一。现在育婴院公开接收婴孩，于是，出现了全国各地向“伦敦育婴

① Lynn MacKay, “The Mendicity Society and its Clients: A Cautionary Tale”, *Left History*, Vol. 5, No. 1, 1997, p. 46.

② John Brownlon, *The History and Objects of the Foundling Hospital with a Memoir of the Founder*, 1865, p. 15.

③ Tanya Evans, “*Unfortunate Objects*” - *Lone Mothers in Eighteenth - Century London*, p. 90.

院”输送婴儿的浪潮，原本由地方教区各负其责的弃婴、私生子和贫困婴孩都汇聚到育婴院。与此同时，婴儿死亡率急剧上升。1756 年 3 月 25 日—1758 年 6 月 24 日的 27 个月，育婴院共计接收了 7692 名婴孩，死亡率为 45%—52%。1758 年 6 月 24 日—1760 年 9 月 29 日的 27 个月里，育婴院总共接收了 7290 名婴孩，死亡率竟高达 81%。①

因为其照顾的特殊对象——弃婴和私生子，加之社会上对私生子的偏见和厌恶，育婴院一直处于社会舆论的密切关注之下，比其他慈善机构遭受了更多严厉批评。大接收时期的混乱和弊端更为这一类的批评提供了充足的动力和依据。当时的报纸、杂志和小册子对育婴院收养弃婴，尤其对大接收及其引起的诸多问题进行了尖锐的批评和激烈的反对。其中一位绅士连续写了 9 封信给议会，详述育婴院因大接收造成的种种弊端，并呼吁议会终止对育婴院的资助。他认为，在过去的年月里，育婴院试图以防止罪恶为己任，但如今，育婴院不是防止而是诱发了许多罪恶。②

约瑟夫·马西（Joseph Massie）是当时的一个小册子作家。他指出，首先，育婴院不分是否私生子，一律接收的做法导致父母与孩子的分离，而这是不利于国家的社会福利的。这些父母的晚年，没有儿女赡养只能依靠教区救济。更糟糕的是，在缺乏父母关爱与保护的情况下长大的弃婴，以后可能也像他的父母一样不负责任，随意处置自己的孩子。其次，马西指出，育婴院的存在会助长不道德现象的泛滥。人们如今可以毫无顾忌享受欢愉而不必为后果负责。由于逃脱了惩罚和耻辱，这一类现象必然会增加。最后，马西还反对过度花费。他估计，如果育婴院继续保持大接收的话，到世纪末，花费将不会低于 100 万镑。③

---

① Ruth K. McCure, *Coram's Children: The London Foundling Hospital in the Eighteenth Century*, Yale University Press, 1981, p. 102.

② Cato, *Six Concluding Letters to a Senator, on the Tendencies of the Foundling Hospital in its Boundless Extent*, London, 1760, p. 22.

③ Joseph Massie, *Farther Observations Concerning the Foundling Hospital*, London, 1759, pp. 3-16.

有的评论家则以预示的口吻说，这些弃婴在底层生活，必会增加这个国家的娼妓数量，导致无证营业、犯罪等无序情形的泛滥。[①]育婴院上升的婴儿死亡率同样没有逃脱责难。1758 年《绅士杂志》（*Gentleman's Magazine*）指出，育婴院过高的婴儿死亡率应该引起议会的重视。[②]一些人据此认为育婴院的扩展并没有达到增加人口的初衷。此外，有人认为育婴院是外国的舶来品，是教皇的理想，不适宜于英国。更有人认为弃婴成长在过度保护的、与世隔绝的环境下，不会有自如应付外界的能力。[③]

在这些风起云涌般的小册子批评中，有基于事实的评判，有对现状的忧虑，也不乏偏见和恶意夸大，但以下三个特征是比较突出的：首先，众人的责难主要是认为育婴院收养私生子，可能会助长轻浮、放荡和淫乱的不良风气，从而破坏公共道德。其次，批评者相信，救济穷人是为了有大量的人力可以为国家服务，往往将拯救孩子的生命作为一项投资，计算这一举动所付出的成本和可能产生的回报。最后，大接收的施行基于议会的财政拨款，即育婴院依靠公共税收来开展慈善活动，而 18 世纪的英国公众认为慈善是个人的自愿的行为，除传统的济贫法以外，政府无权将公共税收用于社会慈善，因此反对之声迭起。可见，社会舆论的批评表面上集中于对社会道德的关注，实际上隐含了经济利益方面的考虑。

在社会舆论的猛烈抨击之下，议会终止了对育婴院的资助。大接收成为育婴院由盛转衰的一个转折点。大接收期间的诸多弊端极大损害了育婴院作为一个慈善组织的社会形象，社会捐助急剧下降，1739—1756 年平均每年约 2700 镑，到 1770 年仅为 590 镑。18 世纪 70—80 年代，育婴院每年

---

① London Foundling Hospital, *The Rise and Progress of the Foundling Hospital Considered: and the Reasons for Putting a Stop to the General Reception of All Children*, London, 1761, pp. 32, 39 - 43.

② Ruth K. McCure, *Coram's Children: The London Foundling Hospital in the Eighteenth Century*, Yale University Press, 1981, p. 110.

③ John Brownlon, *The History and Objects of The Foundling Hospital with a Memoir of the Founder*, 1865, p. 34.

仅接收100个孩童，而到90年代每年仅接收15个。[①]

18—19世纪，伦敦的出版印刷业相当发达。各种报纸、杂志和小册子构成了一个新的公共讨论空间。1836年，约翰·密尔[②]在一篇文章里声称："现在，我们可以说，在这个国家还留下了两种方式，个人的头脑借此有希望对自己同胞大众的思想和命运产生非常直接的影响。这两种方式就是，或者作为议会议员，或者作为一份伦敦报纸的编辑。"[③]从约翰·密尔的这番话中，可见伦敦报纸在社会舆论导向方面的力量。

这一时期，伦敦众多的慈善组织不仅仅是扶危济困的机构，也成为城市社会生活的一部分。如1805年出版的观光手册——《伦敦画面——作为一个正确指南》[④] 和 1834 年出版的杂志汇编——《首都杂志 VOL. X. 1834. 3—8》[⑤] 都花了不少的篇幅介绍伦敦的慈善机构。

社会舆论对慈善组织及其活动的关注主要体现在以下几个方面。报纸和杂志经常刊登重要的慈善活动，如慈善音乐会、慈善晚宴和周年庆典等活动详情经常见诸报端。无论是慈善组织刊登的募捐公告，还是报纸对相关慈善活动的报道，这些信息散布于各种报纸和期刊，太过零散。为了让公共人士对伦敦的慈善现状有更全面的认识，便于其选择捐助相关慈善机构，伦敦出现了指南性质的"善书"，即慈善机构相关信息的汇编。如约翰·默里（John Murray）在1823年出版了小册子——《伦敦的年度认捐慈善机构和公共协会》，其中包括各个机构成立的时间、地点、主要庇护人、理事长、副理事长、委员会成员，以及年会、庆典、四季会议、晚宴和布道的时间。一般还附有该机构最近一年的相关数据等。默里认为报纸广告

---

① Tanya Evans, "*Unfortunate Objects*" – *Lone Mothers in Eighteenth – Century London*, p. 9.

② ［英］约翰·密尔即约翰·斯图亚特·穆勒，该书将其译为约翰·密尔。

③ ［英］约翰·密尔：《文明——时代的征兆》，1836年，该文首载于《伦敦和威斯敏斯特评论》第145期（1836年4月），第1—28页。转引自约翰·密尔《密尔论民主与社会主义》，胡勇译，吉林出版集团有限责任公司2008年版，第69页。

④ *The Picture of London*, for 1805, being a Correct Guide.

⑤ *The Metropolitan Magazine*, Vol. X. May to August 1834, London, 1834.

太过零散，这一小册子是汇集首都慈善活动的总年鉴，有助于公共人士进行选择。① 桑普森·洛（Sampson Low）分别在1844年、1850年和1861年出版了《伦敦的慈善组织》，将当时的伦敦慈善组织予以分门别类的介绍，列举慈善组织的成立时间、地点、主要成员、服务对象、资金来源等。作者指出，一方面是为了对慈善机构的起源、位置、现在的经营状况有所认知，另一方面也是作为一本施善指南手册，为有意行善的人提供指引。② 作者声言其秉持客观独立之立场，意欲以此助益施舍之艺术。这些汇编不仅是时人施善的指导手册，也成为研究这一时期慈善组织的重要参考文献。

这一类的报道和汇编是伦敦慈善组织的理事们所喜闻乐见的，如同无须广告费用的宣传，有助于增加慈善组织的知名度且扩大影响。然而，大多数时候，社会舆论对慈善活动的批评远远多过称颂。像“伦敦育婴院”“妓女感化院”和“洛克医院”之类因其救助对象的特殊性而存在道德非议的慈善机构，几乎无法置身于公众讨论之外，而且许多舆论都是充满恶意的。时不时地，针对育婴院的恶意流言四起，一些匿名批评者认为育婴院是一个拥有合法性的私生子的庇护所。尽管“妓女感化院”的理事会高调宣称其成功有效，但该机构一直不缺批评，批评者认为如此人道对待这些妓女，只会助长罪恶。甚至效益和声誉俱佳，不存在道德争议的“海事协会”也仍面临公众的揣测和质疑，负责经营的理事仍需撰文作出相应的解释和辩护。

1757年5月17日，《伦敦纪事》（*London Chronicle*）刊登了一篇匿名文章，指责育婴院在宗教教育方面的缺失：

> 我不知道乔纳斯·汉韦对于育婴院理事会的自信从何而来，对于

---

① John Murray, *The Annual Subscription Charities and Public Societies in London*, printed by William Clowes, London, 1823.

② Sampson Low, *The Charities of London*, London, 1862.

那些人我一无所知。但我敢说，他们对于孩子的灵魂并没有像对他们的身体照顾得一样周全。我倾向于认为无宗教信仰如同杜松子酒和茶一样有害。几个月前，我走遍了整个育婴院，不曾发现一个孩子听说过上帝的教义或戒律。以这种方式养育孩子，只不过使他们免于一个过早的墓穴，但他们将会在绞刑架上找到自己的位置。由于无知，他们难免将因罪行而毁灭。①

这一评论来自大名鼎鼎的塞缪尔·约翰逊（Samuel Johnson），但文章是以匿名形式发表的。随后《文艺杂志》（*Literary Magazine*）和其他两家报纸也不失时机地刊登了约翰逊的评论，将其归于一个正直的好人和有才华的作家。②

社会舆论对慈善活动的关注，既有对具体慈善组织和活动的指摘，也对整体慈善活动状况进行评论。相关的文章、小册子乃至书籍极多。如19世纪40年代，约翰·斯图亚特·穆勒对于当时的学校教育有如下评述：

……但是，并不总是有了学校，就有进行教育的愿望。有一种愿望是，孩子们应该学会阅读圣经。在宗教学校，还有一种愿望是，学生应该复述教义问答手册。在大部分情况中，很少存在他们应该接受更多教育的愿望。在许多情况中，还存在对这种愿望的坚定反对……但是，我们相信，教育穷人几乎是唯一的公共责任。在这种责任中，付款人常常对于自己的代理人的热情构成了一种制约而非一种刺激。一位投入工作中并努力开拓教育的教师，常常发现他的最大障碍是赞助人和管理者的担忧，他们唯恐穷人受到“过度的教育”。他被迫要从这个最绝对的借口这里获得允许，而传授普通的入门知识。算术四

① Ruth K. McClure, “Johnson's Criticism of the Foundling Hospital and Its Consequences”, *The Review of English Studies*, Vol. 27, No. 105, 1976, pp. 17 – 26, 17.

② Ibid., p. 20.

> 条定理常常只是通过一些荒唐的问题来传授的，如雅各比的羔羊，或者十二门徒和以色列祖先的数目。仅仅根据巴勒斯坦的地图来传授给学生地理知识，他们还不知道地球由欧洲、亚洲、非洲和美洲组成。人们没有必要同下面这样的人发生争论：这些人相信，这就是传授宗教的方式，一个孩子只有被教会了不去理解其他任何事情才可以让他理解圣经。我们不去评价开办宗教学校的例子：它们的唯一目的是通过长者的影响，可以使孩子们远离现有的不同派别。一旦对立的派别受到了排斥，这种机构获得了自己的目的，就会关门大吉。①

作为公共机构，伦敦慈善组织始终处于社会舆论的评判和监督之中。在19世纪上半叶，与慈善组织数量增长同步的是社会舆论对慈善活动的质疑和批评。据F. 大卫·罗伯特（F. David Roberts）对这一时期近100份杂志的统计发现，尽管褒贬不一，但在数量和频率方面，否定明显多于肯定。② 19世纪40年代，刊物对慈善的态度通常贬大于褒。有时，这些批评是相当严苛的，如怀疑慈善家的动机；否定慈善活动的效用；指责慈善组织的过失，等等。慈善事业的繁荣与社会舆论的激烈批评形成了鲜明的对比。这一对比反映了当时伦敦人面对慈善活动时深切的矛盾心理。这种矛盾心理在某种程度上是一种警觉，因为许多人意识到，如此庞杂浩繁的慈善活动，难免鱼龙混杂。评论者通过对慈善活动现存或可能的不良后果的批评，试图防止过度慈善及其弊害。更重要的是，公共舆论作为约束性权力，具有约束和监督慈善组织运营的作用。

作为公共机构，社会舆论的风评关系着慈善组织的生存与发展。这也对慈善组织的经营策略产生重要影响，即努力赢得赞扬并激发公众的慷

---

① ［英］约翰·密尔：《劳动的权利》，1845年，该文首载于《爱丁堡评论》第81期（1845年3月），第498—525页。转引自约翰·密尔《密尔论民主与社会主义》，胡勇译，吉林出版集团有限责任公司2008年版，第151页。

② F. David Roberts, *The Social Conscience of the Early Victorians*, Stanford: Stanford University Press, 2002, p. 230.

慨，这不仅体现在慈善文献的修辞上，也体现在政策的制定上。鲁斯指出：比之经济兴衰，慈善观念、社会思潮与公共舆论对具体慈善机构的收入的影响更大。① 慈善机构的理事们明白社会舆论的重大影响，因而充分重视乃至敏感应对舆论意见，并尽力营造慈善组织良好的社会形象。正因社会舆论的臧否对其生存发展至关重要，社会监督对于慈善组织的规范运营具有重要的约束作用。

本章小结

17 世纪末联合慈善的组织形式出现以来，经过 100 多年的发展，渐趋成熟。联合慈善组织从创建到运营的各个环节中，与公共社会的关联极为密切。如社会需要和舆论导向的变化推动着新型慈善组织的出现和慈善运作方式的革新。慈善组织依赖公共捐助维持运营，同时接受社会监督。

联合慈善组织实行个人认捐和集体管理。规模较大的慈善组织定期公开出版相关的年度报告、会议记录、财务收支简报乃至认捐名单等。从其规章制度的条文中，可以发现，这些慈善组织在组织结构、管理和纪律等方面大多是类似的，这说明联合慈善组织形成了较为普遍与稳定的结构和管理方式。

联合慈善组织以个人认捐为基础，这体现了志愿慈善的自由和灵活。与此相应，慈善资源的流动性较强，慈善观念的变更和捐助人的兴趣转移都会导致慈善组织的人员流失和捐助下降。为了能在激烈的竞争中赢得社会支持和捐助，革新成为慈善组织的重要特征。这一时期，组织革

① Ruth K. McClure, "Johnson's Criticism of the Foundling Hospital and Its Consequences", *The Review of English Studies*, Vol. 27, No. 105, 1976, pp. 17 –26, 25.

新的总体趋势是寻求更经济简便，效益更好的救助方式，即以更少的钱做更多的事。

从18世纪下半叶开始，社会舆论对待慈善救济的态度更为审慎，倡导个人的自立与自助，反对穷人依赖救济。为了应对压力和维持运营，慈善组织力图迎合社会主流观念，并做出相应的调整与革新。这一时期，伦敦慈善组织发展出多种多样的运作形式，适应不同性质不同程度的救济需要。同时，慈善组织在筹资方式上推陈出新，募资渠道也大为拓展。社会需要和观念变化推动着慈善组织的革新，慈善组织在变革中得以发展与完善。

第四章　慈善救助的主要内容

18—19 世纪，伦敦慈善组织的数量不断增加，种类繁多，规模不一。其中许多慈善组织属于内部利惠，与外界关联较少。本书以规模和影响较大，与社会互动较为密切的联合慈善组织为主要考察对象，尝试勾勒出慈善活动的主要内容和发展趋势。

第一节　社会救助

社会救助是伦敦慈善组织最传统和最核心的部分。在此期间，社会救助在传统的救助对象，如老人、孩童、病人和残疾人之外，开始新增更多细分对象，如失业者、妓女、乞丐、犯人等。救助方式更为多元化，既有院内救助，也有院外救助和临时救助。在此过程中，观念的变迁与组织的革新也体现于慈善活动的变化之中。

一　救助弱势群体

18 世纪以来，伦敦出现了许多针对弱势群体的慈善组织，如救助弃婴的“伦敦育婴院”，收容和教化妓女的“妓女感化院”，将流浪青少年送往海军服役的“海事协会”等。这些慈善组织的成立部分是出于人道主义，但在争取社会支持时大多强调挽救生命，教化犯罪群体，帮助其成为有用人口的价值和意义。

弃婴是一个古老而普遍的社会问题。近代早期的英国，社会经济变迁加剧，战争频繁，弃婴问题愈发严重。17 世纪末，伦敦每年有 1000 多名婴儿被弃街头。[①] 18 世纪上半叶，伦敦出生人数的下降和死亡人数的增加都非常明显，死亡公报[②]上的数据令人警醒。1740 年的葬礼人数是 30811 人，1741 年为 32169 人，而 1742 年的洗礼人数只有 13751 人。[③] 1728 年之后，死亡公报记录了年龄。时人发现，死亡率主要集中在孩童身上。在 18 世纪 30 年代，伦敦有近 15 万个婴儿受洗，其中约 11 万个婴孩在五岁以内夭折。在 1731—1750 年，近一半的死亡人口是五岁以下的孩童。[④]由于婴儿死亡率如此之高，最直接有效的人口增殖措施即是降低婴儿死亡率。1741 年，伦敦育婴院（the London Foundling Hospital）正是在这一背景下建立起来的。

1741 年 3 月 25 日，育婴院正式开始接收婴孩，接收的两个基本条件是：年龄小于两个月；无传染性疾病。育婴院接收弃婴的消息广为散布之后，很多人携婴孩前来，他们早早聚集在育婴院门前，为了争夺有利的位置而彼此推搡，场面异常混乱。显然，要求救助的人远远多于育婴院实际所能提供的。但因资金有限，育婴院只能实行严格的限额接收。据记录显示，1750 年 1 月 1 日—1755 年 12 月，总共有 2523 名孩子被送到育婴院，但育婴院仅接收了 783 个孩子。1745 年建成的育婴院可容纳 400 多名孩

---

① R. B. Outhwaite, " 'Objects of Charity': Petitions to the London Foundling Hospital, 1768—1772", *Eighteenth - Century Studies*, Volume 32, No. 4, 1999, p. 497.

② 死亡公报（The Bills of Mortality）是由教区执事共同编录的每周、每月和每年的洗礼和葬礼人数统计报告。

③ M. Dorothy George, "Some Causes of the Increase of Population in the Eighteenth Century as Illustrated by London", *The Economy Journal*, Vol. 32, No. 127, 1922, p. 330.

④ Andrew, D. T., *Philanthropy and Police: London Charity in the Eighteenth Century*, Princeton University Press, 1989, p. 55.

子。因缺乏资金，在18世纪50年代初，育婴院仅有150名孩子。[①] 1756年2月11日，理事会通过了请求议会拨款资助的决议。随后，理事会呈给下院一份请愿书："……能使育婴院接收所有送至的婴孩也是使得该慈善机构持久而广泛地发挥作用的唯一办法。为此目的，议会的协助是必要的。"[②] 4月6日，议会讨论此事并批准了育婴院的请求。5月3日，下议院拨款一万英镑资助育婴院收养弃婴。

在19世纪之前，慈善组织的活动是完全独立的志愿行为。政府对慈善组织只在法律层面予以适当的规范和支持。育婴院能够顺利获得议会的支持，一方面是因为育婴院盛名在外，此前15年的运作获得肯定，如婴儿死亡率相对较低。此外，育婴院理事中的贵族和议员亦出面支持这一请求。另一方面，也是得益于当时的人口局势。1756年，英法七年战争开始，当时英国人口只有法国的三分之一。社会上普遍认为英国处于人口减少的危险之中。著名慈善家乔纳斯·汉韦（Jonas Hanway）指出，自1714年开始，英国人口下降了100万。频繁的战争使大量士兵伤亡。[③]同时，儿童死亡率极高。1751年，科伯恩·莫里斯（Corbyn Morris）声称，人口下降主要是因为10岁以下的儿童存活率太低。[④] 这一说法显然是有充分依据的。18世纪，教区济贫院负责收养本地出生的私生子和孤儿。1761年，乔纳斯·汉韦为了比较同一时期济贫院和育婴院各自的育婴情况，调查教区济贫院的育婴状况。在汉韦走访调查的14个教区中，留在济贫院内的1245名婴孩，其中1077名孩童夭折，仅有168名存活，死亡率近88%。[⑤]这并

---

① Ruth K. McCure, *Coram's Children: The London Foundling Hospital in the Eighteenth Century*, Yale University Press, 1981, p. 78.

② John Brownlon, The History and Objects of The Foundling Hospital with a Memoir of the Founder, London, 1865, p. 10.

③ Jonas Hanway, *A Candid Historical Account of the Hospital for the Reception of Exposed and Deserted Young Children*, London, 1759, p. 24.

④ M. Dorothy George, "Some Causes of the Increase of Population in the Eighteenth Century as Illustrated by London", *The Economy Journal*, Vol. 32, No. 127, 1922, p. 330.

⑤ Jonas Hanway, *Appeal for Mercy*, London, 1766, pp. 67 - 68.

非个别现象。米德尔赛克斯的圣卢克教区在五年内接收了53个孩子，无一存活。[①] 另一个济贫院在28年里接收了约2000个孩童，但无一养大成人。[②]婴儿死亡率如此之高，与教区官员和护理的轻忽有关。教区官员通常以削减济贫开支为重，奉行经济利益至上原则，罔顾婴孩性命存亡，这一短视做法也遭到时人批评。与教区育婴的糟糕情形相比，育婴院的育婴工作显然更为规范，死亡率相对较低。因此，扩展育婴院的规模，可挽救更多婴孩的生命，促进人口增殖。正是这一形势推动议会批准育婴院的请求，资助其开展大接收。此后，议会为育婴院的运营提供资金，条件是育婴院施行大接收——接收所有送到育婴院且符合两个接收条件的婴儿。1756年6月—1760年10月，育婴院的大门向所有符合两个基本接收条件的婴孩敞开。育婴开支由国库承担。议会只负责提供资金，具体事务运营仍由育婴院理事会自主负责。这样，育婴院就成为一个官助民办的公共慈善机构，实现了官方救济和社会慈善力量的联合。

所谓大接收，是与育婴院原先的小规模接收相对比而言的。此前，由于资金有限，育婴院每年接收的婴儿不超过100个。在取得议会的资助之后，育婴院可以接收所有符合年龄限制和无传染性疾病这两个基本条件的婴孩。1756年6月2日，育婴院正式开始大接收。始料不及的是，当育婴院大门开放之后，婴儿如潮水般涌入。1741—1756年的15年，育婴院总计接收了1384个孩童，平均每年92个。但实行大接收之后，第一天便接收了117个，第一年接收了3296个孩童。1757年1月，理事会认为大接收适应了社会需要，将接收婴孩的年龄限制从两个月改为六个月。1757年6月，又进一步放宽至一年。年龄限制放宽后，送往育婴院的婴儿更是源源不断。1757年接收了4085个，1758年接收了4229个，1760年的10个

---

① Jonas Hanway, *Serious Considerations on the Salutary Design of the Act of Parliament for a Regular, Uniform Register of the Parish - Poor in All the Parishes within the Bills of Mortality*, London, 1762, p. 11.

② John H. Hutchins, *Jonas Hanway, 1712 - 1786*, London, 1940, p. 57.

月里共接收了 3324 个。短短 4 年内育婴院总计接收了 14934 个，而在整个 18 世纪育婴院总共才接收了 18000 名孩童。①

事实上，伦敦育婴院根本无法容纳如此多的婴孩。自 1757 年开始，先后在约克郡（York）、什鲁斯伯里（Shrewsbury）、艾尔斯伯里（Aylesbury）、肯特（Kent）、切斯特（Chester）等地兴建分院。所有婴孩都在伦敦接收，在乡下寄养至3—5 岁时，将其安排至最近的分院。曾经每年仅接收 100 多名婴孩的育婴院，突然面临来自全国各地成千上万婴孩的冲击，尽管有议会的资金保障，仍难免出现各种问题。

大接收之前，几乎所有婴儿都送往乡下寄养。1756—1758 年，大约 89% 的婴孩送往乡下，到 1758—1760 年更是降为 74%。而这期间留在育婴院的 1911 名婴儿，其中 1797 名夭折，死亡率高达 94%。②根据 1759 年的统计，6601 名夭折的孩童中，5318 名孩童不满 6 个月，约占 80.5%；783 名孩童不满 12 个月，约占 12%；500 名孩童不满 2 岁，约占 7.5%。③可见，年龄越小，夭折的可能性越大，而当时送往育婴院的婴孩中距出生不到 20 天的约占三分之二。④因此，婴孩年龄太小以及当时的虚弱状况是大接收期间孩童高死亡率的主要原因。

被弃、饥饿、疾病、疏于照料、旅途劳顿等，这一切都导致了婴儿死亡率的上升。1756 年 3 月 25 日—1758 年 6 月 24 日的 27 个月，育婴院共计接收了 7692 名婴孩，死亡率为 45%—52%。1758 年初，理事会曾自豪地将育婴院的死亡率与 1728—1757 年英国 2 岁以内孩童 59% 的死亡率相比较。然而，在 1758 年 6 月 24 日—1760 年 9 月 29 日的 27 个月里，育婴

① John Brownlon, *The History and Objects of The Foundling Hospital with a Memoir of the Founder*, London, 1865, p. 15.

② Ruth. K. McCure, *Coram's Children: The London Foundling Hospital in the Eighteenth Century*, Yale University Press, 1981, p. 103.

③ Jonas Hanway, *A Candid Historical Account of the Hospital for the Reception of Exposed and Deserted Young Children*, London, 1759, pp. 76 - 77.

④ J. H. Hutchins, *Jonas Hanway, 1712 - 1786*, London: S. P. C. K., 1940, p. 34.

院总共接收了7290名婴孩，死亡率竟高达81%。[①] 随着接收的数量增加，婴孩死亡率也随之升高。

随着种种问题的出现，加上社会舆论的批评和反对，议会面临压力，开始考虑终止资助。育婴院接收的婴孩越来越多，议会支付的金额也逐步增长。1757年是3万英镑，1758年为4万英镑，1759年已是5万英镑。到1760年议会已经为之支付了13万英镑，且预计这一数字还将年年攀升。于是，一方面，送到育婴院的孩童在数量、地理范围和费用等方面都大大超出原来的预想（原来估计一年接收500个左右）；另一方面，议会为大接收投入了巨额费用却导致诸多弊端，如此之高的死亡率表明大接收并没有达到当初挽救生命、增加人口的初衷。随着高额投入与高死亡率相映衬的尴尬，不时浮出水面的丑闻和由此引发的激烈批评，最终使议会决定终止资助。1760年2月8日，国会通过决议，自3月25日起终止对育婴院大接收的资助，但仍为此前接收的婴孩养育提供资金。1756—1771年，议会为大接收总共支付了50万英镑。

资助中断后，育婴院停止接收婴孩并逐步关闭各地分院。大接收成为育婴院由盛转衰的一个转折点。大接收期间的诸多弊端极大损害了育婴院作为一个慈善组织的社会形象。社会舆论的批评和负面评价使得育婴院的社会捐助急剧下降，由1739—1756年的平均每年约2700镑，到1770年仅为590镑。在18世纪七八十年代，育婴院每年仅接收100个孩童，而90年代每年仅接收15个。[②]

尽管育婴院的大接收以失败告终，但也有可取之处。大接收期间接收的14934名孩童中，完成学徒训练的有4400人，约为总数的三分之一。当时西欧同类育婴机构很少能达到这一比例。同时，育婴院作为一个专门照

---

① Ruth K. McCure, *Coram's Children: The London Foundling Hospital in the Eighteenth Century*, Yale University Press, 1981, p. 102.

② Tanya Evans, "*Unfortunate Objects*": *Lone Mothers in Eighteenth - Century London*, Basingstoke: Palgrave Macmillan, 2005, p. 9.

顾婴孩的慈善机构，某些探索和成果推动了儿童护理方面的进步，也促使社会公众认识到对这些“被遗忘的儿童”应有的责任并采取相关措施。作为育婴院的理事，慈善家乔纳斯·汉韦经历大接收的失败后，意识到育婴院不可能替代教区济贫院的角色。因而，他改变方向，力图督促教区官员履行其职责，经过多年的调查呼吁，最后促使议会在1767年通过了改善教区济贫院育婴工作的“汉韦法令”。[①]

18世纪，英国慈善机构的特征之一是完全独立于官方的自主性。这一时期，伦敦慈善组织大多是自发的民间活动，由私人捐助和管理。如果这一活动为政府所认可，可能有临时或试验性的帮助。伦敦育婴院的大接收是近代英国政府与民间慈善组织之间的合作尝试，意味着政府开始重视并借助民间慈善组织的救助力量。议会只提供资金不参与管理，而育婴院以议会资金为后盾开展慈善活动，成为一个官助民办的公共慈善机构。然而，一方面，由于经验不足，议会与育婴院的合作并未设定具体的界限和规则；另一方面，议会要求育婴院施行大接收，也是鉴于教区济贫院育婴工作的糟糕情形，有意通过大接收来部分替代教区济贫院的育婴工作。因而，大接收在一定程度上混淆了以政府力量为主导的本地义务救济和以社会力量为主导的慈善救助，模糊了两者之间的界限。各地教区官员为经济利益所驱动，乘机转移负担，出现了全国各地向伦敦育婴院输送婴孩的浪潮。与此同时，育婴院出于热望和野心，一再放宽接收孩童的年龄限制，给予教区和不负责任的父母转移负担的机会。原本由地方教区各负其责的弃婴、私生子和贫困孩童纷纷涌入育婴院。伴随这种集聚效应而来的庞大规模和浩繁事务，已经超出了私人慈善机构所能掌控的程度。在这种失控状态下，育婴院不堪重负，弊端百出，引起社会公众的强烈不满。最终，议会终止资助，育婴院结束大接收。大接收的失败导致此后很长时期里官

---

① 具体可参见拙文《从汉韦法令看近代英国的儿童福利立法》，《学习与实践》2011年第10期。

方救济和民间慈善各自独立施行救济，很少合作。直到19世纪，虽然大部分社会福利仍由私人主导，但政府开始参与其中，逐步加强对慈善组织的监督与管理，同时予以一定程度的帮助和监管。

18—19世纪，伦敦的大量妓女和性病传播成为一个严重的社会问题。当时的社会舆论将妓女描画成一种需要防范的"传染病"或"疾病"。①改革者将妓女视为潜在的危险，担心妓女及其卖淫行为会破坏家庭。同时，大量妓女的存在也会妨碍其他慈善机构如"公告协会"和"压制邪恶协会"的工作。这种反妓女情绪显示了18世纪末伦敦慈善界对于社会道德的密切关注，即认为穷人的道德败坏是社会弊病的原因所在，强调用道德改革来解决社会弊病。

1758年，乔纳斯·汉韦、罗伯特·丁利（Robert Dingley）和约翰·桑顿（John Thornton）等人一起创立了妓女感化院，收留那些愿意悔过自新，通过诚实劳动来维持生计的妓女。这些妓女大多因贫困无知而沦落卖淫。据统计，100人中，约15人不到15岁，有几个还不到14岁。②感化院和贫民习艺所也曾收容妓女，但妇女们仅仅是被监禁一段时间，她们的思想并未改变，也没有正当谋生的技能，出来后又回到街上招揽客人。"妓女感化院"的创立者们力图从根本上改造妓女这一群体。慈善家们认为，要想有真正和永久的改变，必须对妓女进行道德教化和职业训练，帮助她们改变习性，回归到合适的角色，成为社会里的劳动者，家庭里的妻子和母亲，开始新生活。

"妓女感化院"对于接收对象的要求：30岁以下；入行不久；没有怀孕；年幼者和新人优先。妇女们被接收以后，须与外界断绝一切联系；采

① Jonathan Allen Fowler, *Adventures of an "Itinerant Institutor": The Life and Philanthropy of Thomas Bernard*, a Dissertation Presented for the Doctor of Philosophy Degree, The University of Tennessee, Knoxville, 2003, p. 135.

② Gray, B. K., *A History of English Philanthropy, from the Sissolution of the Monasteries to the Taking of the First Census*, London: P. S. King & Son, 1905, p. 164.

用新名字；统一着装；日常作息严格按照章程规定进行。[①] 由于她们的特殊身份，收容所特别注重灌输宗教信仰和道德训诫，妇女们的生活受到严密监控。除默祷思过之外，妇女们进行纺织、洗衣等工作。“妓女感化院”是一个运营比较成功的慈善机构。1758—1958 年的 200 年共接收了 1.7 万人，到 1916 年为止，成功率为 65%。[②]

19 世纪，伦敦社会对卖淫问题的重视，亦催生相应的慈善机构。1787—1817 年，伦敦涌现了一批以妓女为救助对象的慈善组织，包括“洛克收容所”（Lock Asylum）、“伦敦女性教养所”（the London Female Penitentiary）、“库珀桥赤贫者收容所”（the Refuge for the Destitute at Cuper's Bridge）、“哈克尼路赤贫者收容所”（the Refuge for the Destitute at Hackney Road）、“监护协会”（the Guardian Society）和“罗伯特·扬格勤勉者收容所”（Robert Young's Refuge for Industry）。由此，世纪中期建立的妓女感化院也开始踏上复兴之路。可能是受反对院内救助的影响，1776—1786 年，“妓女感化院”的捐助减退非常明显。而 1786 年到 19 世纪 20 年代，“妓女感化院”的认捐者逐渐增加，1786 年为 595 人，1803 年则是 658 人，1820 年则是 750 人。同时，认捐持续且稳定。1803 年的名单中约 87% 在 1796 年已经是认捐人。到 1820 年，约 63% 的认捐者已经持续认捐 17 年。[③] 这并非特例，其他类似机构也获得强劲支持。如“伦敦女性教养所”的认捐人数从 1809 年的 1762 人增至 1815 年的 2304 人。“为贫民设立的兰贝斯收容所”（The Lambeth Refuge for the Destitute）的认捐人数在 1806—1816 年的十年翻了五倍。[④] 这些机构的大量出现以及大批支持者的存在，证明

① Nash, S., "Prostitution and Charity: The Magdalen Hospital, a Case Study", in *Journal of Social History*, Vol. 17, No. 4., 1984, p. 618.

② John H. Appleby, Robert Dingley, F. R. S. (1710—1781), Merchant, Architect and Pioneering Philanthropist, *Notes and Records of the Royal Society of London*, Vol. 45, No. 2, 1991, p. 148.

③ Donna T. Andrew, *Philanthropy and Police: London Charity in the Eighteenth Century*, Princeton, 1989, p. 191.

④ Ibid., p. 193.

了当时社会对妓女卖淫问题的重视以及解决这一问题的努力。

19 世纪，伦敦的女性感化院和教养所增长极为突出。10 年里，女性感化院和教养所的数量增加了一倍。1860 年的伦敦总共有 50 个管教所、收容所和劳动教养学校，每年花费约 5 万镑，大部分来自志愿捐助。[①] 各种女性感化院和教养所总计可以容纳 1000 多人居住。据统计，在 1860 年，女性感化院和教养所救助的妓女和罪犯近 4000 人，平均每人花费 8 镑。[②]"监护协会救济院"（the Guardian Society Asylum）是为从良妓女提供临时庇护的机构，平均每年收入约 600 镑，一半来自入住者的洗涤和缝纫工作所得，其余主要依靠捐助。[③]"伦敦保护年轻女性协会"（London Society for the Protection of Young Females）建于 1835 年。根据该协会的报告，自建立以来，起诉和禁止了 504 个卖淫场所，约有 828 名 15 岁以下的少女被解救，现居收容所的有 65 人。[④] "皇家女性慈善机构"（The Royal Female Philanthropic Institution）和"伊莉莎白·弗莱收容所"（the Elizabeth Fry Refuge）挽救了众多的年轻女罪犯，帮助她们改邪归正。这些革新教化机构主要依靠受助人的日常劳动收入来维持运转。这些机构的大量涌现证明，道德教化在 19 世纪中期得到进一步的强化。

19 世纪，众多的行乞者成为伦敦的城市街景之一。1800—1803 年、1811—1815 年，商人马修·马丁（Matthew Martin）对伦敦的乞丐群体进行了系统调查。据马丁估计，当时伦敦约有 1.5 万名乞丐，其中 50% 的乞丐是"源于真正的需要而非任何自愿的欺骗"。[⑤] 马丁相信乞丐行乞是有原因的。济贫法通常是不充足的。伦敦的许多教区拒绝户外救济，坚持让乞丐贫民进入济贫院。道德败坏和经济因素的交织促成了乞丐人数的增长。

---

① Sampson Low, *Charities of London*, London, 1862, p. 72.

② Ibid., p. 54.

③ Ibid., p. 57.

④ Ibid., p. 68.

⑤ Lynn MacKay, "The Mendicity Society and Its Clients: A Cautionary Tale", *Left History*, Vol. 5, No. 1, 1997, p. 42.

因此，一方面须承认勤勉本身不足以保护人们避免沦为乞丐；另一方面，人们应该了解乞丐的道德状况。在此基础上，1818 年，W. H. 博德金（W. H. Bodkin）、经济学家大卫·李嘉图、治安官帕特里克·柯恩宽和马修·马丁等人一起创建了“乞丐协会”，该协会力图审查和惩罚不值得救助的乞丐，以尽可能地根除乞丐为目标。

“乞丐协会”的工作分为两个方面，一是惩罚那些自愿以乞讨为生的人，二是救助值得救助的人。协会雇用巡警去巡查街道，寻找乞丐，将其逮捕并带到协会办公室。如果他们被认定是专业乞丐，则将其移交给地方法官，以流民法被起诉。“乞丐协会”仔细了解乞丐的个人情况，问询的问题包括申请人的家庭生活、工作历史、居住证、租金标准、是否得到救济、是否欠债等。最后，乞丐必须解释他或她是如何沦为乞丐的，何种情况下在何人手中获得票[①]。面谈之后，访问员至少会进行一次家访，通常是突然造访。为了防止乞丐提供错误信息或存在虚假的推荐信，协会访问者也同申请人的邻居、房东、本地的店主谈话。基本上，这些乞丐是没有隐私可言的。乞丐作为申请人要证明自己值得救助也变得越来越复杂。

当检查和访问完成之后，“乞丐协会”的委员会对申请人的品行进行评估并予以适当的对待。在早年，乞丐在返回票后可以获得 3 便士。1818 年之后，协会提供一餐简朴的饭。如果乞丐属于济贫法救济范围之外，又是真正值得救助的，则可能获得金钱救济，尤其是如此做有助于其恢复独立的情况下，如找到工作等。[②] 14 年里，“乞丐协会”的巡警逮捕了 9500 个乞丐，其中 4800 个被宣判为流民。[③] “乞丐协会”试图将乞丐们送回他们所属的教区。因此，那些在伦敦有居住的乞丐会被送回他们所属的教

---

① “乞丐协会”将票分送给上层社会成员，鼓励他们给予乞丐票而不是现金。乞丐将这些票送到协会办公室，在这里将会详细查问他们的个人情况。

② Lynn MacKay，“The Mendicity Society and Its Clients：A Cautionary Tale”，*Left History*，Vol. 5，No. 1，1997，p. 44.

③ Ibid.，p. 41.

区，以获得相应救济。那些居住在遥远地区的也要被遣回老家。苏格兰和爱尔兰人则会被送回本土。“乞丐协会”的理事们相信，通过这些方式，乞丐可以在所属教区获得济贫法规定的救助。

18 世纪末，英国人口增长加速，孩童和年轻人所占比例逐渐上升。1761 年，年轻人口约为 51%，1781 年为 53%，1826 年达到 58%。①这一人口结构变化带来了相应的问题，无人管教的孩童和少年犯充斥于大街和监狱。1834 年，10—12 岁的青少年犯罪比例在人口比例中约为 1 比 449，1844 年是 1 比 304。②“最低下的乞丐和流浪汉、叫卖小贩、贩鸽者，以及那些以偷盗为生的人，他们完全忽略自己的孩子。许多孩子的家长穷到不能支付一周一便士的学校教育。”③ 这些贫苦少年从小生活在贫民窟，许多人受家庭或环境影响而误入歧途，成为少年罪犯。

这一时期，伦敦的大街上游荡着成百上千的贫困少年，这些少年从小在以乞讨为业的环境下成长，衣衫不全，忍饥挨饿，睡在废弃建筑里。狄更斯在其小说《雾都孤儿》中呈现了 19 世纪伦敦贫民窟里流浪儿童以偷盗维持生计的情形。1756 年，慈善家汉韦等人创建了“海事协会”，协助政府在战争时期招募海员，给入伍新兵提供制服。“海事协会”招募这些贫苦和流浪少年，帮助他们改掉坏毛病，并给予相应的装备，使之成为海员学徒。“海事协会”的理事们希望“……移除这些流民、小偷或因极端无知和穷苦，而可能对共同体有伤害的人……将他们从罪恶的同伴中分离出来，从衣衫褴褛和污秽不堪中清洗出来……教导其学会服从。”④ 慈善家们认为将这些贫苦少年变为服务国家的海员学徒，有利

① M. J. D. Roberts, *Making English Morals: Voluntary Association and Moral Reform in England, 1787 - 1886*, Cambridge University Press, 2004, p. 24.

② David Owen, *English Philanthropy, 1660 - 1960*, Cambridge: Harvard University Press, 1964, p. 145.

③ H. W. Schupf, “Education for the Neglected: Ragged Schools in Nineteenth - Century England”, *History of Education Quarterly*, Vol. 12, No. 2, 1972, p. 162.

④ Jonas Hanway, *Letter from a Member of the Marine Society*, London, 1757, p. 7.

于增强英国的军事实力。

"海事协会"招募和装备新兵，不仅为七年战争提供了兵源，而且把因极端贫困而游走于犯罪边缘的大量无业青年训练成为国家效力的海员，使之成为有用和独立的公民，是人道主义精神和社会管制两全其美的一项慈善工作。因此，"海事协会"得到了当时社会中上层的积极支持。1756年"海事协会"成立，正逢英国与法国宣战。"海事协会"第一年收入超过8000镑。到1760年8月，"海事协会"的资金总额已达2.1万镑，为5400名男人和4000名男孩提供了制服。[①] 据称，七年战争时期，约10625个男人和男孩被送到海上服役，花费约23500镑。1756—1808年，"海事协会"总收入达24.6万镑，为27500个男孩提供装备，36000个新水手获得制服，成为舰队的海员。[②] 18世纪，伦敦众多慈善组织在社会支持和资金募捐方面存在激烈竞争，而"海事协会"资金充足，较少受到社会舆论的批评。

管教所之类的机构是住所、救济、革新改造、职业或教育等的集合体。"管教和收容联盟"（Reformatory and Refuge Union）建于1856年，旨在促进管教所、收容所和劳动教养学校和其他类似机构的发展。该协会通过收集和传播既有机构的运作状况等相关信息，帮助建立新的机构，选择和训练管理者等，以及其他可促进这些机构受助人的教育与福利的建议与举措。[③] 1862年，伦敦有各类男性收容所、管教所和感化院共26个，其中3个受国家资助，伦敦有女性收容所、管教所和感化院共20个，其中6个受国家资助。[④]

此外，还有一些专门针对刑满释放的犯人的慈善机构。1808年成立的

---

① John H. Hutchins, *Jonas Hanway*, *1712 - 1786*, London, 1940, p. 85.

② David Owen, *English Philanthropy*, *1660 - 1960*, Cambridge: Harvard University Press, 1964, p. 60.

③ Sampson Low, *Charities of London*, London, 1862, p. 71.

④ Ibid.

“郡长基金”(Sheriff's Fund) 旨在救助刑满释放的犯人，如给予食物，为其提供衣服、工具，鼓励其移民，将年轻人送回家庭等。[①] “穷困者收容所”(Refuge for the Destitute) 成立于1805年，收容出狱的犯人，对其进行宗教训诫。1852年建立的“西北伦敦预防和管教机构和劳动教养学校”(North - west London Preventive and Reformatory Institution and Industrial School) 收留了一百多名违法少年。曾在此管教的342人中，63个移民；101个参加工作；52个进入军队和海军；18个回到朋友处。[②]这些慈善机构对于释放的囚犯的安顿和收留，部分是出于同情，更是为了防止他们重走老路，鼓励凭借自身劳动，正直勤勉地生活。

19世纪，伦敦兴起许多专门照料和训练残疾人的慈善机构。到1860年，伦敦有16个救助盲人和聋人的慈善机构，这是英国其他城市的三倍。这一时期，伦敦每年用于救助残疾人的资金多达4万—5万镑。[③]这些慈善机构旨在帮助残疾人融入群体，自立谋生。以盲人救助为例。据统计，18世纪60年代，伦敦约有2300个盲人，而盲人慈善机构竟有13个。[④] “贫困盲人学校”(School for the Indigent Blind) 成立于1799年，给贫困盲人提供道德和宗教教育，教导他们从事力所能及的工作，以便他们未来可以全部或部分自立。该机构为受助人提供衣服、住所和教育。平均每年学生人数为141人，每年花费约一万镑。[⑤] “穷困盲人走访协会”(Indigent Blind Visiting Society) 成立于1834年，协会的访问者探访其居处，给盲人朗诵《圣经》等。[⑥] “盲人家庭教育协会”(Home Teaching Society for the Blind) 雇用教师探访盲人，指导他们在自己家里阅读。目前在伦敦雇了5

① Sampson Low, *Charities of London*, London, 1862, p. 70.

② Ibid., p. 70.

③ Ibid., p. 198.

④ Ibid., p. 200.

⑤ Ibid., p. 199.

⑥ Ibid.

个教师，有500多成人学会阅读，其中有些盲人已经70多岁了。[①] 1854年建立的“促进盲人福利协会”（Association for Promoting the General Welfare of the Blind）雇用盲人工作。该协会年收入大约5000镑，其中3200镑来自由盲人制造的物品的出售收入。[②]这些慈善机构的活动为许多曾长期遭受痛苦的人提供了有益帮助，将他们从黑暗和沉闷的无知状态中导引出来。盲人们得以参与工作，融入群体。

18—19世纪，伦敦的大量慈善组织，为弃婴、贫困少年、残疾人、妓女、乞丐、犯人等众多弱势群体提供了救助。19世纪的伦敦，许多犯人和贫困儿童遭受着遗弃、忽视或是其亲属的虐待。这是确切而悲伤的事实。[③]为此，各种管教革新慈善机构如雨后春笋般出现，其救助对象涉及沦落风尘的女子、违法犯罪的青少年、监狱释放的囚犯，以及游离于犯罪边缘的各类群体。这些机构收容或教化这些边缘群体，帮助他们摒绝罪恶，帮助他们重新自立，走上正道。

这一时期，伦敦慈善界注重辨识救济，强调道德教化，却出现了许多颇具道德争议性的慈善机构，如救助私生子、妓女和性病患者的相关机构。虽然社会舆论对此仍有争议，但其出现本身表明，在一定程度上，慈善活动开始冲破道德是非观念，而服从于社会需要。但社会需要的变化往往推动慈善目标的转移。18世纪80年代，社会环境和社会需要的变化对慈善活动提出了新的要求。

二　走访协会

18—19世纪，针对大量的贫民窟，伦敦出现了许多探访穷人家庭和提供上门服务的慈善机构。19世纪20年代以来，伦敦的走访协会发展迅速，

---

① Sampson Low, *Charities of London*, London, 1862, p. 200.

② Ibid., p. 200.

③ Ibid., p. 120.

规模极大。伦敦曾一度有2000个访问者，访问近40000户人家，询问其宗教派别、孩子教育情况、经济来源和医疗需要等情况。①

19世纪20—30年代，伦敦出现了大量的家庭走访协会，如1828年成立的“促进地方走访协会”（A General Society for Promoting District Visiting），1843年成立的“首都访问和救济协会”（the Metropolitan Visiting and Relief Association）、“伦敦城市传教会”（London City Mission）等。这些走访协会试图通过与贫民窟的穷人建立联系和接触，帮助其回归正轨。成立于1785年的“陌生人之友协会”（Stranger's Friend Society）是较早的走访协会。该协会将首都分为25个区，分别由25个小组委员会负责，大约有400个探访者。该协会访问和救济伦敦及其郊区没有教区救济资格的贫苦、患病的异乡人。一年里救济总数达到6966人，总共做了31056次探访。②1831年，“促进地方走访协会”雇用了573名正规的访问员，总共做了近16.5万次访问。③ 1850年，“伦敦城市传教会”雇用了340个传教士，每个人在一个月内访问500多户人家。到1855年，该协会规模更加庞大，总共做了150万次访问，散发了200万本小册子。④ 总体上说，19世纪30—40年代，伦敦每周都有几十个协会的几千个访问员，访问并帮助这些因患病或其他原因而处境悲惨的贫民。⑤

通过访问，志愿者得以获悉某一片贫民窟居民的生活状况，有利于更合宜的慈善施予。一个走访协会的服务范围取决于其目标和资金状况。他们在探访时，通常会适当提供食物、秘方、煤、衣服、毛毯、《圣经》和

① David Owen, *English Philanthropy, 1660 - 1960*, Cambridge: Harvard University Press, 1964, p. 140.

② Ibid..

③ Brown Ford K., *Fathers of the Victorians. Cambridge, 1961*, Burlingtonn, Ashgate, 2004, p. 241.

④ F. David Roberts, *The Social Conscience of the Early Victorians*, Stanford: Stanford University Press, 2002, p. 198.

⑤ David Owen, *English Philanthropy, 1660 - 1960*, Cambridge: Harvard University Press, 1964, p. 140.

一些家庭帮助。少数机构给穷人分发现金救助，这在19世纪日益受到攻击，认为这会导致穷人的依赖。如“伦敦城市布道会”（London City Mission）反对分送救济，担心穷人的欺骗等不良现象。[①] 一般而言，经过访问者的调查，慈善机构会依据具体情况给予相应的救助，如针对受助人的特定需要，给其发放申请相关慈善机构救助的票据。

19世纪的伦敦访问穷人的慈善活动相当流行，这部分反映了这个时代的宗教热忱。对大多数国内传教会而言，穷人最大的罪恶是不信教或漠视宗教，而防止犯罪和无序的有力武器则是宗教信仰。“伦敦城市布道会”的委员会宣称该协会的工作：“最主要是为了拯救灵魂。”[②]一般而言，宗教协会的访问都是带有一定宗教使命的。访问者们提着一篮子生活必需品访问穷人，同时传达家用建议、说教布道，试图以递送食物换取灵魂。然而，一手拿着《圣经》，一手提着一篮食物的访问员们，有时是不受欢迎的。确实，有的访问员甚至遭到穷人的敌视和抗拒。一些机构为了避免这一危险，规定访问员只有在得到主人允许之后才能进入。[③] 这一时期，访问活动如此密集，每周有四五个不同协会的访问员轮番造访同一地区，这在某种程度上是不同的宗教派别在灵魂战场上的相互争夺。

其次，走访协会探访穷人家庭也是为了缓解贫困和促进更好的阶级关系。“通过对每一个案的具体情形的调查，移除创造或加剧匮乏的道德原因，鼓励谨慎、勤勉和清洁……促进社会各阶层之间的友好善意，这一情感因为他们在世界所处的不同位置而显得如此遥远和分离。”[④]走访协会的工作及其影响在一定程度上促进了阶层间的相互理解。此外，人道主义精

---

① F. David Roberts, *The Social Conscience of the Early Victorians*, Stanford: Stanford University Press, 2002, p. 201.

② Ibid.

③ Frank Prochaska, *The Voluntary Impulse*, *Philanthropy in Modern Britain*, London: Faber and Faber Limited, 1988, p. 45.

④ David Owen, *English Philanthropy*, *1660 - 1960*, Cambridge: Harvard University Press, 1964, p. 141.

神也是动机之一，如安抚、慰藉和劝导这些受折磨的人，给予那些极端贫困和绝望的人以同情和帮助。走访协会的探访在缓解危及穷人家庭稳定的紧急状况方面，具有独特的作用。访问协会提供的及时救助使得一些贫困家庭免于陷入更深的困境之中。这一时期，伦敦的众多走访协会构成了一个调查和救济的体系，力图将这些社会弃民带回群体，帮助其回到正轨。

尽管走访协会数量众多，规模庞大，但其总体成效是混杂的。资金问题不足是问题之一。众多宣教者和探访员的献身精神无法代替资金短缺的问题。1845 年，英国浸礼宗为其传教和访问工作，仅仅筹到 5000 镑。“公理会之教友”只筹集了 7000 镑。由于资金不足，走访协会涉及的慈善工作有时是很浅表的。“陌生人之友协会”（the Stranger's Friend Society）在 1843 年救助了 1600 个值得救助的病人，花费 482 镑，平均每人 3 先令 7 便士。[①]志愿慈善尽管比官方救助更为自由灵活，但资金方面经常不充足、不稳定，只能提供临时的和有限的救助。

三　临时救助

18 世纪 90 年代，粮食歉收和食物涨价导致实际工资水平的下降，下层民众生活水平随之下降。1795—1796 年和 1799—1780 年，英国出现了饥荒。在严寒时节，食物匮乏，低收入或失业的穷人处境极为艰难。一些同情穷人的人士发出呼吁，如查尔斯·霍尔（Charles Hall）：“富人认为自己没有义务救助穷人，一旦做了点表面工作就志得意满，但如果与穷人易地处之，或许他们就不会如此认为。”[②] 18 世纪末，伦敦出现了针对特殊情况的临时救助，如为穷人提供食物的施食所，为无家可归的穷人提供夜

① F. David Roberts, *The Social Conscience of the Early Victorians*, Stanford: Stanford University Press, 2002, p. 203.

② B. K. Gray, *A History of English Philanthropy, from the Dissolution of the the Taking of the First Census*, London: P. S. King & Son, 1905, p. 253.

间住宿的慈善机构。

这类慈善机构会给捐助人发放救济券，由捐助人自主施予受助人。慈善机构的报告中会有具体说明，在何种情况下，应该发放几张救济券等。下图是 1797 年提供食物救济的慈善机构发放的救济券。

Form of the TICKET uſed for POTATOES.

THE Bearer hereof,
reſiding at No.　　　in
(being a Perſon of ſober Life and Converſation, and indigent Circumſtances) on producing this Ticket, and paying *Sixpence*, (which is Half-Price,) will receive *Thirty Pounds Weight* of good Potatoes, on applying to Meſſ. Townſhend and Winmill, South-Street, Spitalfields, next door to the Butchers' Arms, on the Day and Hour under-mentioned, viz.

Call only on Thurſday, from 10 to 1 o'Clock, or 2 o'Clock to 5, as may be moſtconvenient,

图 4-1　食物救济券

资料来源：An Account of a Meat and Soup Charity, Established in the Metropolis in the Year 1797。

18 世纪末，伦敦出现了临时性、季节性的慈善救助。这类救助大多盛行于经济危机、饥荒时期，或严寒季节。如在寒冬时节为露宿穷人提供夜间住宿，饥荒年代设立施食所。1799 年成立了“伦敦及其邻近地区救助穷人协会”（Association for the Relief of the Poor of the City of London and Parts Adjacent），该协会的目标是在严寒冬季，给伦敦城和邻近地区的穷人提供廉价的煤和土豆。①这些季节性的慈善机构，所提供的救助一般是有时限的。如在 1839—1840 年“为赤贫露宿者提供临时住宿和救济的机构”，在

① John Murray, *The Annual Subscription Charities and Public Societies in London*, Printed by William Clowes, 1823, p. 114.

其委员会报告中写道："根据上个冬季的报告，（该机构）在1月10日晚上开放，并接收受助人入住，在4月20日关闭。"[①] 这类机构往往具有应急性、非常规性的特征。当饥荒结束，或天气转暖，可能就终止救助。但救助停止并不意味着慈善机构的解散。事实上，许多机构在18世纪末成立，在19世纪仍相当活跃，但这些机构只在特殊时期开放。

18世纪末，尤其是19世纪，伦敦涌现了许多提供便宜食物的慈善机构。1797年的饥荒时期，在伦敦治安官帕特里克·柯恩宽的领导下成立了救济委员会，一度给近10万人提供一周两次，每餐价值一便士的食物。3年后，伦敦的施食所站点达22个。1799—1800年，伦敦慈善家为此投入一万镑。[②]这些施食所给穷人提供最便宜的食物，如土豆和小麦面包等，帮助他们渡过苦难时期。经济危机引发大范围失业时，"改善穷人状况协会"筹建了"制造业和劳工穷人救济协会"（Association for the Relief and Benefit of the Manufacturing and Labouring Poor）。这是一个面向全国的慈善组织，设有中央委员会和地方分会。经济危机时，该机构给穷人提供大量的鱼和盐。1813—1814年，协会花费2.1万镑，其中1.2万镑用于购买鱼和盐。[③]这些便宜食物的分发使得许多穷困家庭获得了生存所需。

1799年创立的"伦敦及其邻近地区的穷人救济会"（Association for the Relief of the Poor of the City of London and Parts Aadjacent），目标是在严寒冬季，以低价给伦敦城和邻近地区的穷人提供煤和土豆。如一蒲式耳煤9便士，14磅土豆3便士。"在去年冬天，按照这一价格，出售了11930蒲式

---

① *Report of the Committee Appointed to Manage a Subscription for the Purpose of Affording - nightly Shelter to the Houseless and Temporary Relief to the Destitute for 1839 - 40.* Hume Tracts, London, 1840, p. 11.

② J. C. Lettsom, *Hints Designed to Promote Beneficence*, 3 Vols., London, 1801, I, p. 37.

③ David Owen, *English Philanthropy, 1660 - 1960*, Cambridge: Harvard University Press, 1964, p. 108.

耳[①]的煤和164836磅的土豆，为几百个家庭，几千个饥寒交迫的穷人提供了救济。”[②]1822年1月的广告中，“伦敦及其邻近地区的穷人救济会”声称：“现在的严寒天气，导致委员会开始运作这个协会。施食所在1月3日开放，到17日为止，2634蒲式耳的煤和36470磅的土豆已出售穷人，他们许多人没有或很少有工作，承受着深重的苦难。”[③]

伦敦的人口流动量很大，有些人没有固定的住处。许多人无家可归，流露街头，如乞丐、流浪汉、失业艺术家、工匠和季节性失业者等。如果是在严寒的冬季，这一情形更为普遍和严重，救济压力也随之增大。如“为露宿穷人提供临时救济的协会”指出：“现在有很多困苦的外地人和其他人流荡在首都及其周边，夜里没有住处，这在严寒季节里相当危险。”[④]为此，伦敦出现了一些专门的收容机构，给那些无家可归的人提供临时性的救济。通常将一个或多个地方作为暂时收容所，在一定的规章制度之下，收留赤贫者和露宿者过夜，并给其提供食物。如“该机构由一些绅士组成委员会，负责经营。这一慈善机构建立是为了给那些绝对贫困和露宿者在严寒的冬季提供夜间住宿和食物。只在严寒冬季开放。由常务委员会决定开放和关闭时间”。[⑤]

1819—1820年的冬天，天气严寒，又赶上饥荒时节，穷人的处境极为艰难。非常时期，“为露宿穷人提供夜间住宿协会”委员会快速行动起来。各行各界通力合作。政府提供衣服；伦敦煤气公司提供电和供热暖气；自来水公司提供水；首都剧院做募捐公益表演。“露宿穷人收容所”（The

① 蒲式耳（英文BUSHEL，缩写BU）是一个计量单位，1蒲式耳等于8加仑，相当于36.268升。

② John Murray, *The Annual Subscription Charities and Public Societies in London*, Printed by William Clowes, 1823, p. 114.

③ Ibid.

④ *Report of the Committee Appointed to Manage a Subscription for the Purpose of Affording Nightly Shelter to the Houseless and Temporary Relief to the Destitute for 1839 - 40*, Hume Tracts, London, 1840, p. 3.

⑤ Ibid., pp. 4 - 5.

Houseless Poor Asylum）平均每晚接收 200 人入住。1830—1831 年开设了 3 个收容所，有 5.5 万人获得收容，提供了 13.5 万份口粮。[①] 19 世纪 40 年代中期，伦敦有 3 家露宿穷人收容所（Houseless Poor Asylums），总计提供了约 150 万次夜宿和 350 万份面包。

委员会尽量不让避难所变成仅仅是极廉价的慈善旅社。白天安排一些入住者干活，给予那些有望自立的人提供小额资助。但问题也是存在的。因这些机构获得良好的捐助，提供较好的服务。一些家庭为了获得免费的三餐，全家申请入住。这些机构甚至还吸引了乡下人前来。由此，这些机构降低提供的标准，确保寝具等不会太舒适，严加筛选申请者。[②] 一般而言，协会很难对每个申请人予以仔细辨别和调查，其中许多人是流浪汉、酗酒者、骗子和轻罪犯。

这些慈善机构的出现和运作，既是为了化解危机，也是出于对苦难的真切同情。经济衰退时期，又遇上饥馑时节，贫民的处境极为悲惨。施食所的涌现正是对于这类迫切需要的回应。社会舆论担心直接的钱物救济会导致穷人的依赖，而穷人的苦难又必须得以缓解，因而出现了这类临时救助机构，既不会使得穷人懒惰或目光短浅，也使得他们在经济不景气和其他紧急或悲惨情况下可以活下去。

第二节　预防与互助

19 世纪伦敦慈善组织的一大分支是预防贫困。随着对贫困成因认知的深入，慈善经验的累积，慈善界开始强调防患于未然的重要性。预防性慈

---

① *Report of the Houseless Poor Society*, *1830 - 1833*, pp. 32 - 36.

② *Report of the Houseless Poor Society*, *1826 - 1827*, *1829 - 30*, p. 9.

善组织分为两个方面，一是提供及时救助，使受助人得以渡过危机，恢复并维持正常生活，避免成为社会的济贫负担。二是帮助穷人维持正常生活，给其提供生活建议，帮助其改掉酗酒等恶习。储蓄银行、小额借贷、节俭会、禁酒协会等慈善机构都是以集体方式来防范可能的贫困，中下层民众是其中的主体成员。

一　科学慈善

18 世纪末，伦敦的慈善家笃信实用科学的理论，力图将科学方法融入慈善活动，以期获得最佳效益。“改善穷人状况协会”（the Society for Bettering the Condition and Improving the Comforts of the Poor）正是结合了政治经济学、福音主义和当时流行的科学原则的一个慈善组织。由托马斯·班纳德（Thomas Bernard）、威廉·威尔伯福斯（William Wilberforce）和舒特·巴林顿（Shute Barrington）等人于 1795 年创立，开启了“科学慈善”① 的试验。创建者意欲将“改善穷人状况协会”作为促进公共慈善试验和推广科学慈善技巧的中心，就类似的问题、经验和方法交换信息，提供有关穷人状况的信息和改善建议，帮助穷人改善自身处境。这一协会是当时最具创新性的机构，可能也是最早的协调性慈善机构。“改善穷人状况协会”从实际经验中提取有用和可行的信息，形成相应的报告，廉价印制，大批发行，以期获得更多受众。“改善穷人状况协会”主要目的在于促进慈善信息的传播，推广有益经验。1797—1817 年，协会发布了 40 期报告，流传于英国列岛和海外。后来协会将这些报告结集成卷，20 年共有 7 卷。报告主要内容有：序言；有关协会的慈善理想的论文、成就和未来的关注。根据 1810 年“改善穷人状况协会”的年度报告，该年印制了 2.4

① 所谓“科学慈善”是当时慈善家力图结合科学办法施行慈善。同时，通过慈善技巧和经验的交流与传播来推广更为科学有效的办法。

万份出版物。①

“改善穷人状况协会”的报告涉及各种慈善项目，如友谊协会、村舍花园（cottage gardens）、教区谷物磨坊（parish mills for corn）、乡村厨房（village kitchens）、经济饮食（dietary economies）等类似的项目。“改善穷人状况协会”的大多数项目都是宣传自助，在此基础上，为下层民众提供适当的物质救济、教育、医疗和其他机会。理事们认为，穷人不是消极被动的被救济者，他们应该勤勉、自律和节俭地生活。班纳德是“改善穷人状况协会”的喉舌，也是“改善穷人状况协会的报告”（the Reports of the Society for Bettering the Condition of the Poor）的主要作者和主编。班纳德认为这些有劳动能力的穷人有辛苦工作和独立生活的道德义务。② 尽管偶尔也派送物资救济，但“改善穷人状况协会”主要目标是帮助穷人过更合理、更经济的生活。协会的报告提供道德训诫、职业训练，甚至是厨房方面的建议。这一协会更倾向于精神救助而非物质救助，避免过度花费，力求简便。

班纳德等人认为，即使穷人能够维持自身生存，他们需要管理自身生活的帮助和指导。而这一指导有赖于受过良好教育的慈善家和富有责任心的富人。“改善穷人状况协会”的理事们相信，穷人根本不懂何谓合理饮食、或如何以适当的方式经济地使用燃料，或是合理规划时间。因而富人和受过教育的人应该指导穷人通过合理饮食，合理规划生活来节省开支并以防万一，最终使其得以独立体面地生活。这类慈善使得富人可以运用其影响使任性无知的穷人变为自立、自尊和具有道义责任感的公民。这些科学慈善项目不仅缓解贫困，还可助益社会团结和阶级融合。在阶层对立、社会关系紧张时，这类慈善显得尤为重要。

① Jonathan Allen Fowler, *Adventures of an "Itinerant Institutor": The Life and Philanthropy of Thomas Bernard*, a Dissertation Presented for the Doctor of Philosophy Degree, The University of Tennessee, Knoxville, 2003, p. 18.

② *The Reports of the SBCP*, Vol. 1, pp. 5 – 12.

“改善穷人状况协会”的创建和运作体现了伦敦慈善活动在思想与方法上的革新。与提供衣食等物质救济相比，“改善穷人状况协会”专门为穷人提供避免贫困的合理建议，通过给穷人提供积极激励等正面诱因，帮助他们自己战胜困难，克服不幸的处境，教育和鼓励穷人通过自己的努力，得以更好地生活。正如班纳德所言：“运用科学的办法，促进穷人的幸福。”这是对贫困、救济和慈善的一种新理解，旨在使得慈善尽可能的科学和系统化。对慈善改革者而言，这意味着发现并移除贫困的根本原因，而非止于应对贫困的表面现象。

在18世纪末和19世纪，随着慈善组织在种类和数量方面的日益繁杂，出现了以统筹和协调慈善活动为目标的慈善机构。如慈善家班纳德等人创立的“改善穷人状况协会”即是其一。创建者意在将该协会设计为促进公共慈善试验和推广科学慈善技巧的中心，就类似的问题、经验和方法交换信息。旨在提供关于穷人状况的信息和改善的有益建议，帮助穷人改善自身处境。

19世纪后期，针对慈善组织的零散分离以及相应的低效与重复，慈善资源的统筹协调日益受到重视。1869年建立的“伦敦慈善组织协会”便是在此背景下出现的。该协会强调慈善救助的四项原则：一是临时救济而非长期救济；二是施赈人员或是访问员被指派到特定地区；三是从当地政府办公室调查救济对象；四是与济贫法和慈善组织进行合作。[①]“伦敦慈善组织协会”倡导慈善组织和政府部门的合作，对救济资源予以统筹协调，以期集中相应资源，有选择地提供救济。

18世纪末19世纪初，伦敦出现了众多储蓄银行。储蓄银行的优势在于穷人通过平时的节俭与储蓄，这样苦难时期无须申请救济。经济学家马尔萨斯对储蓄银行寄予厚望，甚至希望储蓄银行可以取代济贫法。这一时

① Robert Humphreys, *Poor Relief and Charity 1869 – 1945*, *the London Charity Organization Society*, New York: Palgrave, 2001.

期，众多教区设立了储蓄基金（Savings Funds）。政府对储蓄银行予以支持。国债委员会（The National Debt Commission）给予储蓄银行补贴性的利率，其利率比市场利率高 0.5%。直到 1880 年，邮政开始投资储蓄，政府才废弃这一补贴。政府的资助促进了储蓄银行的发展。在 1850 年，"首都访问协会"帮助建立了 36 个节俭互助基金会，共有 28550 个储户和 13356 镑存款。[①] 在另一统计中，99.9 万个储户中，大多数是店主、职员和富有的工匠，工人储户很少。[②]

这一时期，小额借贷协会也极为盛行。小额借贷协会的宗旨是防止贫困家庭陷入绝境。通过这些协会，那些贫困却勤勉的商人或劳工，在一定条件下可以获得及时贷款，从而得以渡过财务危机。如 1857 年设立的"皇家慈善协会"（The Royal Benevolent Society）救助品行良好的贫苦之人，给予他们无息抵押贷款，同时为这些人提供就业帮助，帮助他们移民以及提供其他必要的帮助。1860 年，159 人获得贷款；61 人获得工作；在对其个人的环境和状况进行彻底调查之后，有 39 人获得 5 先令到 72 镑不等的捐助。捐助总共达 810 例。[③]

19 世纪 30 年代，英国兴起了广泛的禁酒运动，工人阶层成为其中的主体成员。禁酒运动以道德改革为宗旨，讨伐酗酒的罪恶。禁酒运动规模浩大，且受到各方欢迎。工人阶级相信弃绝酒精是通往个人改善和体面生活的第一步。对于统治阶级而言，大众酗酒是阻碍国家繁荣和社会秩序的问题之一。酗酒不仅有违宗教原则，而且通常导向暴力、罪恶、贫穷和疾病，甚至早亡。因而，19 世纪上半叶，时人认为禁酒运动是解决相关社会问题的有效方式。

---

① J. Hampden Jackson, *England Since the Industrial Revolution: 1815 - 1948*, Greenwood Press, 1975, p. 76.

② F. David Roberts, *The Social Conscience of the Early Victorians*, Stanford: Stanford University Press, 2002, p. 463.

③ Ibid..

1846 年的"全国禁酒年鉴和记录"当中，关于伦敦禁酒运动有如下记录：1846 年 11 月 25 日，在伦敦小巷的大厅里举行一年一度的公共集会，进行茶叙。由 J. S. 白金汉先生（J. S. Buckingham）主持。1846 年 12 月 2 日，在约克街的一间教室，举行了一场集会，由威廉·西姆斯先生（William Sims）主持。[①] 1846 年 11 月 29 日，在禁酒大厅举行了一场茶话会（A tea – festival and meeting）。许多成员和朋友集聚于此。房间内部进行了有品位的装饰，包括月桂花冠、假花、优雅的旗帜和横幅。在七点半之后，副主教比尔先生（Mr. W. Beal）主持集会。演讲者为 T. A. 史密斯先生（Mr. T. A. Smith）、J. W. 埃斯特·布鲁克先生（Mr. J. W. Ester Book）和其他宣传者。[②] 1845 年 12 月 26 日，在威斯敏斯特的卡特里特街，由工人们支持的一个禁酒协会，举行了一场茶话会（a tea – festival and meeting），大约 500 人坐下来喝茶。[③] 从这些记录中可见，这些禁酒协会大多在社会中层的领导下建立，中下层民众是禁酒协会的主体，有些则是劳工阶层自己创立的。这类禁酒协会数量极多，规模较小，基于本地运作，一般很少有出版物。而"全国性的禁酒活动年鉴和记录"则汇集了各地禁酒协会的相关活动信息。

19 世纪，伦敦慈善活动的一个重要趋势是，中下层开始活跃于其中，发挥积极作用。这些协会大多基于本地教区，规模较小，中下层民众是参与主体。与大机构由贵族担任庇护人或理事长不同，这些协会大多由本地的绅士（以 ESQ 或 Mr 相称）担任主持。在本地绅士的指导下，大量中下层民众积极参与勤俭互助会（Provident Societies）、储蓄银行（Savings Banks）、贫民儿童免费学校和主日学校、访问协会、禁酒协会和乡村图书

① John Murray, *The Annual Subscription Charities and Public Societies in London*, printed by William Clowes, 1823, p. 111.

② M. J. D. Roberts, *Making English Morals: Voluntary Association and Moral Reform in England, 1787 – 1886*, Cambridge University Press, 2004, p. 64.

③ Frank Prochaska, "Philanthropy" in *The Cambridge Social History of Britain, 1750 – 1950*, F. M. L. Thompson (ed.), Vol. 3, Cambridge University Press, 1990, p. 358.

馆等各种慈善活动。这些慈善协会结合了自助原则和志愿主义，鼓励穷人勤谨节俭地生活，避免申请济贫救济。

预防慈善的优势在于防患于未然。在受助人遭遇困境时，及时提供相应资助，避免其陷于赤贫状态，成为社会负担。同时，众多中下层积极参与这些预防性的慈善活动，有助于提高自主和自立意识。

二 互助协会

18—19 世纪，英国的社团文化极为繁荣。根据 1803 年的调查，英国有 9672 个协会，约 70.4 万名会员，占成人人口的相当部分，尤其是男性成人人口。[①]互助协会即是其中一部分。所谓互助慈善，即其成员在自愿捐资的基础上按规定向协会交纳一定数额的会费后，即可在遇到不测，如疾病、失业、年老、死亡、天灾人祸等时向协会提出救济申请，协会和其他会员有义务向其提供必要的经济援助。这类组织名称繁多，五花八门，有友谊社、丧葬社、共济社、募捐社、疾病社等，友谊会是对他们的统称。[②]

19 世纪上半叶，伦敦的互助慈善增长相当迅速。1740 年之前，伦敦约有 10 个行业互助会，1740—1780 年，只新增 2 个，1781—1820 年，新增 15 个。而在 1821—1860 年，新增了 60 个[③]。1861 年，伦敦有 72 个行业互助机构，此外还有 20 个神职人员的救助机构。下表列举了 1820—1850 年伦敦的部分互助慈善机构。

① F. K. Prochaska and HRH the Prince of Wales, *Philanthropy and the Hospitals of London: The King's Fund, 1897-1990*, 1992, p. 4.

② 闵凡祥：《18—19 世纪英国“友谊会”运动述论》，《史学月刊》2006 年第 8 期，第 87 页。

③ F. K. Prochaska and HRH the Prince of Wales, *Philanthropy and the Hospitals of London: The King's Fund, 1897-1990*, 1992, p. 5.

表 4－1　　1820—1850 年伦敦新建的部分行业互助慈善机构

序号	年份	英文名称	中文名称
1	1823	Pawnbrokers' Charitable Institution	典当商慈善机构
2	1823	Ministers' Friend or Associate Fund	牧师之友或联合基金
3	1823	Royal Navy Annuitant Society	皇家海军领年金者协会
4	1827	Licensed Victuallers' Asylum	旅店老板救济院
5	1827	Printers' Pension Society	印刷工人养老金协会
6	1827	Destitution Sailors' Asylum	贫困海员救济院
7	1828	Butchers' Charitable Institution	屠宰者慈善机构
8	1830	Bookbinders' Pension Society	装订工人养老金协会
9	1831	Brassfounders', Braziers and Coppersmiths' Pension Institution	铜匠养老金协会
10	1831	Linen Drapers', Silk Mercers' Lacemen's, Haberdashers' and Hosiers' Institution	服装行业协会
11	1831	Parish Clerks' Almshouse Institution	教区执事救济院机构
12	1831	British Hair—Dressers Benevolent and Provident Institution	英国理发师慈善和互助机构
13	1832	United law Clerks' Society	法律职员协会
14	1835	Thesailors'home; or Brunswick maritime stablishment	海员之家
15	1835	Asylum for Worthy Aged and Decayed Freemasons	值得救助的年迈衰落的共济会成员救济院

续表

序号	年份	英文名称	中文名称
16	1835	Master Mariners' Benevolent Society	船长慈善协会
17	1835	Cheesemongers' Benevolent Institution	干酪商贩慈善协会
18	1835	Fishmongers' and Poulterers' Institution	鱼贩和鸟贩慈善机构
19	1836	Silver trade Pension Society	银行业养老金协会
20	1836	Permanent Fund of the Society of LicensedVictuallers	领有卖酒许可证的旅店老板永久基金协会
21	1836	Master boot and shoe – makers'benevolent institution	鞋匠师傅慈善协会
22	1837	Booksellers' Provident Institution	书商慈善机构
23	1837	Grocers and Tea – dealers' Benevolent Protection Society	食品杂货商和茶商慈善防护协会
24	1837	Aged and Infirm Journeymen Tailors	年迈衰弱的裁缝
25	1838	The Royal Navy Benevolent Society	皇家海军慈善协会
26	1839	The Royal Society of Female Musicians	女音乐家皇家协会
27	1839	The General Theatrical Fund	综合戏剧基金
28	1839	Furniture Brokers' Benevolent Institution	家具中介人慈善机构
29	1839	Hotel and Tavern Keepers' Provident Institution	旅馆客栈看守人慈善机构
30	1839	Shipwrecked Fishermen and Mariners' Benevolent Society	失事渔夫和水手慈善协会

续表

序号	年份	英文名称	中文名称
31	1839	Free Waterman's & Lighterman' Almshouses	船工和驳船夫免费救济院
32	1840	The Institution of Nursing Sisters	护理姐妹机构
33	1840	Stationers' and Paper Manufacturers' Provident Society	文具店与造纸商慈善协会
34	1840	Brewers'and Distillers' Clerks' Annuity Fund for Their Widows and Orphans	酿酒者和蒸馏器职员的寡妇和孤儿的年金
35	1840	The General Post – office Sub – sorters' and Letter – carriers' Widows & Orphans Pension Institution	邮局信件分类人员和信件运送者的寡妇和孤儿津贴机构
36	1840	Clergy Fund of the Church of England Life and Fire Assurance Institution	英国国教会牧师生命和火灾保险机构
37	1842	Organ Builders' Benevolent Institution	风琴工匠慈善机构
38	1842	The Temporary Residence, for Governesses	女家庭教师的临时住宿
39	1843	The Masonic Provident Society	共济会成员的互助协会
40	1843	Governesses' BenevolentInstitutio	女家庭教师慈善机构
41	1843	The Booksellers' Provident Retreat	书商互助会
42	1843	Dancers' Provident Society	舞蹈演员互助协会
43	1843	Association for the Aid and Protection of Dress – Makers and Milliners	女装和女帽的制造商的救助和保护协会

续表

序号	年份	英文名称	中文名称
44	1843	Iron Hardware & Metal Trades' Pension Society	铁和金属行业补助金协会
45	1843	The Tallow Chandlers' Benevolent Society	蜡烛制造商慈善协会
46	1843	The Gardeners' Benevolent Institution	园艺工人慈善机构
47	1847	The Servant's Institution	仆人机构
48	1847	The Servant's Provident and Benevolent Society	仆人互助和慈善协会
49	1848	The Dress – makers' and Milliners' Provident and Benevolent Institution	女装和女帽的制造商互助慈善机构
50	1848	Metropolitan Omnibus Servants' Provident Society	首都综合性仆人互助协会
51	1848	TheCurriers' Benevolent Institution	制革匠慈善机构
52	1849	The Mariners' Friend Society	水手友谊会
53	1849	Railway Guards' Friendly Fund	铁路看守友谊基金

资料来源：根据 Sampson Low, *The Charities of London*, London: 1862 一书中数据进行的汇总。

从上述列表可知，互助协会涉及的行业极为广泛，有时几个相关行业一起组建协会，如“鱼贩和鸟贩慈善机构”“女装和女帽的制造商的救助和保护协会”。互助协会最大的特点是集体内部的互助，如面向本阶层、本行业或本地区，对救助对象有较具体的要求。上述几十个互助协会中，既有船长、音乐家，也有仆人和小商贩，包含了中产阶层乃至中下层成员。商业化社会里充满竞争和风险，中上阶层也可能遭遇破产或衰败。因而，在社会保障体系尚未形成时，互助协会对成员的生老病死都给予一定帮助，为成员提供一种安全感和基本的生活保障。互助性慈善组织可以分为两类，一种在运营时面向更为广泛的申请者，另一种则对申请对象有明确的条件和资格限制，一般对于受助者的所属行业、公司、地域、教会乃至年龄和品行都有明确规定。因而，后者似乎不是严格意义上的慈善机构，更类似于一种集体内部的互助或利惠，与外界联系不多。因此，本书侧重那些面向广泛群体的互助性慈善组织。

19 世纪伦敦慈善活动的特点之一是中下层民众的积极参与。工人阶级开始涉足各种慈善活动，如参与设立施食所，在主日学校或贫民免费学校上课，加入访问协会、禁酒协会、互助协会和其他慈善机构等。在资金捐助和人员参与方面，互助协会是中下层民众最活跃的慈善活动。行业互助具有悠久的传统。从 17 世纪开始，劳工开始每周捐资几个便士，在其生病或去世时可以得到救助。1848 年，全英国约有 2. 5 万个友谊会。工人参与一个协会，每周给协会缴纳 4—5 便士。如果他病了，每周可以获得 10 便士。如果他死了，可以获得 10 镑举办葬礼。一些协会甚至提供失业期间的救助。[①]这些互助慈善组织给予穷人对抗疾病、失业等个人困境时的有力帮助。正是这类结合了个人自立与志愿主义的机构，使得许多失业者没有进入济贫院或变成乞丐。工人阶级群体内部的互助与慈善活动对英国社会的稳定有重要作用。

中产阶层可能因为破产、家庭败落或患病等原因陷于贫困境地。18 世纪末以来，社会中上阶层内部的互助慈善增长非常明显，出现了许多专门救助衰落的中上层的慈善机构。这类机构主要为处于困境、年迈的中产阶层提供救助，如破产的商人、老年女家庭教师、处于困境或饥饿之中的艺术家和作家、旅店老板、军官及其家庭、伦敦医生的年老患病的遗孀，等等。19 世纪中期，伦敦有大量为中上层申请者服务的养老基金和互助协

---

① Bernard Harris, *The Origins of the British Welfare State, A History of Social Welfare Provision in England and Wales from 1800 to 1945*, Palgrave Publishing Company, 2004, p. 67.

会。典型的如“伦敦及邻近地区医疗行业人士寡妇孤儿救济协会”（the Society for Relief of Widows and Orphans of Medical Men in London and its Vicinity）、“伦敦神职人员孤儿基金”（the London Clergy Orphans Fund）和“皇家海军慈善协会”（the Royal Navy Benevolent Society）。虽然大部分互助协会基于行业内部，也有一些慈善机构给更为广泛的衰落的中产阶层提供救助，包括贫困绅士、衰败的商人、家庭教师。如成立于1812年的“救济困苦中产阶层人士的国家慈善机构”（National Benevolent Institution for the Relief of Distressed Persons in the Middle Ranks of Life）。该协会的名单上约有30个领退休金者，每人每年领受10—50镑不等的津贴。1822年10月2日，“伦敦城养老金协会”（City of London General Pension Society：for Allowing Permanent Pensions to Decayed Artisans，Mmechanics，and Their Widows）的认捐者全体大会在伦敦城市酒馆举行，会上从候选者中选出8名男性和4名女性领退休金者。该协会有70个领退休金者接受救济，还有55个申请人等待入选。①“艺术家慈善基金”（Artists' Benevolent Fund）成立于1810年，由12人组成的委员会负责管理。协会向全英国艺术家开放，邀请没有入会的人入会。会员每年缴纳一定金额，他们的寡妇孤儿有资格获得该慈善机构提供的年金补助。这些机构更类似于慈善基金会，组织结构和人员比较简单。

对于年老衰落的中产阶层，传统做法主要是建立养老院和救济所等寄宿救助机构。19世纪之后，更为便利的形式，即设立养老和福利基金（Pension and Benefit Funds），给登记在册的人提供养老金成为新趋势。这些机构拥有积极的支持，资金充足。一般而言，中上层互助协会的入会资费比下层高得多。虽然受助者是中上层衰落的穷困者，但这些慈善机构也有明确的庇护机制和行为规范。这些曾是富有阶层的成员在入住

① Charles Booth, *The Aged Poor in England and Wales*, London: Macmillan and Co. and New York, 1894, p. 339.

寄宿慈善机构时，也面临说教和琐碎的规范。尽管家庭的衰落和受助地位使其一定程度上默认慈善权威。但机构的规则通常是琐碎和有损人格的。这些曾属于绅士阶层的人入住之后，往往感到屈辱，因而对机构管制颇有怨言。①

各种互助协会的成员大多为收入比较稳定的技术工人或熟练工人。友谊会为当时社会上收入不高但又特别需要社会救助的工人阶级提供了一个安全网，对缓解当时劳动大众的贫困，帮助他们摆脱生活困境，协助失业者重新就业等方面发挥了积极作用。如储蓄银行、勤俭互助会、建房互助协会和友谊会，这些组织很好地结合了自助和志愿主义，成员大多是工人阶层，赋予他们的伙伴以安全、自豪和独立的感觉。友谊社的运行机制包含了很多现代社会保险的制度元素，因此，友谊社被认为是英国福利制度在萌芽时期的制度胚芽。在快速增长的工业化和都市化时期，友谊会等慈善组织促进了个人自助和集体互助，有利于维护社会稳定和减少社会分化。在互助协会等共同的慈善活动中，参与者可以获得尊敬、自信、自律以及组织管理方面的技巧。参与者之间形成不同程度的团结，在此基础上构建新的社会关系。② 这些互助协会通常由中下层民众自己掌控，这也有助于社会稳定和共同文化的形成。

工人阶层的互助慈善协会也有其问题。他们经常举行秘密仪式，财务不稳定，频繁聚众饮酒等。中上层批评者认为工人阶级借此聚众酗酒狂欢，在经济和道德上都是有害的。许多小协会因为资金不充足、经营不善或欺诈而瓦解。19 世纪后期，大量互助协会也经历财务危机，经济困难。这部分是由于协会在吸引新成员方面的竞争激烈，使得协会很难提高会费水平或是削减福利；另一方面是因为 19 世纪下半叶，随着人均寿命的提

---

① Peter Lindert, *Growing Public: Social Spending and Economic Growth since the Eighteenth Century*, Two Volumes, Cambridge University Press, 2004, pp. 41 – 44.

② Bernard Harris and Paul Bridgen edited, *Charity and Mutual Aid in Europe and North America since 1800*, Routledge, 2007, p. 7.

升，友谊协会拥有更多老年会员，需支付相应的津贴，财务入不敷出为此协会努力吸收新会员，以期通过新成员的会费来帮助支付老年人的费用。

第三节 公共服务

18 世纪至 19 世纪中期，伦敦的众多慈善组织提供了一项基本的公共服务，其中以教育和医疗两个方面最为突出。这期间，大量的慈善学校是工人阶级和贫民阶层的儿童获得初等教育的主要渠道。在医疗方面，医院的数量和种类不断增加，使得更多民众可以获得医疗服务。

一 慈善教育

18 世纪末，伦敦的慈善界转向关注民众的道德品质。慈善家们认为，为了塑造穷人的道德品质，必须加强教育。1804 年，慈善家班纳德说道：“任何改善穷人状况的计划将会是徒劳——除非基于改善他们的道德或宗教品质的基础之上。在其土壤肥沃，发展壮大且准备大丰收之前，罪恶的种子必须剪灭和根除。这对改善穷人的状况非常必要。”①

初等教育是英国城市慈善活动的重要组成部分。宗教改革以前，教育由教会掌控，以培养神职人员为主。宗教改革之后，伦敦开始出现世俗学校。在英国，慈善教育兴起于 17 世纪后期。1680 年伦敦怀特查珀尔区的慈善学校，接收 5—13 岁的贫苦儿童入学，免费或收取少量学费，传授宗教教义，同时教授简单的读、写、算知识。该学校只有 20 人左右，规模极小。1698—1699 年，“基督教知识促进会”（Society for Promoting Christian

① The Reports of the SBCP, Vol. 5, pp. 17 - 18.

Knowledge)（SPCK）成立，致力促进英国的慈善教育，推动了英国各地慈善学校的建立。1711 年，伦敦的慈善学校已有 112 所，共有 2579 名男孩和 1490 名女孩。1734 年，伦敦的慈善学校增至 132 所，学生达 5123 名。1752 年，伦敦已有 5604 所慈善学校。①

17 世纪末至 18 世纪上半叶，慈善学校是为贫穷儿童提供初等教育的主要机构。慈善学校基于本地资源运作，其成功程度取决于本地领导者的兴趣和能力，质量和效率参差不齐。相对而言，伦敦具有特殊的优势，这里有更多更好的教师资源，有大量的中产阶层支持这些学校。因此，与省城相比，伦敦的慈善学校较为稳定，具有更高的标准。但这些慈善学校的主要目的并非知识教育，而是试图给穷人孩童提供基督教教育，希望以此消灭社会罪恶。在慈善学校的教育当中，宗教规范是首要关注。此外，慈善学校注重教导学生养成良好的道德品行，进行基本的技能训练。如男孩学习书写和算术，女孩学习缝补、纺织和做衣服等。伦敦的慈善学校给一半以上的孩童发放制服。有些学校会为学生提供一餐饭。② 中产阶层认为，如果穷人的孩子从一开始就接受良好的宗教训导，养成勤勉和理智的习性，将会减少混乱，从而助益社会稳定。所以，慈善学校的目标在于加强基督教教义和道德教育，以此应对贫困和不虔诚等问题。

慈善学校在英国慈善史上最大的贡献并非教育，而是慈善组织的方法创新。慈善学校的运作方式标志着志愿性联合慈善的开始，即汇集个人力量的集体施善。慈善学校由大量的认捐人和少数的经营者构成。“基督教知识促进会”每周召开例会，经营者共同决策后，采取一致行动。在“基督教知识促进会”成立之前，慈善活动大多是个人的自发行为，较为零散。而“基督教知识促进会”却“将这些孤立和分散的慈善活动联合起

① Frank Prochaska, *Christianity and Social Service in Modern Britain: the Disinherited Spirit*, Oxford University Press, 2005, pp. 13 – 14.

② B. K. Gray, *A History of English Philanthropy, from the Dissolution of the the Taking of the First Census*, London: P. S. King & Son, 1905, p. 107.

来，使之成为一个有组织的教育穷人的运动”。[①] 慈善学校的组织形式为后来者所效仿，在18世纪中期汇聚成联合慈善的高潮，而后在19世纪中期达到鼎盛。

18世纪中后期，英国社会相信教育的功用，认为对穷人予以适当教育是有利的。“如果贫困的孩童得到教育，那么，监狱和警察局都得关门。”[②] 出于自我提升的期望，民众对教育也极为热心，尤其是在不影响日常工作的情况下。18世纪80年代之后，伦敦人口增长加速，穷人孩童人数也随之增加。这些少年从小在贫民窟长大，缺乏适当教育，成为社会秩序的隐患。对这些孩童进行适当教育是防患于未然的必要手段。此外，极端激进主义和异教徒的影响，使得强化基督教信仰的任务更为迫切。所有这些因素促进了慈善界教化穷人的努力。

18世纪末，伦敦的教育资源相当缺乏。慈善学校虽继续存在，但不复盛况。格罗赛斯特日报的编辑罗伯特·雷克斯（Robert Raikes）注意到许多贫穷儿童没有机会接受正式教育。1780年，雷克斯等人在格罗赛斯特为贫穷儿童开办了几所学校。雷克斯在格罗赛斯特日报中报道了此事。随后英国各地兴起了开办主日学校的热潮。1785年，罗伯特·雷克斯在伦敦成立了“主日学校协会”（the Society for the Support and Encouragement of Sunday Schools）。所谓主日学校，即只在星期天上课，一周仅一天。主日学校是工业化的产物，因为工厂只有在星期天才休息。主日学校的发展速度极快。1787年，主日协会已有201所分校和10.2万名学生。1795年，伦敦有1012所主日学校，接收了6.5万个孩子。头25年已有3350所学校和27.5万名学生。到1810年，英国大约有50万儿童参加过主日学校。1818年主日学校超过5000所。到1850年，工人阶级子女中大约有75%曾就读

---

① Laqueur, T. W., *Religion and Respectability: Sunday Schools and Working Class Culture, 1780 - 1850*, New Haven: Yale University Press, 1976, pp. 43 - 45.

② H. W. Schupf, Education for the Neglected: Ragged Schools in Nineteenth - Century England. *History of Education Quarterly*, Vol. 12, No. 2, 1972, p. 169.

于主日学校。[①]

雷克斯声称自己创办主日学校是为了教化穷人孩童，他自诩为培育人类品性的园丁，而主日学校正是他栽培的花园。主日学校旨在教化学生摒弃罪恶，过勤谨生活。课程主要包括宗教教育、职业训练和道德训诫，没有写作和算术课程，因为慈善家们认为穷人孩童能够阅读《圣经》已经足够。主日学校只在星期天进行，其他时间孩童仍可以工作或留在家里。同时，主日学校的教育思想很明确，“不是那种会提升他们的社会阶梯的指导，而仅仅是为了给他们灌输正确的思想基础：宗教和道德正直的强大意识，热爱美德、节制与勤勉。安于其所处的位置，以及形成对于忠诚与附属的正确意识。”[②] 可见，主日学校的方法和目标仍是和慈善学校一样的，只是为了教化孩童，植入宗教训导和服从意识，使其虔敬温顺。

1808 年，英国国教会的牧师安德鲁·贝尔（Dr Andrew Bell）和公理会的牧师约瑟夫·兰卡斯特（Joseph Lancaster）创立了“英国与海外学校协会”（The British and Foreign School Society）。其章程的第一条规定：“该机构旨在促进劳动和工业社会阶层的教育，包含所有宗教派别。”“英国与海外学校协会”的宗教主导性较弱，更为世俗化。1811 年，贝尔和国教会牧师成立了“全国贫民教育促进会”。这两个协会的成立标志着英国两大宗教派别在教育领域的竞争，一时掀起了初等教育的热潮，促进了慈善教育的发展与兴盛。如国教会创办的学校，1812 年有 52 所，学生数为 8620 人；1813 年有 230 所，学生数为 40484 人；1817 年有 727 所，学生数为 11.7 万人，1820 年为 1814 所，学生数超过 20 万人。1813—1816 年，国教会所办学校共接受 167 人达 13792 镑的捐款，其中 121 人的捐款用于建立

① Michael Sanderson, *Education, Economic Change and Society in England 1780 – 1870*, Macmillan, 1983, p. 21.

② Robert J. Hind, “Elementary Schools in Nineteenth – Century England: Their Social and Historiographical Contexts”, *Historical Reflections*, Vol. 11, No. 2, 1984, pp. 189 – 205, 200.

新学校。[①] 由于经费不足，“全国贫民教育促进会”还向政府请求资助。为此，1833年议会表决了一项提案，即“请陛下批准拨一笔不超过2万镑的款项，以补充私人捐款的不足，把这项拨款和私人捐款一起用于建造校舍和对大不列颠的贫民阶级子女进行教育”。这是英国政府的第一笔教育拨款，此后，政府的资助力度逐渐加大。

教育下层儿童是慈善事业的重要内容。大多数中上层人士认为，人类的无知是造成贫困、犯罪、酗酒、疯狂、狂热、贫困和暴乱等罪恶的首要原因。为了消除这些罪恶的来源，以自助和自立为目的的教育是万灵药，导向社会改善。[②] 如果贫困的孩童得到教育，那么，监狱和警察局都得关门。[③]边沁认为：教育可以使人变得更好、更理性，从而贫困和犯罪将会消失。功利主义者认为这样一个教育将会创造最大多数人的最大幸福。詹姆斯·密尔（James Mill）声称：“无知和没文化，是所有社会罪恶的基本和通常来源。”这种对教育的推崇体现了对人性的乐观主义精神，相信教育可以创造一个自立的、有远见、勤勉、理智和聪明的工人阶层。18世纪30—40年代，启蒙运动的观点到处普及和散播，即正确和设计良好的教育可以教给下层自立的美德，如勤勉、节俭、理智、可敬和自立。教育可以促进民众的自立，而民众的自立有利于政治稳定和经济进步，从而推进自由社会的繁荣。

19世纪上半叶，伦敦出现了许多致力于救助和教育贫困、流浪和犯罪的孩童的慈善机构，如“贫民儿童免费学校”（Ragged Schools）、“工读学校”（Industrial Schools）和“劳动教养学校”（Reformatory Schools）。

“贫民儿童免费学校”盛行于19世纪40—70年代。1844年，伦敦成立了“贫民儿童免费学校联盟”，致力于促进贫困孩童的初等教育。1851

---

① Robert Vaughan, *Popular Education in England*, London, 1846, p. 39.

② Sampons Low, *The Charities of London*, London, 1862, p. 2.

③ Ibid., pp. 41-42.

年的教育普查中，贺拉斯·曼（Horace Mann）发现伦敦有132个贫民免费儿童学校，总共有2.6万个名字登记在册。① 在1861年，“贫民儿童免费学校联盟”拥有176个下属学校，平均每天约有12.5万人出席，每年收入达3.5万镑。“贫民儿童免费学校”在1870年达到发展顶峰，伦敦约有250所这样的学校，学生人数超过3万人。② 1870年教育法案出台之后，“贫民儿童免费学校”数量急剧减少，在19世纪末几近消失。

工读学校（Industrial Schools）接收因各种原因处于危险之中，或处在犯罪边缘的青少年。管教学校（Reformatory School）的接收对象则是违法犯罪的青少年。伦敦是工读和管教学校的发源地。这些学校的必要性从以下数据中可见一斑。在1845年，总共59123人进入监护，15123人不会读和写，39659人能读但写得很差。③

虽然这些数字很庞大，但实际的教育效果相当有限。“贫民儿童免费学校”的基本目标分别是：管制孩童；灌输宗教知识和信仰；教习基本算术阅读。课本是《圣经》。这些学校主要是提供宗教训诫和指导基本读写而非提供世俗教育。这些学校从未试图提供一流的世俗教育。学生的出席率也是极不稳定的。依据伦敦联盟和其他学校的数据，19世纪60年代，可能有4万名孩童在不同程度参与这一教育，但许多人只受到很小的影响。名单上的学生只有十分之一到四分之一的实际出席率。根据某些学校的记录，每个孩子只接受了两个月的教育，这么短的时间难有成效。在大部分时间里，很少有人能保持定期出席。④ 由于提供的薪资较低，“贫民儿童免费学校”在争取师资方面不如其他教育机构有竞争力。大部分学校环境糟糕；孩童肮脏；教室昏暗，缺少相关设施。作家查尔斯·狄更斯在造访学

---

① H. W. Schupf，“Education for the Neglected：Ragged Schools in Nineteenth – Century England”，*History of Education Quarterly*，Vol. 12，No. 2（Summer，1972），p. 169.

② Sampons Low，*The Charities of London*，London，1862，p. 4.

③ Ibid. ，p. 165.

④ Mary Carpenter，*Reformatory Schools*，p. 141.

校时发现，一个女教员虽然很热诚，但她完全缺乏作为一个教师的基本素质。①比起教育，这些学校在社会秩序方面更有影响，为穷困青少年提供了多方面的救助。

慈善学校的课程内容单一，因为其主要目标是为了培育学生的宗教虔诚和良好品性。捐助者期望这些下层儿童可以由此获得宗教指导，成为勤勉理智的社会成员，服从并感激社会中上层的捐助人。如一所女子慈善学校的祈祷文所言“使我忠顺和服从于我的捐助人，令我温和、守贞、顺从、耐心，正直诚实，工作勤勉”。有的学校会提供制服，但也注意到制服尽量简朴，防止学童们在衣着方面的虚荣。慈善学校的理事和捐助人力图避免孩子们经由教育逾越自己所属的阶层。如凯姆斯勋爵（Lord Kames）考虑解散慈善学校，因为“更有害而非有益，年轻人在这里读写，对于他们要从事的体力劳动而言，将会变得娇贵，从而不适应普通劳动阶层的工作”。②

主日学校和贫民儿童免费学校等大多是基于本地运作的协会，这些协会分散在不同教区，相互之间没有隶属关系，缺乏交流与合作。为了促进这些协会的合作，1844 年成立了“伦敦贫民儿童免费学校联盟”（London Ragged School Union）。联盟鼓励和促进贫民儿童免费学校的建设。各地学校大多由私人资金支持，该联盟为某些学校提供小额补助。联盟还成立了一个教师协会，方便各个学校的教师进行交流和通信。这些中心协会的创建，使得分散的本地慈善得以连成一体，促进了资源的流通，有益于其合作与发展。

---

① H. W. Schupf, “Education for the Neglected: Ragged Schools in Nineteenth - Century England”, *History of Education Quarterly*, Vol. 12, No. 2, 1972, p. 168.

② David Owen, *English Philanthropy, 1660 - 1960*, Cambridge: Harvard University Press, 1964, p. 27.

二　慈善医疗

志愿医院是伦敦慈善界的旗帜。在此期间，发展最为突出的当属医疗慈善。1700 年之前，伦敦的两个皇家医院仅有几百张病床，而伦敦人口在 17 世纪呈三倍增长，有限的医疗资源远远不能满足社会需要。18 世纪以来，随着伦敦城市规模和人口的日益扩展，医疗资源越发匮乏。18 世纪中期对人口的关注推动新的医疗机构成立。1719—1750 年，伦敦新增了 5 个综合医院，分别是“威斯敏斯特医院”“圣乔治医院”“伦敦医院”“米德尔赛克斯医院”和“托马斯·盖伊医院”。除“托马斯·盖伊医院”由个人出资捐建，其他都是集体捐建的联合慈善组织。19 世纪，伦敦的医院在数量种类和规模方面都呈现快速发展。1809 年，首都有 7 个综合医院，4 个产科医院，2 个传染病医院，到 1890 年，增至 21 个综合医院，67 个专科医院。伦敦志愿医院提供的管理和服务为整个英格兰和威尔士所模仿。①

医疗慈善是慈善活动的重要组成部分。从中世纪到近现代，“Hospital”经历了性质和功能的变化。典型的中世纪“Hospital”作为穷人的救济处和医务室，是旅行者和不幸之人的落脚处。“是一个教会的、非医疗的机构……主要提供照护而非治疗，灵魂的净化是第一位的。”这一类的“Hospital”可以与救济院等同置换。现代意义的医院，即作为一个专门的医疗机构的概念和功能，经历了从都铎时代到 18 世纪的漫长演变。18 世纪初成立的一些医院还会特意注明，如“伦敦医院”在 1740 年创建时声称：“伦敦医院，或医务所，救助贫病之人。”

从“威斯敏斯特医院”开始，综合医院也实行会员认捐，委员会管理的联合慈善运作方式。联合慈善组织作为民间自主慈善活动，既不受宗教

① Keir Waddington, “Subscribing to a Democracy? Management and the Voluntary Ideology of the London Hospitals, 1850—1900”, *The English Historical Review*, Vol. 118, No. 476, 2003, pp. 357 - 379.

力量的挟持，也不会受济贫官员的干涉，慈善资金得到有效运用。后来的综合医院纷纷效仿。这些医院吸引了众多的认捐者，资金充裕。

18 世纪上半叶，这些医院在初建时获得了积极的支持。“伦敦医院”在 1742—1743 年、1753—1754 年的 12 年里，总收入约为 51245 镑，平均年收入近 4300 镑。1734 年，“圣乔治医院”的收入超过 4100 镑，1738—1739 年，“威斯敏斯特医院”的收入超过 2025 镑。[①] 然而，这些综合医院都是靠社会捐助，财务不稳定，经常面临资金不足的困境。一些医院因扩建而资金告竭。1757 年，“伦敦医院”新建病房开放，由于资金紧张，原先计划的 350 张病床只用了 161 张。这一时期，“伦敦医院”委员会考虑到经济能力有限，决议将每年开支限在 2500 镑以内，每个星期仅新收 20 个病人。“圣乔治医院”有 200 张病床，其中 50 张是空着的。[②]“米德尔赛克斯医院”一直缺乏资金。与相对富裕的两个皇家医院和盖伊医院相比，这些慈善医院的经济来源极为紧张。在 18 世纪后半期，伦敦的综合医院发展较困难。18 世纪 40 年代至 1818 年“查林十字医院”（Charing Cross）成立，这之间，伦敦不曾新建综合医院。即使有丰厚遗赠的盖伊医院，也因农业资产的价值亏损，19 世纪 80 年代开始遭受财务危机，其扩展规划推后，开始强制性减少开支，包括关闭一些病房。

志愿医院花费颇巨，但来自认捐和捐助的公共资金总是不稳定、不充足。伯德特（Burdett）的统计数据显示，伦敦志愿医院超过一半的收入来自遗赠和资产投资收入。19 世纪末，伦敦医院出现了一种新的筹资渠道，面向广大民众的星期六基金和主日基金。1874 年建立的星期六基金，发薪日在工厂和街道上面向工人阶层进行募捐活动。19 世纪 60 年代，星期六基金在各省城的募捐很有成效，一些医院从工人阶层募捐者获得一半以上

---

① David Owen, *English Philanthropy, 1660—1960*, Cambridge: Harvard University Press, 1964, p. 37.

② Ibid., p. 49.

的收入。19 世纪 90 年代的伦敦，星期六基金一年约收入 2 万镑。主日基金来自每年六月特定的教会募捐。19 世纪 90 年代，超过 1800 场的集会，主日基金一年可带来 4 万英镑的收入。1895 年，在伯德特（Burdett）的努力下，主日基金筹集了 6 万镑。①

18 世纪中后期，伦敦兴建了大量的专科医院。一般而言，综合医院只接收非传染性疾病，认为是可以治愈的，尤其是紧急和突发状况的病人。而像天花、性病、肺病和癌症等这些在当时被认为是不可治愈的病患是无法进入综合医院的。于是，针对这些病症，出现了相应的专科医院。1746 年 7 月成立了专治天花的“米德尔赛克斯医院”（the Middlesex country hospital）。1750 年成立的“圣路加医院”（St. Luke's Hospital）是一所精神病医院。“圣路加医院”获得社会的积极支持，资金充足。1746 年伦敦出现了第一所性病医院——“洛克医院”。当时社会普遍相信性病是对患者之行为不端的惩罚，不应为之救治。如果为其解除痛苦，则人们对于性病减少畏惧之心，会使淫乱之风更甚。因此，“洛克医院”在克服公众的舆论压力方面颇为困难。这些专科医院的建立，表明这些特殊群体开始进入公众视野，同时这些医学实践有助于理解和研究相关疾病。

19 世纪后半期，医院机构激增，最明显的是志愿慈善医院，慈善捐助的综合医院从 1861 年的 130 所增至 1891 年的 385 所。专科医院发展很快，其中多数建立在伦敦。许多是治疗结核病的，到 1919 年，有 79 个志愿医院是治疗结核病的。② 19 世纪后期公共医疗服务也开始发展。1867 年通过的首都穷人法令，要求提供独立于济贫法的医务室。此后的济贫法修订法案要求各省官方建立单独的医务处，因而治疗传染病的公共医院迅速增长。到 1891 年，超过 350 个。③ 1861—1891 年，慈善医院的快速增长有多

① F. K. Prochaska, *Philanthropy and the Hospitals of London: The King's Fund, 1897 – 1990*, New York: Oxford University Press, 1992, p. 40.

② Ibid., p. 11.

③ Ibid., p. 12.

重原因，但志愿医院仍本质上是为值得救助的穷人服务的。中产阶级更偏爱在家或在私人护理之家受到照顾，享受付费医院的病人待遇。

专科医院当中最显著也最成功的是妇产科医院。18世纪60—70年代，伦敦涌现了一批妇产科医院，这一现象不仅在英国首屈一指，在欧洲也是独步当先的。在1749—1765年，伦敦出现了一连串的妇产科医院。如"英国妇产科医院"（the British Lying - in）（1749）、"伦敦城市妇产科医院"（the City of London Lying - in）（1750）、"夏洛特女王医院"（Queen Charlotte's）（1752）、"妇产科慈善机构"（the Lying - in Charity）（1757）、"威斯敏斯特妇产科医院"（the Westminster Lying - in）（1765）和"综合妇产科医院"（the General Lying - in）（1765）。

虽然有如此多的妇产科医院，但医院规模相对较小，这些妇产科医院的总床位不足200个，接收的人数有限。为此，"产科慈善机构"开创了新方式，即将助产士派送至穷人家中帮助妇女生产。当"英国妇产科医院"每年为400—500名妇女接生时，"妇产科慈善机构"接生的人数总量是前者的十倍。在1774—1775年，"妇产科慈善机构"的助产士共接生5428名妇女。这一数字约为同期伦敦死亡公报里总洗礼人数中的三分之一。创建之后的50年里，该机构总共为近18万名妇女接生。①

因为有医生和助产士的专业指导，妇产科医院挽救了许多妇女和婴孩的生命。在头21年，"英国妇产科医院"为9108名妇女接生，死亡人数为196名，比例是46.5∶1，到18世纪90年代，这一比例下降至288∶1。②同样，根据"妇产科慈善机构"的记录，母婴死亡率逐渐降低。1749—1758年，妇女死亡率平均为42∶1，婴孩死亡率是15∶1。到1799—1800年，

① M. C. Buer, *Health, Wealth, and Population in the Early Days of the Industrial Revolution*, London, 1926, p. 257.

② *Account of the British Lying-in Hospital, 1749 - 1770*, London, 1771, p. 17.

妇女死亡率减少到913:1，婴孩死亡率减为115:1。[①] 考虑到一些非常规和复杂的接生情况，这一比例是相当优越的。同时，妇产科医院的医学实践训练了众多的助产士，有助于提升妇产科的技术水平。

妇产科医院获得社会的积极支持，捐赠相当踊跃。在头21年，"英国妇产科医院"的总收入达2.7万镑，包括40人单独捐赠，总计8300镑的遗赠。1770年，"妇产科慈善机构"出版的名单上有80多名终身会员（每人30几尼）以及200多名的年度会员（每人3几尼）。[②]

除少数例外，大部分妇产科医院坚持，它们愿意帮助的是已婚的贫困妇女，通常要求申请者出示已婚证明的书面材料。"英国妇产科医院"和"伦敦城市妇产科医院"都申明：它们绝不怂恿淫乱。它们接收的妇女都是值得帮助的。[③]妇产科医院经常重复这些要求，这不仅是为了维护婚姻和家庭，也是为了避免道德非议。慈善机构只有在道德上无可指摘，具有良好的社会形象，才能有利于吸收社会捐助。

18世纪70年代，伦敦出现了一种更为便利的医疗形式——诊所。诊所类似于医疗服务站，穷人可以在固定时间里上门求诊，并获得免费的医疗建议和医药。那些无法来到诊所的，则由医生上门应诊。第一个诊所由阿姆斯特朗医生（Dr Armstrong）在1769年创立，主要是为了救治贫民的孩童。最知名的诊所则是1770年创立的"综合诊所"（the General Dispensary）。医院主要是为较严重和复杂的病患提供更专业的救助，而诊所则为那些病情并非危急的人提供更简单和便宜的治疗。时人在文章中感叹诊所的经济实惠："每个人只需2便士！"[④]

① M. Dorothy George, "Some Causes of the Increase of Population in the Eighteenth Century as Illustrated by London", *The Economy Journal*, Vol. 32, No. 127, Sep., 1922, pp. 325 – 352, 350.

② *Account of the British Lying – in Hospital, 1749 – 1770*, London, 1771, pp. 24 – 29.

③ M. J. D. Tanya Evans, "*Unfortunate Objects*" —*Lone Mothers in Eighteenth – Century*, London, 2005, p. 154.

④ B. K. Gray, *A History of English Philanthropy, from the Dissolution of the Taking of the First Census*, London: P. S. King & Son, 1905, p. 134.

诊所作为一个医疗中心，给门诊病人提供治疗和医疗建议，必要时，医生还可上门应诊。与医院相比，诊所不仅费用较为低廉，而且治疗的病人数量大大超过医院。

因其轻便高效，诊所在伦敦很快风行开来，并推行至其他城镇。18 世纪 70—80 年代，诊所发展极为迅速。“综合诊所”宣称在 38 年里治疗了 14 万个病人。而“伦敦诊所”（London Dispensary）在 20 多年里治疗了 10 万个病人。据估计，伦敦平均每年约有 5 万穷人获得诊所治疗，其中至少三分之一是在自己的家里，诊所每年总共花费约为 5000 镑。[①] 1775 年，伦茨姆（Dr. Lettsom）称许诊所对挽救生命的贡献。他指出，在内科医生的指导下，许多生命得以挽救，否则他们很可能因为无知或受庸医摆弄而丧生。[②]由于诊所的就诊人数较多，医疗指导和卫生保健知识得以传播，穷人们开始意识到许多疾病是因为环境脏乱引起的，这些知识对于维护穷人的健康非常重要。

慈善医院也存在一些问题，如财务不稳定，资源分配不均等。19 世纪 80 年代，伦敦 90% 的医院床位都在查令十字街的步行范围之内。[③] 19 世纪末，“伦敦慈善组织协会”的报告中，有关医院资源供给的纷争逐渐增多，如医疗服务的浪费性重叠，缺乏一致性政策，管理程序多变和不确定性等。

18—19 世纪，伦敦慈善界对穷困问题的成因及其解决方式有更为深入的思考，这也体现于慈善组织的目标和运作。这一时期，主流观念将贫困原因解释为穷人的道德堕落，因而出现了众多致力于加强道德的慈善机构，相信只有道德改善才可能带来积极的变化。在救助方式上，反对院内

---

① David Owen, *English Philanthropy, 1660 - 1960*, Cambridge: Harvard University Press, 1964, p. 122.

② M. Dorothy George, “Some Causes of the Increase of Population in the Eighteenth Century as Illustrated by London”, *The Economy Journal*, Vol. 32, No. 127, 1922, pp. 325 - 352, 350.

③ F. K. Prochaska, *Philanthropy and the Hospitals of London: The King's Fund, 1897 - 1990*, New York: Oxford University Press, 1992, p. 22.

救助，强调穷人自立自助。历史学家格雷指出：“自助是这个时代关于社会秩序的最主要的原则。”①慈善家们坚持“助人自助”的方针，强调慈善救助仅仅是为了帮助受助者的复原，或帮助穷人改善自身处境。

本章小结

19 世纪，伦敦慈善组织呈现井喷式发展，其种类之多，数量之巨，可谓空前繁荣。这一时期，各种慈善活动都获得了迅猛发展，其中最具时代特色的是互助与预防贫困方面的慈善活动。这些慈善活动的出现是对当时伦敦社会的特殊需求的回应，为极端困苦和处境绝望的人群提供了必要的救济和服务。

观念变迁与组织革新在慈善组织的活动中有鲜明的体现。18—19 世纪，伦敦慈善组织的活动呈现以下发展趋势：首先，慈善组织在数量和种类方面都有了显著增长。尤其是在 19 世纪，伦敦社会对慈善的热情和慈善组织的增长都是空前的，慈善活动涉及的地区与人口也大为扩展。与此相应，慈善组织的运作方式也多种多样。这一时期，依据不同的社会需要，慈善组织发展出更为便利灵活的救助方式。其次，慈善组织不仅扶危济困，也力图预防贫困。伦敦出现了大量旨在指导穷人合理生活，帮助其形成良好习惯的慈善组织，如储蓄银行、禁酒协会等。这些慈善组织的运作意在防患于未然，通过授之以渔的方式，促进穷人的自立与自助。总体而言，慈善组织涉及的范围更广，但救助程度更浅。最后，慈善并不意味着只是富人向穷人提供救济。18 世纪末至 19 世纪，伦敦出现了众多的行业

---

① B. K. Gray, *A History of English Philanthropy*, *from the Dissolution of the Taking of the First Census*, London: P. S. King & Son, 1905, p. 255.

互助协会，成为集体承担社会风险的重要手段。互助协会涉及各个阶层与多种行业，中产阶层和工人阶层都有各自的互助协会。同时，慈善活动中不同阶层的合作日益普遍。如中产阶层指导工人阶层的慈善活动，工人阶层积极参与中产阶层主导的慈善活动等。一方面，这些合作有助于促进社会关系的融合；另一方面，这些不同层次的慈善活动表明，在现代社会，各个阶层都需要一定的保障，抵御可能的风险。这昭示着后来福利体制的出现。

第五章　慈善事业与伦敦城市社会变迁

本章探究慈善事业与伦敦城市社会变迁的互动关系。18—19 世纪，英国正处于工业革命时期，经济腾飞，财富增长，由一个小小岛国发展成为殖民地遍布全球的日不落帝国。但英国下层民众此时并未获得国家强盛带来的利惠。相反，由于人口增长、连年战争和经济危机，加上社会结构不合理，财富分配严重不均，少数人在经济变革中成为巨富，而大多数人处境更为艰难。就伦敦而言，人口大量增加，城市规模不断扩展，各种社会问题堆积，社会秩序面临危机。在此期间，大量的慈善组织及其慈善活动成为伦敦城市社会治理的重要手段之一。同时，在一个经济发展领先于制度建设的时代，伦敦慈善组织所起的整合作用，在一定程度上缓解了经济转型和社会变革所产生的矛盾与冲突。

第一节　慈善活动与城市社会治理

18—19 世纪的伦敦，随着社会经济变革的深入，传统的生活方式遭遇变化，激发了众多新型社会难题，造成社会规范的失调。法国社会学家涂尔干首次将“失范”概念引入社会学，将其定义为：“一种准规范缺乏、含混或者社会规范变化多端，以致不能为社会成员提供指导的社会情境。”[①]所谓“失范”是指社会所倡导的文化目标与现实目标之间的断裂或紧张状态。在传统规范失效，如生活方式、伦理道德以及社会民众心理出现变化的情况下，而新的生活方式、价值观念尚未形成或成熟，社会处于缺乏整合的混乱无序状态。18—19 世纪的伦敦正处于这样的失范状态，社会矛盾加剧，潜藏着冲突与危机。这一时期，大量慈善组织的出现即是对这一失序状态的应对，社会中上层力图通过慈善活动来整合社会，维持社会秩序。

一 扶危济困

18—19 世纪，随着工业化和殖民扩张，英国的实力和财富不断增长，但这一时期，英国政府主要专注于生产，而对社会分配不甚在意。19 世纪之前，经济学界同样关注生产甚于分配。如亚当·斯密和边沁等人更关心如何促进国民经济的生产，对分配问题较为淡漠。因而，在财富增长的同时，贫富分化问题极为突出，社会资源分配严重不均，国家的强盛和社会财富的增长并未给大多数人带来福祉。

财富分配的不合理导致少数人占据大量社会财富，而大部分人一无所有。1801 年，英国 1.1% 的富人占有国民总收入的 25%，1812 年，1.2% 的富人拥有 35% 的国民总收入。1867 年，2% 的富人占有国民总收入的 40%，与此同时，劳动者收入在国民总收入中所占的比重却从 1803 年的 42% 下降到 1867 年的 39%。[②] 现代化理论中有个著名的库兹涅茨曲线。美国著名经济学家西蒙·库兹涅茨通过对 18 个国家的经济增长与收入差距实证资料的分析，得出了收入分配的长期变动轨迹是“先恶化，后改进”，

① ［法］埃米尔·涂尔干：《社会分工论》，渠东译，生活·读书·新知三联书店 2000 年版，第 328 页。

② J. Hampden Jackson, *England since the Industrial Revolution: 1815 - 1948*, Greenwood Press, 1975, p. 76.

即在前工业文明向工业文明过渡的经济增长中，早期阶段收入与分配差距迅速扩大，尔后是短暂的稳定，然后在增长的后期阶段逐渐缩小。这一原理表现在图形上是一条先向上弯曲后向下弯曲的曲线，形似颠倒过来的“U”，故人们将其称为“倒 U 曲线”。19 世纪上半叶，英国的收入分配仍处于贫富分化扩大阶段。

19 世纪，英国经济危机更为常见，如 1811 年、1816 年、1819 年、1825—1826 年、1839—1842 年和 1847 年都出现了经济衰退，以及随之而来的工厂停工，工人失业。人口的过快增长，不充分就业乃至失业直接促成了大量人口的贫困。伦敦有众多的未充分就业人口。19 世纪中期，亨利·梅休（Henry Mayhew）估计三分之一的工人只能工作一半时间，而另外三分之一只能不定期工作，即从事临时工作。①即使有工作，一般工作时间很长且工资很低，因而低工资乃至失业使得伦敦下层民众的境况极为悲惨。19 世纪 20 年代，一个走访协会的募捐广告里写道：

> 下面是最近发现的一个案例：一个访问员写道：“这是我在约翰街见到的一个家庭的状况。面带饥色的父亲是一个制鞋熟练工人，收入一般是一天 7—10 便士，但经常处于失业状态。家庭收入很少且不稳定，通常朝不保夕，不够一天三餐所需。有一次访问时，我发现这个家庭，包括两个家长和五个孩子，一天的食物只有 1.5 磅的土豆和价值一个便士的鲱鱼。他们欠有 30 先令的债务，因此无力支付一周 1 先令 6 便士的房租。如果不是房东的人道，他们早就被赶到大街上去了。他们几乎都没有衣服，缺乏毛毯、寝具或其他夜里御寒的东西。最小的两个孩子只盖着撕裂的衬裙碎片。由于母亲刚刚分娩，少了一份收入，晚上他们都没有一口面包……这个家庭的整体状况是饥饿，

① F. David Roberts, *the Social Conscience of the Early Victorians*, Stanford: Stanford University Press, 2002, p. 463.

疾病与悲惨的展现。”①

面对这些穷人的苦难，各种各样的慈善组织成为扶危济困的重要手段。18—19 世纪，伦敦在慈善活动方面的资金投入相当庞大。1795—1796 年，英国济贫税收入约为 500 万镑，而 F. M. 伊登（F. M. Eden）估计，私人慈善资金约为 600 万镑。②据桑普森·洛统计，1861 年伦敦慈善组织的各种财产收入为 84 万镑，个人捐助约为 160 万镑。据 1885 年《时代》杂志的统计，伦敦各类慈善机构的总收入超过了包括瑞典、丹麦和葡萄牙在内的好几个国家的政府收入，是瑞士政府收入的两倍。③ 19 世纪 90 年代，仅伦敦最主要的上千个慈善组织的慈善收入，就达 700 万英镑，比一些欧洲小国和大多数英国殖民地的国家预算还要多。④ 在此期间，英国社会通过慈善活动实现了可观的财富再分配，慈善资金远超济贫法的总花费。慈善事业成为近代英国社会的特征和骄傲。如 Podsnap 向外国客人吹嘘：“先生，在世界上，没有哪个国家像我们一样，为穷人提供如此庞大的救助。”⑤

桑普森·洛和其他当代人的数据表明了慈善活动在 19 世纪英国城市社会的重要性。特别是在首都伦敦，慈善机构提供了各类救助，以及初等教育和医疗服务等主要的公共服务。1833 年之后，英国政府开始资助初等教育，但在 1870 年初等教育法颁布之前，初等教育的主体仍是各类慈善学校。第一次世界大战前夕，英格兰和威尔士所有医院床位中，约 20% 属于

① John Murray, *The Annual Subscription Charities and Public Societies in London*, printed by William Clowes, 1823, p. 111.

② M. J. D. Roberts, *Making English Morals: Voluntary Association and Moral Reform in England, 1787 – 1886*, Cambridge University Press, 2004, p. 64.

③ Frank Prochaska, “Philanthropy”, *in The Cambridge Social History of Britain, 1750 – 1950*, F. M. L. Thompson, ed., Vol. 3, Cambridge University Press, 1990, p. 358.

④ F. K. Prochaska and HRH the Prince of Wales, *Philanthropy and the Hospitals of London: The King's Fund, 1897 – 1990*, 1992, p. 4.

⑤ Ibid., p. 5.

志愿医院。[①]但从桑普森·洛（Sampson Low）的数据可以发现，大量捐赠和慈善活动都有特定目的。1861年，伦敦慈善机构中约15%的资金用于国内的传教活动，还有25%用于海外的传教工作。[②]这些耗资颇巨的传教活动，与慈善救济的关联并不紧密。因此，慈善捐赠的相关数据虽然庞大，但如果不加仔细辨别，很容易夸大慈善在提供最基本的福利供给方面的重要性。

1892年，查尔斯·布斯对分布在英格兰和威尔士的262个乡村教区，共9125个年龄超过65岁的老人的收入来源进行了统计分析，其中2008人获得来自济贫法的资助；2304人部分或全部依赖他们的亲戚；只有1664人声称获得来自私人慈善的相关资助。[③] 彼得·林德特（Peter Lindert）指出，1790年英格兰和威尔士的私人捐赠慈善资金是国民生产总值的0.4%，到1861—1876年降至0.1%以下。[④] 但他的数据只是基于慈善委员会的反馈，未能涵盖全部记录在案的慈善机构和未记录在册的慈善机构。[⑤]弗兰克·普罗查斯卡（Frank Prochaska）认为维多利亚中期见证了公民社会和慈善机构的繁荣发展。[⑥]无论是慈善与其他福利供给来源的比较，还是关于慈善给予和国家财富之间的关系，缺少更具体精确的数据，很难获得任何明确的结论。[⑦] 在维多利亚时期的混合多元的福利供给模式中，慈善显然

① Bernard Harris, *The Historiography of Voluntary Action: Where Have We Come from, and Where are We Going?*

② Bernard Harris, *The Origins of the British Welfare State: A History of Social Welfare Provision in England and Wales from 1800 to 1945*, Palgrave Publishing Company, 2004, p. 67.

③ Charles Booth, *The aged poor in England and Wales*, London: Macmillan and Co. and New York, 1894, p. 339.

④ Peter Lindert, *Growing Public: Social Spending and Economic Growth since the Eighteenth Century*, Two Volumes, Cambridge University Press, 2004, pp. 41 – 44.

⑤ Bernard Harris and Paul Bridgen edited, *Charity and Mutual Aid in Europe and North America since 1800*, Routledge, 2007, p. 7.

⑥ Frank Prochaska, *Christianity and Social Service in Modern Britain: the Disinherited Spirit*, Oxford University Press, 2005, pp. 13 – 14.

⑦ Bernard Harris, *The Historiography of Voluntary Action: Where Have We Come from, and Where are We Going?*

具有重要作用，但它的精确规模仍难以明确。许多学者试图比较慈善和济贫法的水平，但在衡量慈善活动的程度时，需要区分不同的目的，才能做出合理的估计。

18—19 世纪，伦敦的慈善组织在数量、种类、规模与组织形式方面都获得了长足的发展。社会中上层通过各种形式的慈善活动，为处于困境中的穷人，以及残疾人、老人、孩童、妇女和犯人等弱势群体提供了相应的救济，如改造少年犯；照料刑满释放的犯人；为工人建造模范住宅；建立衣服俱乐部和小额储蓄银行，照顾孤儿和聋哑盲人，等等。在救济穷困之外，伦敦的慈善家们试图通过慈善活动来促进社会改良和教化民众。在 18 世纪和 19 世纪多数时间里，英国的教育资源，特别是广大劳工阶层的初等教育，都是由各类慈善学校中提供的；同时，伦敦大多数病人是由慈善医院或诊所治疗的。

各种形式的志愿主义慈善活动帮助了成千上万的伦敦人。对于生活不稳定的底层人民而言，慈善是他们面对艰难世事的谋生手段之一。伦敦的贫民在生病时、失业时、孩子出生时或面临葬礼花费时，都会向各类慈善机构申请求助。如生病时寻求慈善医疗，失业时申请经济救助，为其年老的父母申请津贴，或是参与各种自助或互助的慈善协会等。

二　社会服务

19 世纪中期以前，伦敦的教育和医疗等公共服务资源主要由慈善活动提供。教育一直是慈善活动的重要组成部分，从 16 世纪的语法学校，到 17 世纪末的慈善学校；18 世纪末的主日学校；19 世纪贫民儿童免费学校，以及各种工读学校和劳动教养学校，各种慈善学校构成的初等教育几乎是广大民众获得教育的唯一渠道。

尽管历史学家对这些慈善学校所提供的教育的实际效果持保留态度，但庞大的数字令人印象深刻。1711 年，伦敦的慈善学校已有 112 所，共有

2579 名男孩和 1490 名女孩。1734 年，伦敦的慈善学校增至 132 所，学生达 5123 名。1752 年，伦敦已有 5604 所慈善学校。① 1787 年，主日协会已有 201 所分校和 10200 名学生。1795 年，伦敦有 1012 所主日学校，接收了 6.5 万个孩子。头 25 年已有 3350 所学校和 27.5 万名学生。到 1810 年，英国大约有 50 万儿童参加过主日学校。1818 年主日学校超过 5000 所。到 1850 年，工人阶级子女中大约有 75% 曾就读于主日学校。② 1851 年的教育普查中，贺拉斯·曼（Horace Mann）发现伦敦有 132 个贫民免费儿童学校，总共有 2.6 万个名字登记在册。③ 1861 年，“贫民儿童免费学校联盟”拥有 176 个下属学校，平均每天约有 12.5 万人出席，每年收入达 3.5 万镑。贫民儿童免费学校在 1870 年达到发展顶峰，伦敦约有 250 所这样的学校，学生人数超过 3 万人。④ 工读学校（Industrial Schools）接收因各种原因处于危险之中，或处在犯罪边缘的青少年。管教学校（Reformatory School）的接收对象则是违法犯罪的青少年。伦敦是工读和管教学校的发源地。这些学校的必要性从以下数据中可见一斑。在 1845 年，总共 59123 人进入监护，15123 人不会读和写，39659 人能读但写得很差。

不同时期的慈善教育的共同特征是重视宗教训诫和道德教育，但这些学校也在一定程度上提高了识字率。据一项现代研究估计，在 1750 年，英国大约 40% 的女性和 60% 的男性识字，1780 年中期和 1805—1815 年，又有提升，到 1840 年，在人口大量增长的同时，55% 的女性和 66% 的男性

---

① B. K. Gray, *A History of English Philanthropy, from the Dissolution of the Taking of the First Census*, London: P. S. King & Son, 1905, p. 107.

② Laqueur, T. W., *Religion and Respectability: Sunday Schools and Working Class Culture, 1780 - 1850*, New Haven: Yale University Press, 1976, pp. 43 - 45.

③ H. W. Schupf, "Education for the Neglected: Ragged Schools in Nineteenth - Century England", *History of Education Quarterly*, Vol. 12, No. 2, 1972, p. 169.

④ Michael Sanderson, *Education, Economic Change and Society in England 1780 - 1870*, Macmillan, 1983, p. 21.

识字。[①] 1846年，罗伯特·沃恩（Robert Vaughan）估计60%的人可以写字，66%的人能够阅读。[②]

根据1861年《爱丁堡评论》（*Edinburgh Review*）的一篇文章，作者注意到，1840—1861年，英国总共有1300万镑投入公共教育，只有400万镑是政府捐助的，其他都是私人捐助。1870年教育法颁行之后，教会和私人的捐助仍占很大比重。[③]

疾病是导致民众陷于贫困的重要原因之一。医疗慈善在大部分时间里获得相对充足的支持。一是因为医疗慈善不存在道德争议，二是因为疾病是导致贫困的重要原因。18—19世纪，伦敦的医疗机构增长极快，在种类与形式方面更为丰富。19世纪60年代，伦敦有66个专门医疗机构，儿童医院、眼耳科医院、牙科医院以及性病医院等广泛建立。1861年，伦敦有40个诊所，治疗门诊病人214691人。[④] 诊所一般规模较小，费用低廉，效用最为时人称道。1861年左右，皇家“综合诊所”的收入在400—500镑，而一年治疗的病人近两万人。[⑤] 1861年，“城市诊所”有12974个病人，收入为831镑3先令11便士。[⑥] “首都诊所和慈善基金”（Metropolitan Dispensary and Charitable Fund）建于1779年，1861年治疗12941人，收入仅为380镑。[⑦]

综合医院、专科医院和诊所等医疗机构挽救了许多生命。根据18世纪伦敦的死亡周报表，在前半个世纪，葬礼人数和洗礼人数的比率大约是3:2。1750年之后，除特殊年份以外，葬礼人数和洗礼人数的差距逐渐减

① Robert J. Hind, “Elementary Schools in Nineteenth - century England: Their Social and Historiographical Contexts”, *Historical Reflections*, Vol. 11, No. 2, 1984, pp. 189 - 205, 200.

② Robert Vaughan, *Popular Education in England*, London, 1846, p. 39.

③ Gertrude Himmelfarb, “The Age of Philanthropy”, *The Wilson Quarterly*, Vol. 21, No. 2, 1997, p. 50.

④ Sampons Low, *The Charities of London*, London, 1862, p. 2.

⑤ Ibid., pp. 41 - 42.

⑥ Ibid.

⑦ Ibid., p. 42.

少。1790 年，洗礼人数首次超过葬礼人数。1800—1804 年的 5 年，平均洗礼人数超过葬礼人数，增长稳定。儿童死亡率下降非常明显。1730—1749 年的 20 年，五岁以内儿童的死亡率约为 74.5%。1750—1769 年，这一比率减至 63%，1770—1789 年，减至 51.5%，而到 1790—1809 年，为 41.3%。① 圣托马斯医院拥有 420—460 张病床，1861 年共治疗 46338 名病人，其中 3935 人住院，42403 人为门诊病人。② 威斯敏斯特医院自 1719 年建立以来，到 1861 年时，已经治疗 563424 名病人。③ 根据伯德特（Burdett）的数据，1893 年，伦敦志愿医院治疗了 1696276 个病人，花费 790229 镑。1893 年的医院总收入是 766245.35 镑。④

慈善医院提供的医疗服务和医药建议对于伦敦大众的健康具有重要作用。慈善医疗机构不仅挽救了众多生命，而且医学和卫生保健常识的普及有利于民众维护自身健康。同时，这些医学实践培训了更多的医生和护士，有利于医学知识与技术的进步。

三　秩序管控

大范围的贫困和穷人极端的绝望无助往往是社会动荡的原因所在，这一时期英国的社会矛盾相当尖锐，并引发了工人的骚动。“暴动，当劳动贫民，特别是已成为贫民核心的工业无产阶级面临这种局面的时候。暴动不仅是可能的，而且实际上是迫不得已的。”⑤

18—19 世纪，伦敦城市存在严重的社会秩序问题。18 世纪初，各类赌

① M. Dorothy George, “Some Causes of the Increase of Population in the Eighteenth Century as Illustrated by London”, *The Economy Journal*, Vol. 32, No. 127, 1922, p. 351.

② Sampons Low, *The Charities of London*, London, 1862, p. 4.

③ Ibid., p. 5.

④ F. K. Prochaska, *Philanthropy and the Hospitals of London: The King's Fund, 1897 - 1990*, New York: Oxford University Press, 1992, p. 40.

⑤ ［英］艾瑞克·霍布斯鲍姆：《革命的年代》，王章辉等译，江苏人民出版社 1997 年版，第 267 页。

场遍及伦敦的大街小巷。18 世纪 20—50 年代，伦敦的民众沉溺于杜松子酒。妇女卖淫也是贫穷衍生的一个丑恶现象。据估计，1840 年，伦敦各类妓女达 7000—8000 人之多。1850—1860 年的 10 年里，违规被捕的妓女就达 41954 人。① 这些妓女绝大部分是因为贫穷、低工资、失业、饥饿而被迫走上卖淫道路的。这一时期，社会的犯罪率快速上升。1839 年皇家委员会的一份报告指出："我们调查发现，大面积的犯罪，其根源在于财产问题，这是一个共性问题。任何可考虑到的抢劫财物的犯罪，其根源在于万恶的贫困和匮乏。"②

1731 年，笛福的作品展现了这一时期伦敦社会对抢劫等犯罪活动的恐慌，他指出，当时社会议论的焦点是街道上抢劫犯的危害，特别是伦敦城及其临近地方。③ 18 世纪早期，英国社会对犯罪和秩序充满焦虑。在 18—19 世纪的报纸杂志以及时人印象中，伦敦是一个强盗出没和小偷泛滥的城市。无数的强盗、妓女、小偷和街上的抢劫犯，作为霍加斯的木版画，笛福、菲尔丁和狄更斯的小说中的城市众生相，构成了伦敦大众文学的一部分。在中上层人士眼中，妓女、乞丐、流浪汉、小偷、收赃者、贩卖者和偷窃者的生活方式形同犯罪。但这些群体的大量存在及其谋生方式也体现了穷人自身的行为模式，即谋生经济。因各种原因，当穷人生活陷于困境，难以维持生存时，他们可能转而通过违法犯罪的方式来谋生，或以此补充有限收入。

18 世纪中期以来，英国的社会舆论始终强调道德的重要性。所有慈善活动的重要目标之一即加强穷人的道德意识。而在这样一个强调道德至上的社会，却存在很高的犯罪率和严重的治安问题。原因何在？这种悖逆现

① 郭家宏：《19 世纪上半期英国的贫富差距问题及其化解策略》，《学海》2007 年第 6 期，第 84 页。

② 同上书，第 83 页。

③ Paul Slack, *From Reformation to Improvement: Public Welfare in Early Modern England*, Oxford University Press, 1998, p. 61.

象的产生与当时英国的社会状况是密不可分的。首先是社会控制体系的无力。随着工业化和城市化进程的展开，大量农村人口涌入城镇，过去以家庭、邻里关系为主的社会控制体系遭到破坏，影响力被削弱，而新的社会控制体系还未完全形成。这一时期，伦敦治安力量相当薄弱。在控制力削弱的环境下，最容易滋生不法行为。其次，贫穷衍生罪恶。大量的贫困人口，通常是犯罪猖獗和治安混乱的原因所在。一些赤贫者和边缘群体迫于生计，转而从事不正当职业乃至违法犯罪。

面对社会失序和犯罪率增长，维持社会秩序成为伦敦慈善组织的重要目标之一，主要体现在以下三个方面。

一是通过慈善施与的道德资格来强化道德约束力。几乎所有慈善组织都强调其救助的人都是值得救助的。一般而言，个人道德品行是获得救助的最主要条件，即是否值得救助。为此，受助人一般要提供关于其个人品德的证明，除了自己陈述相关状况之外，还需要担保性质的推荐信。一些慈善机构还雇请专门的调查员进行突击性探访，甚至向申请人的邻居乃至教区官员了解相关情况。而从受助人所写的申请信也可以发现，他们深知慈善机构对道德的重视，通常强调其个人品德之优良。因此，慈善救助的这些硬性要求也会影响穷人的生存策略选择，为了获得救助，他们必须表现良好。这也在一些慈善机构的记录中得到证实。因此，慈善救助中对道德资格的要求，在一定程度上成为维持社会秩序的潜在约束。这些约束力量的汇总显然会对社会环境的改善产生一定影响。

二是成立慈善机构来直接控制社会秩序。18 世纪末，关心时局的人认为国家陷于道德败坏、放荡、罪恶、宗教信仰松弛，有必要进行道德改革，使人们回归正轨。因此，道德教化成为慈善活动的重心。这一时期涌现了许多以严肃风习、整顿秩序为目标的慈善机构，如威廉·威尔伯福斯（William Wilberforce）在 1787 年成立的“公告协会”（Proclamation Society），该协会旨在反对罪恶和不道德现象，如镇压穷人间败坏道德的娱乐，改革下层民众的不良行为。1802 年，威尔伯福斯又成立了“压制邪恶协会”(the Society for the Suppression of Vice)，同样致力严肃公共风习，整顿公共娱乐，反对剧院演出等。该协会的目标是起诉和惩罚那些亵渎神明，或在其他方面有损道德和宗教的出版物。① 这些协会在当时颇具代表性，慈善家们试图进行道德改革，压制不良风习，以此维护大众的道德素质。1787—1817 年，伦敦成立了一批以妓女为救助对象的慈善组织。这些机构的兴建和大批支持者的存在证明了当时社会对妓女卖淫问题的重视。此外，类似的慈善机构还有“镇压乞丐协会”“禁酒协会”等。这些慈善机构的目标是镇压违法行为和不良风习，维护社会秩序。

三是对违法犯罪者的安置。19 世纪，伦敦涌现了各种管教所、收容所和劳动教养学校等慈善机构。这些慈善机构对因贫穷、违法犯罪、遭遇不幸等各种原因而处境绝望的人群给予适当的帮助。如为妓女、青少年犯、释放的罪犯等社会边缘群体提供住处，帮助他们获得工作，使其有所安顿。这些面向特定群体的慈善机构，一方面是为了同情救助这些特殊人群，另一方面也是为了防止他们步入歧途，或再次犯罪。对这些社会边缘群体的引导和安置，可以防患于未然，有利于维持社会秩序，降低犯罪率。

在地方治理比较松散，治安力量有限的情况下，这些慈善机构的运作在预防犯罪方面具有一定作用。因而，这一时期的慈善组织也有社会管制的功能，一定程度上促进了城市社会治理。在国家机构相对弱小的情况下，众多民间慈善组织承担着都市社会的公共职能。这些慈善组织的运作不仅有效激活了社会资源，也可助长社会的自发性，构建更加自主自律的城市社会。

---

① M. J. D. Roberts, “The Society for the Suppression of Vice and Its Early Critics, 1802—1812”, *The Historical Journal*, Vol. 26, No. 1, 1983, p. 159.

第二节　伦敦慈善事业与社会关系的整合

社会整合（social integration）是指社会上不同的因素、部分结合为一个统一、协调整体的过程及结果。城市不同阶层、群体、成员之间的利益关系具有差异性，甚至是相互对立的，容易引发矛盾和冲突。因而，需要相应的平台进行沟通和整合，各阶层和群体被纳入相对共同的框架内，彼此之间的联系得以加强，增进相互的依赖和了解，增加主动协调配合，从而最大限度减少内耗，使优势互补，优化资源配置，共同促进城市社会的融合与发展。在18—19世纪的英国城市社会，大量的慈善组织及其开展的救助活动发挥了重要的社会整合功能，通过文化价值观的整合、社会关系的整合等促进城市社会的融合。

18—19世纪，伴随着工业化和城市化，英国社会格局也发生了变化，由乡村教区向都市社会转变；与此同时，由于人口流动和社会变革，传统的秩序观念和道德伦理也面临冲击。这期间，如何在都市社会重建秩序与权威，如何融合新来人口，如何安抚下层民众等问题关乎政治安稳和社会秩序，成为英国社会精英阶层关注的问题，而基于志愿主义的慈善组织成为解决这些问题的重要途径之一。作为民间救济机构，伦敦的大量慈善组织提供了各种形式的救济和公共服务，在扶危济困中起着十分重要的作用，承担了整合弱势群体及边缘化社会成员的职能，促进了社会关系的整合。

20世纪60—70年代，新社会史兴起，关于自愿捐助动机的解释从社会和人类学理论转向工业化相关的紧张局势和阶级形成的观点争议。马克思主义者和非马克思主义者都认为慈善活动在调解社会关系方面发挥了积极的作用。哈罗德·佩尔金（Harold Perkin）指出，19世纪初，因社会结构转变而导致慈善组织的决定性的转变，见证了“个人之间，面对面”的“旧社会”的恩惠关系的消失。[①] 马克思和福柯将“济贫”解释为“富人安抚穷人”的一种手段，由此，贫困变成社会关系的一个副产品，社会精英寻求控制而不是改进它。[②] 社会控制的观念在社会治理，特别是对大众休闲活动的压制中得到了广泛的关注，由此强调慈善事业作为一种阶级权威的统治手段的作用。约翰·福斯特（John Foster）认为禁酒运动，主日学校等慈善组织都是都市精英用来维护自身领导权，压制潜在革命力量的。[③] 菲利普·麦肯（Phillip McCann）认为慈善学校和主日学校倾向于维持现状。[④] 弗兰克·普罗查斯卡（Frank Prochaska）承认中产阶级通过慈善将不平等正当化，并获得忠诚。但近来更多学者承认慈善的多重动机，反对以往简单的二元对立之划分。布莱恩·哈里森（Brian Harrison）注意到维多利亚中期英国的稳定更多建立在上层与下层共享的价值观之上，较少依靠权威和服从。[⑤]

一 施善与教化

18—19 世纪，英国的经济变革与社会转型也推动了社会结构和社会关系的变化。伦敦慈善组织在创建、认捐、运营和救助的过程中集结了不同的阶层，各阶层在其间承担了不同的角色，如上层贵族担任慈善组织的理事长或副理事长等，社会中上层负责捐助和运营，下层申请救助或参与互

① Martin Gorsky, *Patterns of Philanthropy*: *Charity and Society in Nineteenth - Century Bristol*, The Boydell Press, 1999, Introduction.

② Thomas Max Safely editor, *The Reformation of Charity*: *The Secular and the Religious in Early Modern Poor Relief*, Brill Academic Publishers, inc. Boston. Leiden, 2003, p. 197.

③ John Foster, *Class Struggle in the Industrial Revolution*: *Early Industrial Capitalism in Three English Towns*, London: Palgrave Macmillan UK, 1978.

④ Phillip McCann (ed.), *Popular Education and Socialization in the Nineteenth Century*, London 1977, pp. 1 -40.

⑤ Brian Harrison, *Peaceable Kingdom*: *Stability and Change in Modern Britain*, Oxford University Press, 1983, pp. 217 -259.

助合作。因而，慈善组织成为连接不同阶层，展现社会关系的载体。18—19 世纪，慈善组织的运营与发展成为透视这一时期英国的社会结构和社会关系的一个窗口。

通常认为，18—19 世纪，英国社会结构由贵族、中产阶级和工人阶级三部分组成。R. A. Neale 认为这一分类有待细化，中产阶级和工人阶级至少包括两个子群体，可细分为五个阶层：（1）上层阶级：大贵族和大地主，这一少数群体同时享有财富和权力。（2）中产阶级 A 类（Middle class）：工业和商业的大财产所有者、高级军官和专业人士，这一群体在财富和地位上有望靠近上层社会，渴求被上层社会接纳，对上层阶级甚为谦恭。（3）中产阶级 B 类（middling class）：小资产阶级、部分专业人士、文学工作者和艺术家，除非社会出现激进变革，这一群体难以共享上层社会的地位与财富，因而他们反对上层的特权和垄断，整体上更为激进。（4）工人阶级 A 类（working class A）：工厂里勤勉的无产阶级，国内各行业的工人，这一群体更倾向于集体主义，反对自由放任，希望政府干预并保护他们的利益。（5）工人阶级 B 类（working class B）：农业劳动者、城市里低收入和非工人的劳动者、家仆、大多数的工人阶级妇女、城市贫民等。这一群体经常需要申请救济，因而对社会中上层比较依赖和谦恭。① 这是一个静态的划分，事实上这些阶层成员具有社会流动性。

18—19 世纪，英国大量人口从乡村转移到城市，原有的乡邻格局和关联纽带都受到冲击，传统的生产方式和社会身份也发生变化，原先的家庭生产和行会制度逐渐衰落，工厂和社会大生产成为主体。农民从乡村涌入城市，成为劳工阶层，靠出卖劳力为生，一旦遭遇失业和个人变故，则容易陷于贫困，依赖济贫或慈善。城市人口的流动和分化更为明显，也更难管控。18 世纪 80 年代末，法国大革命的爆发使英国社会的

---

① R. S. Neale, "Class and Class - Consciousness in Early Nineteenth - Century England: Three Classes or Five?" *Victorian Studies*, Vol. 12, No. 1, 1968, pp. 4 - 32, 23.

潜在焦虑趋于激化。18 世纪 90 年代中期，英国出现饥荒。大量的退伍人员和失业者酗酒成风，成为社会秩序的隐患。大量贫民遭受剥削和贫困，聚集于凄凉污秽的贫民窟。社会转型时期，传统价值观念面临冲击。失去了传统制度和行为指南之后，人们怎能不沦入为了临时糊口而铤而走险的深渊呢?① 近代英国政府对于此类危机的传统回应是通过严刑峻法来镇压和恐吓民众，如公开执行死刑。但在 18 世纪末，传统秩序的控制力量逐渐开始衰退。这一时期，英国的社会关系相当紧张。因此，社会中上层试图找到更好的方式来稳定社会关系，缓解大众的骚动。面对伦敦的社会问题和贫民群体，中上阶层试图通过慈善活动来扶危济贫，缓解矛盾并匡正秩序。18—19 世纪，英国社会一再重复贫困是个人道德之失败而非一种社会疾病。于是，18 世纪 80 年代，英国出现了大量以道德教化为重点的慈善活动。以道德改革为目标的慈善组织变成调整有产者和无产者关系的一种方式。②

工业革命后，英国成为“世界工厂”，得益于工业化和商业化发展，涌现了一批新富。作为新兴阶层，他们资产殷实，信奉理性主义和宗教虔诚，在政治上较为稳健和保守，同时谋求社会地位的上升。正是这些中上阶层社会精英构成了慈善组织的核心管理层，他们大多是精力充沛的中年，既有时间又有精力应付各种慈善事务。他们面对伦敦社会的各种问题，基于共同的价值观和相似的阶层身份，开始通过联合慈善组织和集体行动来维持社会秩序，促进社会良性发展。

慈善组织在构造英国精英阶层的文化方面起了重要作用。慈善家和捐助人的公共服务是英国统治阶级的核心价值观念的缩影。在这里，土地精英能够展示他们献身公共服务的热忱，商业人士可加强他们的社会声望。

① ［英］艾瑞克·霍布斯鲍姆：《革命的年代》，王章辉译，江苏人民出版社 1999 年版，第 269 页。

② M. J. D. Roberts, *Making English Morals: Voluntary Association and Moral Reform in England, 1787 - 1886*, Cambridge University Press, 2004, p. 141.

中产阶层在慈善组织的创立和运营中，积极争取贵族的支持。规模和影响较大的慈善组织都由贵族担任庇护人、理事长和副理事长。慈善机构的经营者之所以如此热衷于寻求贵族庇护，是因为贵族的加入，不仅体现了社会上层对其慈善工作的认可，也带动中产阶层等人的追随和捐助。慈善家们积极宣扬传统的道德伦理，汲汲于教化民众。从其著作的观点来看，许多中产阶层慈善家在思想上自觉认同于上层的统治观念，并极力向下层民众灌输服从和勤勉的重要性。可见，作为一个新兴阶层，中产阶层认同上层贵族的权威与价值，自愿向上层贵族靠拢。中产阶层与上层在思想观念上的趋同性有利于社会的稳定，这可能也是英国得以渐进和平地完成变革的原因之一。

在此期间，中产阶层作为既得利益者，也试图跻身上层社会，希冀通过慈善活动来传播该阶层的价值观念，强化身份认同，扩大自身话语权。因而，慈善事业成为中产阶级社会精英整合社会关系的途径，展现了这一时期社会结构的变化和社会关系的重塑。

18 世纪中后期，在约翰·卫斯理（John Wesley）的领导下，英国出现了新教福音派教会[①]的复兴运动。福音派倡导个人道德改革和社会改良，认为风习改革是消除社会弊病和抑制犯罪的有效方式。从 18 世纪 60 年代开始，福音主义的生活理想和道德准则在英国社会广泛传播。大批出身社会中上层的福音主义者遵循以个人献身精神来改造社会的原则，推动了一系列社会改革，包括废奴运动、改善童工待遇和禁酒运动等，同时兴建了大量慈善机构。福音派举起道德改革和社会改良的大旗，在慈善救助中注入更多的道德教化因素。从 18 世纪后期到整个维多利亚时代的慈善活动都带有强烈的福音派色彩，即强调道德教化，通过风习和道德改革来整顿失序的社会。

① 福音派：福音主义信徒的统称。

首先，从官员、道德学家到慈善家都强调个人道德的重要性，认为贫困属于个人道德问题，是不良生活方式的后果。18 世纪后期，英国社会对贫民的道德状况极为关注。时人认为商业发达与道德堕落有密切关系。随着商业社会日趋发展，平民大众更容易获得市场提供的商品和娱乐活动，如咖啡馆、小酒馆林立于街头巷尾。对大众而言，这也意味着更多的诱惑机会和堕落行为。当时伦敦一些底层贫民生活放荡，沉溺于赌博和饮酒，他们因此染病或丢掉工作，失去收入来源，沦为街头流民，甚至以偷窃为生。这一现象也使时人认为下层民众普遍缺乏道德和自制力，在挥霍放纵之后，依赖救济生活，造成经济和道德上的双重威胁。约瑟夫·汤森（Joseph Townsend）认为，懒惰是贫困的首要原因，对饥饿的恐惧才是驱使穷人工作的动力。[①] 18 世纪后期，面对贫穷及其滋生的苦难，社会中上层将其归咎于穷人的堕落和道德败坏。据此，中上阶层认为教化和规训穷人是应对贫困的关键，纷纷开出道德药方，主要包括：养成独立勤俭的个人美德；恪守宗教教义，遵循家长制道德（温顺服从）。他们相信这是穷人对抗贫苦与不幸的武器。这一时期，面对贫困率的攀升，社会中上层竭力要求穷人虔诚、勤勉、节俭和服从，并通过各种慈善活动、家庭传教、散发传教单和廉价读物等多种方式向下层民众灌输这些道德观念。

正因相信贫困的根源在于个人德性问题，针对个人的道德改革成为慈善的重要目标。慈善医院不仅仅是医疗机构，也试图借机教化穷人。如陈勇先生指出“慈善医院之所以为穷人治病，不仅仅为了恢复他们的身体健康，其最终目的，更在于让贫困患者接受道德规训，使他们满怀感激或悔恨之心规范约束自己，消除下层人的非分之想和不当作为，以利于现有社会秩序的稳定和巩固。因此，慈善医院不仅成为贫民寻医问诊和治疗急重

---

① Joseph Townsend, *Dissertation on the Poor Laws*, 1786, pp. 85 – 87.

病症的医疗场所，同时在更深层的意义上成为社会上层训导教化贫民顺从统治的样板之地。报告里自诩的医院这一‘规范社会’（ regular society)，正是他们希望扩大到整个大社会的缩微景观”。[①] 在18—19世纪英国的慈善活动中，构造这一“规范社会”的努力是很普遍的。“首都访问和救济协会”宣称，该协会目标之一是“去除那些创造或恶化贫困的品性因素，鼓励审慎和勤勉”。[②] 时人认为，只给穷人提供物质救助而没有改变其道德状况将是徒劳。因而慈善家不仅从物质层面帮助穷人，也力图促进穷人在道德和精神方面的提升，将中产阶层珍视的价值观，如勤勉、节俭和理智等观念灌输给穷人。

其次，通过慈善选择对象来推行道德标准。运用慈善来解决应对社会问题，坚持宗教教导，并通过提高个人品行来促进社会改良。基于志愿的慈善，在选择受助人方面有更大自由度，这也便于对受助人施行控制和社会规训。18—19世纪，英国社会通过各种布道、福音传单和道德小册子来表达、强调和传播对下层民众的品质要求，即他们应该自立、恭顺、谦卑、感恩、知足、虔诚、俭朴、勤勉、诚实、服从、忠诚、节欲、洁净，且对社会有用。[③]慈善组织的管理者也将这些道德品质作为选择受助人或对受助人进行管理和改造的道德标准，慈善组织的制度也围绕着这些道德标准来进行设计。慈善组织期望将无知混乱的贫民改变成独立、勤勉和自律的市民，服膺精英阶层的领导。[④] 中产阶级的慈善家、社会改革者和教育工作者希望对穷人的孩子灌输服从、温顺、谦恭、守序以及其他有益于社

① 陈勇：《从病人话语到医生话语——英国近代医患关系的历史考察》，《史学集刊》2010年第6期，第8页。

② Derek Fraser, *The Evolution of the British Welfare State: A History of Social Policy since the Industrial Revolution*, New York: Palgrave Macmillan, 2003, p. 135.

③ Sarah Lloyd, "Agents in Their Own Concerns'? Charity and the Economy of Makeshiftsin Eighteenth - Century Britain", p. 93. in Steven King and Alannah Tomkins edited, *The poor in England 1700 - 1850: An Economy of Makeshifts*, Manchester University Press.

④ R. J. Morris, "Voluntary Societies and British Urban Elites, 1780—1850: An Analysis", *The Historical Journal*, Vol. 26, No. 1, 1983, p. 115.

会稳定的理想品性，以此代代相传，以期这些品行内化为一代代工人阶级文化的一部分。社会中上层的家长制慈善，他们将穷人视为需要引导的孩子，决定什么是反社会的以及什么是社会美德，传授给他们。一个品行良好的公民意味着符合中产阶级的道德标准，即顺从、谦恭，作为社会的下层成员，不会挑战或扰乱上层的地位和权威。①

最后，在慈善活动中，进行道德教化，通过慈善救助来加强宗教训诫。伦敦治安官帕特里克·柯恩宽认为："一旦缺失宗教力量或道德原则的影响和约束，人性中恶的习性便会显现。"② 18世纪80年代以来，伦敦涌现出众多慈善教育机构，旨在帮助穷困孩童养成良好习性。这些慈善学校主要提供宗教指导，如主日学校唯一的课本是《圣经》。这一时期，宗教训诫也是慈善机构施行道德教化的重要内容。因此，走访协会的访问员通常一手拿一本《圣经》，一手提一篮救济物品。实行院内救济的慈善机构如"育婴院""妓女感化院"等雇请牧师进行定期布道与访问。慈善家们热衷于道德教化，出版了大量宗教和道德指导小册子，对下层民众进行道德劝诫，劝导他们每天祈祷，反省自身，定期出席教堂仪式，并告诉他们：对上帝的信赖和对上层的依从是会得到回报的。③

社会改革者认为普遍教育和各种改良社会的举措将会塑造一个自立的工人阶层。各类慈善学校都许诺将年轻的贫民变成理智、勤勉和基督徒成人。慈善家们乐观地相信，教育是对抗犯罪和贫困等各种社会弊病的有力武器。如果对穷人的孩子不加约束，他们将会过着懒散和罪恶的生活。通过慈善学校，对大量下层孩童进行宗教指导，教习基本读写知识，将其培

① F. M. L. Thompson, "Social Control in Victorian Britain", *The Economic History Review*, New Series, Vol. 34, No. 2, 1981, pp. 189 - 208, 191.

② Partrik Colquhoun, *A Treatise on the Police of the Metropolis, Explaining the Various Crimes and Misdemeanors Which at Present are Felt as a Pressure upon the Community; and Suggesting Remedies for Their Prevention*, London, 1896, p. 289.

③ 如 Jonas Hanway, *Virtue in Humble Life, Containing Reflections on the Reciprocal Duties of the Wealthy and Indigent, the Master and Servant*, I, II, London, 1774.

育成守法的公民，是符合国家利益的。但纵观这些慈善学校的办学宗旨和教学内容，可以发现，具有浓厚的阶级意识和教化努力。18 世纪的英格兰仍是一个典型的等级社会。王室和教会宣扬传统等级是神定的秩序，阶层区分是合理的，不能被质疑的。因而，在初等教育中，灌输阶级秩序和服从意识是一项重要内容。坚守等级观念，强调穷人的孩子应该意识到他们自己的地位。主日学校的学生花费太多时间出席教堂仪式而减少了学习时间。①

19 世纪，伦敦众多慈善机构以道德改良为目标，部分也是为了调整和改善社会关系的紧张。社会中上层期望通过慈善活动来换取下层的顺从。在法国大革命和拿破仑战争时期，社会中上层公开宣称通过慈善组织，如慈善学校和访问协会的活动来换取下层的服从。18 世纪末，主日学校的创建者之一，萨拉特里默夫人（Mrs Sarah Trimmer）认为英国中产阶级妇女对贫民家庭进行访问探询是避免社会动荡的手段。此外，由于社会中上层关注下层贫民的福利，感恩被视为理所当然的一种属性。作为底层成员，这些孩童别无选择，只能感恩地接受仅有的教育机会。②

这一时期，人们关于工业社会的贫困问题的认知仍停留于表面，更倾向从道德层面看待贫困问题。面对经济与社会变革中衍生的各种危机，将大规模的贫困和社会弊病归因于商业文化影响下的不良社会风气与个人道德败坏。因而，在慈善活动中，强调通过个人的独立与自助来匡正风气，维护社会秩序。因此，伦敦慈善组织在施善的同时力图教化民众，提供的各类救济都附加了道德改革因素，如引导受助人形成良好的生活习惯，重塑受助人的价值观，对违法犯罪群体施行管制，抑制恶行，整肃和镇压不良习俗与风气等。塑造一种稳定有序的社会关系，特别是精英和大众之间

① Barbara V. Olson, *Philanthropy Educational Programs for Children of the Poor: A Study of Objectives and in Methodology within the Context of Eighteenth – Century British Society*, Thesis for Doctor Degree, New York University, 1974, p. 342.

② Ibid., p. 345.

的理想关系是推动慈善组织繁荣的动力之一。那么，这一初衷在多大程度上获得了成功？

19 世纪之后，下层民众不仅仅是慈善活动中的受助者，他们开始日益参与到慈善活动中。作为慈善机构的雇员，许多人从中获得基本的教育，培养了簿记、记录、宣传等工作训练和技巧。工人阶层不仅在友谊会和共济会等互助组织中相当活跃，开始参与主日学校和禁酒协会等慈善组织的活动。慈善组织雇用了大量工作人员，有薪水的雇员是济贫法系统的近两倍，如《圣经》朗读者和传教者。19 世纪，慈善被视为中产阶级妇女的职业，受雇于慈善机构也是工人阶级妇女较好的工作机会。据估计，1893 年，英国近 2 万妇女全职从事慈善组织工作。19 世纪末，近 5 万名妇女长期担任慈善组织志愿者。①

慈善活动使得中产阶级的价值观得以传播和普及。19 世纪中后期出现了一个更为自立且状况改善的工人阶级。1860 年之后，他们的生活不再如同恩格斯在 1844 年所描绘的那般黑暗、无知、赤贫。英国的工人中越来越多受过教育、有远见、守法和富有。19 世纪下半期，中下层的行为模式、价值观和志向已经很接近中上层的期望。一些劳动者遵循节俭、自助和自我改善的训诫，不仅免于接受施舍或入济贫院，更极力跻身于中产阶级。一定程度上，道德教化是具有渗透性的。芭芭拉·V. 奥尔森（Barbara V. Olson）认为大部分孩童接受了社会所指定的角色，因此英国没有像法国一样遭受政治和经济改革的风潮。② 劳工上层的分离在一定程度上证明了中产阶层价值灌输和思想渗透的成功。同时，劳工上层的分离也削弱了激进主义的力量，从而避免社会革命。19 世纪，从马蒂诺（Martineau）到马克思，从埃尔顿（Eldon）到恩格斯等左派和右派的人士都曾预期过英

① Barbara V. Olson, *Philanthropy Educational Programs for Children of the Poor: A Study of Objectives and in Methodology within the Context of Eighteenth – Century British Society*, Thesis for Doctor Degree, New York University, 1974, p. 385.

② Ibid., p. 345.

国的革命，英国虽然也有潜在焦虑和社会危机，但最终得以平稳完成社会转型。[①] 20 世纪 80 年代，许多学者将英国的这一平稳过渡归功于社会控制的成功，即在驯服和教化工人阶级方面取得了成功。

但也有学者认为社会控制是失败的，无意中促进了社会改良。戈尔德斯特罗姆（Goldstrom）博士指出，1830—1860 年各类慈善学校的教育内容日益世俗化，经济社会发展对学校的教学内容提出了新的要求，增加了初等算术和基础知识，相应减少了道德训导和宗教指导的内容。[②]他认为这些学校大部分背离了初衷，即通过教育来强化宗教训诫，减少犯罪，抑制罢工和暴动，培养一代温顺的工业劳动力。相反，通过提高工人阶级的识字率，各种慈善学校实际上为工人阶级的政治独立和争取社会福祉做出了贡献。[③] 从这个角度而言，社会控制在具体实践上是失败的，无意中却带来了社会的进步。

教育工作者、改革者、慈善家等群体认为他们的使命是教化无知和桀骜不驯的下层民众，而被规训对象的回应也是丰富多样的，如接受、拒绝、吸收、适应、曲解乃至抵制中产阶级的训导和教化的内容。许多慈善机构强化道德训诫，制定严厉的措施，这也引起了不满和反抗。强调教化的慈善机构戒律森严，以改造受助人为己任。19 世纪末，伦敦数以千计的妓女进入“妓女感化院”，但她们中有些人憎恨严厉的规则，拒绝悔过。同样，面对严苛的规章制度，“洛克收容所”的一些妇女起而反抗。1787 年和 1788 年，许多妇女觉得难以忍受而选择离开。1787 年 7 月到 1788 年末，约 16% 的妇女自动离开。一个离开的妓女抱怨道：“总是想着自己的

① F. M. L. Thompson, “Social Control in Victorian Britain”, *The Economic History Review*, New Series, Vol. 34, No. 2, 1981, pp. 189 - 208.

② Ibid., p. 193.

③ J. M. Goldstorm, “The Content of Education and the Socialization of the Working - Class Child, 1830—1860”, in McCann, ed., *Popular Education*, pp. 106 - 107.

罪过让我觉得自己如此悲惨。”① 中产阶级力图通过这些感化院和收容所的训导和教化，促使这些沉沦妇女脱离妓女生涯，从而维护社会风气与秩序。同时，根据中产阶级的道德标准和价值观念，来改造和重塑这些妇女的道德意识和身份认同。因此，这些妇女被视为道德改革的对象，要为其过去的罪恶生活感到羞耻并彻底与之隔绝。改革者和慈善家认为，通过两年的隔离静居，加之道德和宗教训导，可以将这些社会弃儿转变成体面的工人阶级成员。然而，当这些妇女重返社会，发现她们可从事的工作大多工资很低，要继续忍受剥削和贫穷。因此，在救济院得以治愈和释放的许多妇女又选择重回旧路。

中产阶级慈善家拯救失足妇女的意图是良好的，但他们并不了解工人阶级的道德观念与生存策略，特别是工人阶级妇女，她们有自己的性别认同和道德准则。恋爱和婚姻习俗也有阶层差异，在工人阶层，婚前性行为和未婚怀孕被认为是平常的；对工人阶级妇女而言，贞洁有不同的含义，由于经济原因偶尔充当妓女在已有性经验的妇女当中是比较普遍的。因而，这些教化机构的许多受助人并不认为她们自己是不道德的罪人。② 与此同时，中产阶级男性秉持双重道德标准，将妇女视为社会道德堕落的唯一责任方，惩罚和隔离她们，却忽视男人的罪责。

尽管许多受助人都感激慈善活动提供的救助或服务，但也有人不喜欢慈善家的傲慢，认为申请慈善是一种羞辱的行为。工人阶级，尤其是激进主义者，厌恶中产阶层在慈善活动中的道德与宗教意识形态的植入。宪章运动成员亨利·文森特（Henry Vincent）强烈谴责慈善施舍，他说，“我厌恶这些伪善的慈善之辈，当一个人接受慈善时，他也由此自降身份”。③

---

① Frank Prochaska, “Philanthropy' in The Cambridge Social History of Britain, 1750—1950”, F. M. L. Thompsoned, Vol. 3, Cambridge University Press, 1990, p. 376.

② Maria Isabel Romero Ruiz, “Gender Policy, the London Lock Asylum Committee (1836—1842) and the Asylum”, *Atlantis*, Vol. 33, No. 2, pp. 123 - 136, 134.

③ Brian Harrison, “Philanthropy and the Victorians”, *Victorian Studies*, Vol. 9, No. 4, 1966, p. 370.

慈善活动目的之一在于换取穷人的服从，确保受助人遵从体面可敬的规则。然而，近来对下层大众心态的研究表明，这一必需的恭敬很可能只是一种公共表演，而非个人真实意愿。①

慈善活动基于志愿主义，通过捐助在施者和受助人之间形成一种礼物关系。捐助者因而要求受助者遵照值得救助的标准。但慈善本质仍是一种交换关系，这一交换可能是不对等和不均匀的，却是潜在和不言自明的。这一交换背后蕴含着特定的文化场景、权力关系、社会界限及其相应的身份话语权。如中产阶级表达出对女性的性贞洁，性道德的观念，通过分类、监测和干预来对妓女施行性别政策。这种“非官方”的政策表明中产阶级尝试通过不同形式的“权力的毛细管”，如救济院、监狱、济贫院、医院、学校等来施行他们作为上级阶层的领导权，监管穷人的社会行为。②这在一定程度上证明了福柯的观点，维多利亚时期的中产阶级通过树立“值得救助与不值得救助”“公共与私人”“体面与堕落”的二元对立观点，建立起了相应的权力话语体系。

二　分化与融合

18—19 世纪，在经济变革的冲击下，英国传统社会的等级制度相对衰退，地理和社会流动迅速增长，社会结构也出现了相应变化。社会地位、等级、职业、收入、财富和生活方式等构成了阶层分化的标识。转型时期，社会分化与社会融合问题更为复杂。

这一时期，英国城市虽然聚集了大规模的人口，但社会内部是高度分化的。近代伦敦，移民众多，人口流动性较强。在此期间，出现了社会群

① Steven King and Alannah Tomkins eds.，*The Poor in England*，*1700 - 1850*：*An Economy of Makeshifts*，Manchester University Press，2013，p. 95.

② Maria Isabel Romero Ruiz，“Gender Policy，the London Lock Asylum Committee（1836—1842）and the Asylum”，*Atlantis*，Vol. 33，No. 2，pp. 123 - 136，135.

体的分化，如贫富分化，西区的富人区和东区的贫民窟形成了鲜明对比，贫富悬殊导致社会矛盾的激化；宗教信仰方面，分属于不同教派；因职业、地域等各种因素而导致的群体和阶层之间的分化。巨大的阶层差异和群体分立，不利于社会共识的形成，人们逐渐基于贫富、贵贱立场来决定自己的态度，形成自己的立场和观点。

18 世纪，伦敦兴起了联合慈善的浪潮，即一群人为某一目标，进行规划，集体认捐，设立慈善机构。18—19 世纪，各种慈善活动构成一个融合不同出身、行业和政治派别等各种人群的公共空间。伦敦众多的慈善组织是在中产阶层的集体努力之下形成的。然而，中产阶层是基于财产标准的一个宽泛定义。在这个群体内部，存在宗教信仰、政治派别、地域和行业等各种区别。而在共同的慈善活动中，这些因政治派别、宗教信仰而彼此歧异和分散的人群得以融为一体，不同身份、地位、政见、信仰和派系的人聚集于一堂，共同商议并解决问题。在此过程中，中产阶层逐渐形成他们自身的集体意识和凝聚力，由此成为一个阶级。对于大量中产阶层而言，参与慈善活动也是寻求社会认同和建立社会关系的重要途径。因此，慈善组织及其目标既体现了中产阶层社会精英所致力塑造的理想社会的蓝图，也成为滋养新型社会关系的领地。

作为一个新兴的社会群体，他们希冀通过参与公共生活获得身份认同和集体归属感。在此过程中，经过多个慈善机构的合作与共事，以一些慈善家为中心，形成了相应的慈善群体。乔纳斯·汉韦（Jonas Hanway）是 18 世纪中后期伦敦的著名慈善家，投身慈善活动 30 年，创建了“海事协会”和“妓女感化院”，促进议会通过两个保护贫困孩童的法令。18 世纪中后期的伦敦，以汉韦为中心，形成了一个慈善家群体并活跃于多个慈善机构。如银行家弗雷泽·霍尼伍德（Frazer Honywood）兼任“妓女感化院”和“海事协会”的理事；大商人约翰·桑顿（John Thornton）和罗伯特·丁利（Robert Dingley）都同时兼任“育婴院”“海事协会”和“妓女感化院”的理事。南海公司的董事托马斯·爱德华·兹弗里曼（Thomas Edwards Freeman）也是“妓女感化院”的理事。银行家约翰·霍尼伍德（John Honywood）是“妓女感化院”和“海事协会”的理事。在唐娜·安德鲁统计的18世纪50—60年代的85个委员会成员中，其中过半同时供职于4个乃至更多的慈善机构，约18人供职的慈善机构达6个乃至更多。[①] 这些人或有过生意往来，或在慈善活动中共事。在这些联系与合作的基础上，构成了相应的慈善群体。联合慈善的民主性质，为捐助人提供了切实的政治经历。这一经历调动了成千上万不列颠人参与国家问题和社会治理，并且促进英国国家的政治和社会的融合进程。

在慈善活动中，下层民众通常是受助人，各种各样的慈善组织是穷人遭遇困境时重要的求助对象。慈善组织不仅为伦敦贫民提供了教育、医疗等公共资源，也是扶危济困的重要手段，为老弱病残人士，失业或贫苦之人提供必要的救助。通过各种慈善救助及走访协会，富人因而对穷人的状况有更多理解。这些慈善活动不仅是为了维持秩序，也有真正的人道主义关怀。慈善组织成为沟通贫富之间的桥梁，不仅调剂资源，缓解矛盾，也有助于促进阶级融合与合作。

19世纪中期，中产阶层与劳动阶层的慈善合作更为普遍。慈善活动中的合作有利于英国都市社会各阶层的融合。这一过程中出现了阶级合作，如富人帮助他们的穷邻居，建立和经营勤俭互助会（Provident Societies）、储蓄银行、贫民儿童免费学校和主日学校、产科和访问慈善机构、妈妈会、传教协会、衣服和靴子俱乐部、禁酒协会和乡村图书馆等各类慈善组织。这当中，中产阶层给予资助和建议，劳工阶层也逐渐从被动接受，变成主动参与。18—19世纪，不同阶层在慈善活动方面的合作更为普遍。慈善合作体现于一系列的活动当中，如为灾难募捐、妈妈会、圣经协会等。

---

① Donna T. Andrew, *Philanthropy and Police: London Charity in the Eighteenth Century*, Princeton, 1989, p. 79.

在这些活动当中，工人阶级成员作为受助人；小额认捐者；或作为工作者，如圣经妇女、传教访问员、募捐工作者等多种身份出现和参与，这些参与的结果促进了社会融合。通过访问协会，许多福音派的中产阶级通过与穷人的第一手接触并为其提供切实的帮助。这一定程度上突破了阶级孤立。

有学者认为慈善活动将精英阶层联系在一起，有助于形成阶层共识，如将托利党人和辉格党人、安立甘和不信国教者联合起来追求共同的目标。19 世纪，志愿慈善机构的认捐机制，作为一个联合中产阶级的方式，确实锻造了这一阶层的身份和文化认同。罗伊·波特（Roy Porter）观察到，医院是被设计来超越党派和宗教分立的。保罗·兰福德（PaulLangford）认为这些机构实际上有助于创造一个有产者的利益联合。[①] 医院等慈善组织意在减少党派冲突，而他们成功地缓和了其影响。18 世纪 70 年代，许多医院在其文献中也表达了类似的说法。当代的布道词也出现了相关的呼吁。[②] 而当代人的观察却发现了相反的情况。威尔逊（Wilson）研究发现，几个慈善组织负责人都具有特定的政治或宗教教派认同。无论是伦敦还是省城，各个医院背后都有主导的党派势力，如威斯敏斯特医院的创立者主要是托利党人；1740 年成立的伦敦医院，是由一些辉格家族和辉格派认捐者赞助支持的，1745 年建立的米德尔赛克斯医院也是辉格派的。威尔逊（Wilson）认为，通过分析医院的经营理事的党派政治倾向，展现了党派分野的早期阶段。

在慈善组织的具体经营中，除了阶层融合与阶级之间的合作，也存在阶层紧张对立乃至冲突。为了解决资金不足问题，伦敦一些志愿医院先后设立了星期六基金，广泛吸收工人阶级的捐资。1898 年，伦敦的星期六基

① Paul Langford, *A Polite and Commercial People—England 1727 - 1783*, Oxford: Clarendon Press, p. 28.

② Wilson A., "Conflict, Consensus and Charity: Politics and the Provincial Voluntary Hospitals in the Eighteenth Century", *English Historical Review*, 1996, Vol. 111, pp. 599 - 619.

金一年募集了17029英镑，占伦敦所有医院资金的7%。尽管如此，伦敦的志愿医院仍反对从星期六基金选举一些工人阶级理事。伦敦以外的地方也有类似的情况。① 伯德特（Burdett）欢迎工人阶级的参与捐助，但不接受这些工人阶级获得相应的管理权力。伦敦志愿医院的多数理事和伯德特（Burdett）持同样的观点。他们认为星期六基金仅仅是作为一个筹资的委托机构，由成千上万人贡献，因而不能被看作是一个认捐者。② 即使不得已从工人阶级中任命了理事，但其管理权限很难落实到具体。1883年，伦敦的23个医疗慈善机构都同意从基金中任命一名工人代表。然而，志愿医院的中产阶级理事们试图限制星期六基金的工人代表们发挥影响。1879年，“儿童医院”（the hospital for sick children）曾同意任命一名基金的工人代表作为理事，却设法限制该工人代表参加总理事会，将其摒除管理委员会之外。即使基金的工人理事成为委员会成员，中产阶级理事故意选择工人理事无法到会的时间开会。反对和限制工人阶级理事的举动体现了不同阶级之间的对立与紧张。工人阶级代表的日益成长，特别是随着城市工人阶级选区的明显增长，加上独立工人阶级的政治运动。这些工人阶级政治力量的发展，在中产阶级看来是一种威胁，可能影响社会的稳定。③ 当工人阶级要求更大的参与权利时，医院理事试图抵制任命工人阶级理事，这可以视为社会精英试图保护他们的利益和权威。④

无论是中产阶级还是工人阶级，阶级认同和联合都因共同行动和相关网络而得以加强，但也需注意其程度，在中产阶级主导的慈善活动中，工

---

① Keir Waddington, “Subscribing to a Democracy? Management and the Voluntary Ideology of the London Hospitals, 1850—1900”, *The English Historical Review*, Vol. 118, No. 476., 2003, pp. 357 - 379, p. 376.

② Ibid., p. 377.

③ Ibid., p. 378.

④ Ibid.

人阶级男性通常是被排除在外的，而妇女是被边缘化的。[①] 伦敦的志愿医院仍由社会精英主导，他们是有资金、时间，以及相应的技能来运营慈善组织的慈善家们。对他们而言，志愿组织不只是作为一个获取社会地位的工具，而是借此体现他们已经获得的社会和经济资本，重申中产阶级和上层的社会和阶级价值。

工业化及相应的社会大生产，形成一个建立在高度分工合作基础上的专业化社会，它的维持有赖于充分理性化的社会职能机构，更有赖于超越传统血缘、地域的普泛性社会团体。通过与道德重建同步进行的社会组织重建，教区、行会等传统社会组织解体后出现的空白得以填补，都市喧嚣中孤寂如无根之萍的个人得以重获社会归属感，从而使全社会在有序流动基础上得以有机整合。分立的个体在慈善组织这一平台上联合起来，共同参与社会治理，在此过程联结的社会关系较有活力，有助于社会的稳定和共同文化之形成。但也要注意，阶级冲突与群体利益的差异乃至对立同时并存，呈现一个混杂多元的情势。

本章小结

本章从两个方面探讨慈善组织与伦敦城市社会变迁之间的互动关系。一方面，慈善组织提供了种类繁多、数量可观的救助和服务，通过慈善活动实现了财富的再分配和资源的再配置，一定程度上减轻了广大底层民众的苦难，为缓解这一时期的社会矛盾发挥了重要作用。因此，慈善组织及

① Keir Waddington, “Subscribing to a Democracy? Management and the Voluntary Ideology of the London Hospitals, 1850—1900”, *The English Historical Review*, Vol. 118, No. 476, 2003, pp. 357 - 379, 379.

其活动成为维护社会秩序，加强都市社会治理的重要手段。

另一方面，作为公共性机构，慈善组织在创建和运营的各个环节，充分体现了这一时期英国社会结构的变化，以及社会关系中的融合与分化。伦敦社会精英试图通过慈善活动，调动社会资源，进行社会整合，修补社会失范的裂缝，在此过程中形成了多个维度的社会关系。首先，大量中产阶级借由慈善活动，得以参与公共事务和城市社会治理，从而有助于形成其身份认同和群体意识。其次，中上阶层试图通过慈善活动来推广自身认可的价值观念，以此教化民众。最后，下层民众对于中产阶级的教化努力反应也是多样的，展现了融合与冲突的并存。

第六章　慈善组织与英国福利制度的发展

陈晓律先生指出："把握法治化、民主化与社会保障制度化，就可以基本把握英国历史发展的轨迹。"①理解英国现代福利制度，势必要追溯之前慈善组织的活动及其影响。英国以伦敦的慈善组织最为发达，其中有些慈善组织的影响不仅仅限于伦敦。许多新的慈善形式如主日学校、门诊等，在伦敦创始而后辐射至全国。全国性的慈善组织，往往在伦敦设立中心。此外，伦敦慈善组织虽然基于本地运作，但着眼国家大势，以促进国家利益为宗旨。因而，以伦敦慈善组织为样本，探讨其与英国福利制度的发展之间的关系是可行的。

第一节　慈善活动的局限与争议

19 世纪上半叶，伦敦的慈善事业极为繁荣，慈善组织的增长非常迅速。但 18—19 世纪伦敦人对待慈善的态度甚是矛盾，一方面，忙于应对各种救济需要，另一方面，不乏对慈善滥用的担心与防范，既有热忱的奉献者，也有严苛的批评者。这一时期，慈善活动的增长也伴随着社会

---

① 陈晓律、于文杰、陈日华：《英国发展的历史轨迹》，南京大学出版社 2009 年版，第 1 页。

的批评之声。

对于18世纪，尤其是19世纪伦敦慈善活动的繁盛，时人和历史学家都深有感触。历史学家在对当时各种各样的慈善活动表示赞叹之后，往往得出结论：尽管慈善事业极为繁荣，但它们无力承担工业都市社会福利体制的重任，势必由国家来干预和负责。如历史学家格雷认为："比之总体的匮乏和需要，救济努力是远远不够的。"①大卫·欧文认为，在1820—1860年，面对快速城市化带来的各种后果，私人慈善虽然能够缓解一些不幸，解决一些困难，但其成就仍是有限的，仅仅在提升穷人物质环境方面有所作用，却无力改变都市贫困的基本事实。尽管犹豫拖沓，但政府在改善城市生活方面比私人慈善更为得力。②

与之相反，18—19世纪的一些伦敦人却为慈善过度而担忧。一方面，社会舆论普遍强调穷人应该独立且自助，社会只在必要的时候施行有限的救助，防止穷人依赖慈善救济。另一方面，各种慈善组织层出不穷，慈善活动如火如荼。于是，当时的伦敦社会出现了两个并行的声音，一个呼吁在救济时进行更大程度的辨识，仅提供有限的救助，以"助人自助"为原则，即救助只是为了让穷人恢复自立；另一个面对各种各样的慈善活动，谴责和反对过度慈善。

从18世纪到19世纪，伦敦关于慈善之界限的争议贯穿始终，但有一个共识：慈善的危险在于不加区分，没有界限。人们普遍认为，一旦给予机会，大多数穷人都会选择一种依赖上层或公共施舍的容易生活。"批评者认为不加辨识的慈善会削弱个体性和个人责任，尤其是对接受者方面没有要求相应的责任时。它们创造了一种众所周知的'依附性'文化，而不是一种由负责任的，自主的主体构成的社会。一种熟悉的观点是，如果某

---

① B. K. Gray, *A History of English Philanthropy*, *from the Dissolution of the Taking of the First Census*, London: P. S. King & Son, 1905, p. 283.

② David Owen, *English Philanthropy*, *1660 - 1960*, Cambridge: Harvard University Press, 1964, p. 163.

种社会利益实际上可以无成本地获得，那么它就会鼓励获利群体的规模不断扩大，这有时被称为‘道德风险（moral hazard）’问题。”①因此，施善者不得不小心谨慎，只给真正需要的人提供帮助，而避免穷人形成依赖的习惯。这些信念是深入人心的。慈善机构在其出版文献里，大多特意强调：只救助值得救助的人。如“综合诊所”在规章制度的第15条中规定：本机构只救助值得救助的，真正需要的穷人。②慈善组织往往声称自己所救助的穷人都是经过甄别和选择的，为此，许多慈善机构设计的接收程序相当复杂。总体而言，社会主流观念普遍强调穷人应该自立自助，慈善机构须实行辨识救济，只提供有限救助。

尽管如此，伦敦的各种社会问题却激发了无数的慈善努力。这一时期慈善活动之丰富，令后人感叹。19世纪40年代，历史学家詹姆斯·斯蒂芬爵士（Sir James Stephen）将这一时期称为“慈善协会的时代”，因为“为每一种悲伤……都有相应的庇护人、副理事长和认捐者”。③在19世纪50年代的伦敦，一个失足妇女可以向不少于25个乃至30个感化院寻求从良帮助。④ 19世纪中期，慈善活动的范围非常广泛，几乎每一种疾苦都有相应的慈善机构。这一时期，伦敦有几百个慈善协会，几千个访问者、资金筹集者、组织者和捐助者，展现了一种无与伦比的慈善狂热，以此对抗各种社会弊病。一些著名的慈善家成为这个时代的英雄，还有无数的无名英雄。他们视慈善为消除或缓解这样一个都市、工业和资本主义社会里可怕罪恶的唯一希望。⑤

---

① ［英］诺曼·巴里：《福利》，诸建国译，吉林人民出版社2005年版，第16页。

② *An Account of the General Dispensary for Relief of the Poo*, London, 1776, p. 17.

③ Frank Prochaska, *The Voluntary Impulse*, *Philanthropy in Modern Britain*, London: Faber and Faber Limited, p. 39.

④ David Owen, *English Philanthropy*, *1660 - 1960*, Cambridge: Harvard University Press, 1964, p. 163.

⑤ F. David Roberts, *the Social Conscience of the Early Victorians*, Stanford: Stanford University Press, 2002, p. 229.

整个19世纪，伦敦的慈善活动迅速发展，涌现了针对各种问题的各种慈善组织。疾病、贫困、犯罪、失业、老年，以及其他疾苦都有特定的慈善机构，甚至有好几个。伦敦的慈善组织在种类和数量上都很庞大，为穷人的生活提供了一切可能需要的救助。“从摇篮到坟墓，围绕他们的都是各种各样的慈善，穷人为急切的慈善所环绕。”① 牧师威廉·斯通（William Stone）生动地描绘了一个假设的纺织工人家庭的情形，这个家庭获得了慈善机构提供的所有免费机会，悲剧的是这个家庭的后代最后成为乞丐。“他获得免费的抚养、免费的衣服、免费的教育、免费的学徒训练机会、免费的医疗。他的孩子也是免费地出生和养育，获得免费的衣服、教育和医疗，等等。他唯一可以偿还社会的是他的葬礼。”②

有些人对慈善可能的负面影响提出警告。卡姆斯勋爵（Lord Kames）认为“英国善人们的过度慈善”助长了懒惰与贫穷。③ 人们对大量重复的慈善组织持怀疑态度，认为慈善之林充斥着许多小规模、低效和过剩的机构。他们支持提供教育和医疗等基本社会服务的必要的慈善机构，但对其他慈善机构持保留态度，甚至认为有些慈善协会是有害的，不值得投入如此多的资金。1850年，桑普森·洛关于伦敦慈善组织的数据出版后，《威斯敏斯特》（*Westminster*）的一篇评论将这个时代描绘为“愚蠢的温柔、病态的脆弱、非理性的感伤、不明智和有害的仁慈。在华而不实的面具之下，怜悯成为犯罪，而善行变得可厌……我们对每个人都很善良，除了对社会”。最后，该评论者断言：“推行慈善如同没有文凭的医生行医一样危险。”④

---

① Hugh Cunningham and Joanna Innes, *Charity, Philanthropy, and Reform: From the 1690s to 1850*, New York: ST. Martin's Press, p. 46.

② David Owen, *English Philanthropy, 1660 - 1960*, Cambridge: Harvard University Press, 1964, p. 168.

③ Eden, F. M., *The State of the Poor: or, an History of the Laboring Classes in England, from the Conquest to the Present Period*, London, 1797, I, p. 458.

④ David Owen, *English Philanthropy, 1660 - 1960*, Cambridge: Harvard University Press, 1964, p. 168.

这些抱怨与批评是伦敦慈善活动中持续的反对力量。批评者不仅指摘慈善组织的机制缺陷，而且认为大量的慈善活动会鼓励穷人依赖救济，使得穷人习惯依赖他人而非靠自身努力来生活。因此，这些慈善组织是有害而非有益的。他们指责许多慈善组织的活动是不经考虑和冲动的回应，这可能更大程度是助长罪恶而非行善。然而，必须意识到，尽管这些批评有一定依据，他们一般夸大了慈善资源的能量，同时低估了慈善活动的任务之艰巨。

19 世纪中后期，在社会矛盾日趋激烈的情况下，混合福利经济中的有限政府和基于志愿主义的各种慈善组织，能否应对繁重的社会问题？朗特里（Rowntree）肯定约克郡慈善活动的重要性，但他认为慈善活动的总体作用仍是有限的，接受慈善救助的大都是生活在贫困线之下的穷人，如病人、失业人员，或是孤儿寡妇，而这些人中通过慈善救助得以改善生存状况仍是极少数。[①] 伦敦的社会弊病远远超出私人慈善的承受能力。尽管慈善组织在其年度报告中依然乐观。然而，独力对抗城市社会问题，慈善显然是力不从心的。走访协会无数次访问贫民窟，但贫困、疾病、过度拥挤、无知、绝望和犯罪仍然持续。社会问题（庞杂）和慈善资源（有限）这两者的不对称关系已引起时人的怀疑和忧虑。虽然慈善组织数量众多，规模庞大，但涉及的范围和程度仍是有限的。工读学校所管教的少年只是极小部分。慈善医院和诊所只能救助一小部分病患，大部分人未能获得这一服务。比之总体的匮乏和需要，救济努力是远远不够的。这一匮乏的根源在于现代国家在工业化转型过程中出现的持续的不平等。大卫·罗伯特（F. David Roberts）严苛地指责：“在整个英国，志愿主义的狂热不仅未达到目的，反而经常激发对政府改革的反对。”[②]

---

① Geoffrey Finlayson, *Citizen, State, and Social Welfare in Britain 1830 – 1990*, Oxford University Press, 1994, p. 108.

② F. David Roberts, *The Social Conscience of the Early Victorians*, Stanford: Stanford University Press, 2002, p. 256.

由于慈善组织的随意性和缺乏规划，一些问题得到过度关注，而另一些则缺乏关注。许多慈善工作止于表面而实际效果有限。1834 年，福克斯（W. J. Fox）写道："英国公共社会道德敏感性最糟的地方在于，如此的不规则且部分受激。大多只停留于表面（而没有深入内部），因而通常将注意和努力从国民道德败坏的根源和主干转移开来，而关注某些细枝末节。"①

19 世纪伦敦慈善组织的低效与其数量大肆增长且缺乏合作有关。类似的机构之间存在大量的重复努力和浪费性竞争。慈善活动的来源和动机是复杂多元的，由不同群体主办，有各自的原则和宗旨。即使有协调机构，如慈善组织协会的指导与整合，慈善努力通常是重叠和重复的。不同派系和群体之间的冲突，如宗派主义和教派矛盾，政治党争等因素是阻碍合作的原因之一。慈善机构关注自身的救助对象，呼吁甚切，却忽视了社会弊病的相互关联。因而在那些最需要合作的地方却促进了竞争。② 慈善组织之间的竞争是普遍的。以医疗领域为例，19 世纪 60 年代，伦敦至少有 6 个眼科医院，大部分坐落在泰晤士河以北。③ 一方面，大量慈善医院给公共社会提供了多样化的选择；另一方面，这些医院在同一个领域工作而没有彼此的合作，且对其各自的活动知之甚少。竞争性和重复性的服务引发了对慈善的批评。1758 年 5 月《绅士杂志》（*Gentleman's Magazine*）评论道："不同医院的公开竞争以及庇护人之间的相互抵牾憎恶，可能是偏见使然。只有调解这些可笑的宿怨纷争，慈善精神才能继续。" 有时慈善组织拒绝相互协作。1770 年 12 月，当"综合妇产科医院"（General Lying - in Hospital）为了安置接生的孤儿寻求育婴院的帮助，而育婴院的回复是他

① Frank Prochaska, "Philanthropy", in *The Cambridge Social History of Britain, 1750 - 1950*, F. M. L. Thompsoned, Vol. 3, Cambridge University Press, 1990, p. 367.

② Ibid.

③ F. K. Prochaska, *Philanthropy and the Hospitals of London: The King's Fund, 1897 - 1990*, New York: Oxford University Press, 1992, p. 8.

们必须和其他人一样等待机会，不提供特别的帮助。[①]“妓女感化院”曾试图与“洛克医院”合作，将其女病人送往“洛克医院”治疗，但后者反应很冷淡。[②]历史学家格林（J. R. Green）如此评价伦敦东区的慈善活动："100个不同的机构在同一个地方从事救济工作，却没有协调或合作，甚至对彼此的努力一无所知。结果是冒充与欺骗的空前增长。"[③]在伦敦的某些地区，一个穷人家庭一周可能面临四五个不同协会的访问员的轮番造访。慈善组织之间缺乏合作意味着穷人的重复申请相当普遍，这会促进未加辨识的资金分配。而这些钱的可获得性不利于受助人的节俭和自助。

18世纪以来，伦敦慈善界一直试图整合和优化慈善资源。19世纪末，这一任务显得更为紧迫。慈善家们也意识到慈善活动的局限性。“伦敦慈善组织协会”试图整合慈善资源，但实际运作中，该协会所设的下属地方委员会的表现参差不齐。有些地方委员会确实很有效率，有支薪员工和志愿者，积极推行协会的严格准则；也有些地方委员会效率很低，对待社会问题的态度更为消极，施行官方政策的意愿较低。[④]

正因如此，这一时期的慈善活动既是有限的，又是过度的。或许这正解释了在一个崇尚个人自立，强调节俭自助的社会里却有如此之多的慈善活动的悖论。德尔克·弗雷泽（Derek Fraser）认为维多利亚时代慈善活动的丰富多样和范围广泛既是“对一代人的无限仁慈的证实”，也是“对所有自助概念的含蓄谴责”。[⑤]

---

① Donna T. Andrew, *Philanthropy and Police*: *London Charity in the Eighteenth Century*, Princeton, 1989, p. 127.

② Kevin P. Siena, *Venereal Disease*, *Hospitals and the Urban Poor*: *London's "Foul Wards"*, *1600 - 1800*, Rochester: University of Rochester Press, 2004, p. 243.

③ Derek Fraser, *The Evolution of the British Welfare State*: *A History of Social Policy since the Industrial Revolution*, New York: Palgrave Macmillan, 2003, p. 135.

④ Geoffrey Finlayson, *Citizen*, *State*, *and Social Welfare in Britain 1830 - 1990*, Oxford University Press, 1994, p. 121.

⑤ Derek Fraser, *The Evolution of the British Welfare State*: *A History of Social Policy since the Industrial Revolution*, New York: Palgrave Macmillan, 2009, p. 148.

关于慈善活动的地位与作用，学界认知经历了一个变化历程。20 世纪 40—80 年代，辉格进步史观占据主导地位。学者们对慈善事业的作用持怀疑态度，认为慈善活动作用有限，不足以应对工业都市社会的复杂问题，福利国家才是历史发展的必然。大卫·欧文（David Owen）认为，近代英国的慈善事业从社会改良的唯一手段变为国家社会福利体系的一种有益补充。面对复杂多样的社会问题，慈善机构力不从心，最终让位于国家政府承担公共救济的职责。杰弗里·芬利森（Geoffrey Finlayson）指出，20 世纪七八十年代的历史学家们批评维多利亚时代的慈善，认为慈善活动充斥着道德规训，是精英主义而非平等主义的；在实际效果上，志愿慈善组织加上一个基于地方的最低限度的政府，只能缓解而非治愈社会问题；在提供服务方面，慈善组织是业余而非专业的，提供的救助往往是零散、重叠、浪费而非妥善规划的；在意识形态上，历史学家们批评慈善是伪善的，或是侮辱性的。[①]因此，在这些历史学家看来，慈善活动的作用有限，反而妨碍政府的统一行动。

80 年代以来，福利国家遭遇的问题和挑战激发了史学界对志愿行动的兴趣，开始重新审视慈善活动的作用。尤其是 80 年代末，相关论著密集出现，掀起了关于福利问题的研究热潮。科林·琼斯（Colin Jones）[②]指出，如今学者们更倾向于将福利国家视为一种历史选择而非不可避免的结果。英国学者乔安娜·英尼斯（Joanna Innes）认为近代早期英国存在混合福利经济，慈善活跃于济贫法未能顾及的地方，如教育和医疗领域。[③] 杰弗里·芬利森（Geoffrey Finlayson）提出了福利的“移动的边界”的说法（“moving frontier” of welfare）——强调国家、志愿组织、市场

---

① Geoffrey Finlayson, *Citizen, State, and Social Welfare in Britain 1830 – 1990*, Oxford University Press, 1994, p. 166.

② Colin Jones, *Some Recent Trends in the History of Charity*, 1998.

③ Joanna Innes, “The ‘Mixed Economy of Welfare’ in Early Modern England: Assessments of the Options from Hale to Malthus (c. 1683—1803)”, in Hugh Cunningham and Joanna Innes, eds., *Charity, Philanthropy and Reform: From the 1690s to 1850*, Macmillan Press, 1998.

和家庭在提供福利供给方面并存且不断变化的角色，以及他们之间的相互作用。①

当时人以及历史学家的批评过于侧重慈善组织及其活动的缺陷，对慈善活动的历史贡献和积极作用没有给予合理评价。如今，部分学者开始倾向于解释政府的干预和福利制度的发展，不只是因为志愿主义的有限，而是集体主义和个人主义之间的政治斗争的结果。近来学界强调福利供给的多元化模式，更加侧重立法救济和社会慈善之间复杂的相互作用，承认长期持续性的重要性。

18—19 世纪，在英国的混合福利经济中，基于志愿主义的慈善组织，在有限政府的社会现实中，提供了必要的救助，是过渡时期的社会应对。在此期间，社会慈善和立法救济并行，19 世纪末，英国开始由个人主义向集体主义、社会向国家的转变当中，慈善组织的角色和功能也发生了相应的变化。

第二节　从先行者到新伙伴

18—19 世纪，英国混合福利经济中的成分和比重呈现明显变化。在此过程中，慈善组织与政府部门的关系也经历了不同阶段的发展。19 世纪后期到 20 世纪上半叶，英国政府通过大量社会立法，逐步建立福利制度。在此期间，慈善组织从社会福利供给的先锋角色转变为国家福利制度的辅助力量。大量慈善组织及其活动，在创新发展救助的制度、方法和形式方面，以及在教育和医疗等公共服务领域做出了贡献，培训了大量的社会工

① Geoffrey Finlayson, "A Moving Frontier: Voluntarism and the State in British Social Welfare, 1911—1949", *Twentieth - Century British History*, 1990, pp. 183 - 206.

作人员。作为先导，慈善组织对英国福利救助和公共服务方面的制度化发展无疑具有重要作用。

一　慈善组织与政府部门的关系变化

18 世纪以来，伦敦慈善组织与国家政府的关系经历了三个阶段的变化历程：18 世纪，慈善组织基本上属于独立运作；19 世纪上半叶，在提供公共服务方面，慈善组织占主导地位，国家政府属于从属地位，偶有合作；19 世纪末，国家政府开始逐步构建福利制度，成为社会福利的主要提供者，而慈善组织处于附属地位，两者既竞争又合作。

19 世纪之前，伦敦慈善组织及其活动是完全独立的志愿行为。1601 年，都铎王朝同时颁布了《济贫法》与《慈善法》。英国较早形成以济贫法为基础的官方救济和以 1601 年慈善法为基础的社会慈善，两者并行不悖。政府对慈善组织只在法律层面予以适当的规范和支持。

18 世纪，伦敦慈善组织大多是自发的民间活动，由私人捐助和管理。如果这一活动为国家所认可，可能有临时或试验性的帮助。如传染病医院因其特殊性，官方资助通常是其资金的重要来源。“伦敦育婴院”在 1756—1760 年获得议会资助。但慈善机构接受官方资助后，因其半官方的性质，也可能导致社会捐助的下降，人们以为该机构不再需要社会资助。这可能也是绝大多数慈善组织坚持志愿原则的原因之一。这一时期，慈善组织是社会服务的主要提供者，承担了大部分福利职能，而国家与政府在社会公共服务方面的责任和负担较小。

1834 年新济贫法施行之后，济贫法与慈善组织一定程度上形成责任的分野，各司其职。济贫法负责应对那些不值得救助的贫民和无劳动能力的群体，强制体健穷人从事繁重劳动，通过济贫院的严酷条件来达到惩贫目的。而慈善组织通过预防或补救性的帮助，力图救助值得救助的穷人。济贫法和慈善组织各有分工，如慈善医院很少接收精神病、性病和其他慢性病人，这些群体大多被安置到济贫机构里。慈善医院更热衷于治疗急性病，这类病人康复较快，效果明显。1919 年，治疗结核病的慈善医院多达 79 个。[①] 政府部门则致力于救助传染病等关乎公共卫生的疾病，治疗传染病的公共医院迅速增长，1891 年时超过 350 个。[②] 对慈善医院而言，治疗传染病患者和老年贫民等慢性患者，在资源和效率方面都是不经济的，而急性病人能较快治愈，可以体现医院的效率和成功。作为依靠社会捐助的慈善医院，需要通过急性病人的迅速康复来证明其成效，从而使得捐助者确信其慷慨捐助获得了快速可见的回报。[③]

对比社会问题的繁重，资金不足是众多慈善组织的核心难题。资金的不稳定乃至匮乏往往关乎慈善组织的存亡。有时慈善组织不得不向政府救助。1854 年，“皇家救生船机构”（The Royal National Lifeboat Institution）接受了一笔政府资助，得以渡过财务危机。然而，1830 年之前，大多数慈善组织避免官方介入。19 世纪 30 年代之后，政府的干预程度加强。同时，越来越多的慈善协会向政府求助，尤其是那些慈善组织自身难以胜任，或需要政府立法来帮助贯彻目标的领域。整体而言，19 世纪中期之后，慈善组织与官方的合作更为普遍。

教育领域典型地展现了慈善组织与政府力量的关系变化：从私人主导到相互合作，再到官方掌控。1870 年教育法案出台之前，英国的初等教育主要由各种慈善学校提供。各个教派之间的竞争导致大量慈善学校的出现。但这些学校的主要目的在于巩固宗教信仰，无意也无能力提供世俗教育。1833 年，英国政府拨款 2 万镑资助两个慈善教育机构兴建校舍。这是政府的第一笔教育拨款。此后，政府加大资助力度。1833—1850 年，英国政府资助教育的经费从 2 万镑增长到 70 万镑。随着 1870 年教育法的颁行

---

① F. K. Prochaska, *Philanthropy and the Hospitals of London: The King's Fund, 1897 - 1990*, New York: Oxford University Press, 1992, p. 11.

② Ibid., p. 12.

③ Ibid., p. 10.

和教育委员会（School Boards）的建立，国家主导的教育体系逐渐形成。

1854 年，《青少年犯法案》（*The Youthful Offenders Act*）出台之后，在私人慈善设立的工读学校和劳动教养所中，慈善组织与政府形成了合作的伙伴关系。工读学校、劳动教养学校等慈善机构负责管教失足或犯法青少年。资金来源包括私人捐助、父母付费和政府补助。这些慈善机构属于半官方性质。政府为其提供法律认可与制裁，资金补助和一定的监管措施。这一互惠互利的做法，标志着官方机构与私人慈善之间协调与合作的开始。

1856 年，“贫民儿童免费学校”也成功争取到政府的资助。1856 年 6 月 2 日，政府发布了一份会议记录，为“贫民儿童免费学校”提供资助。支付范围和程度如下：房屋租金的一半；书籍、工具和产业训练材料等费用的三分之一；教师和助教工资的一半。另外，给每个孩童 50 先令的食物补贴。[①]

19 世纪以来，一些慈善组织开始更倾向与政府的合作。许多慈善组织的工作者发现，当他们的慈善活动与国家政策一致时，工作推进则相对容易。参与慈善工作的一些妇女认为在社会慈善和政府部门工作之间没有冲突，后者仅是前者的扩展。面对新的局势，志愿主义者开始认可政府职能的扩张，与政府在提供公共服务方面进行更大程度的合作。《伦敦弃儿的哭泣》（*The Bitter Cry of Outcast London*）的作者认为，只有政府才能完成住宅建造计划，“事实上，没有政府干预，很难在任何大规模的社会事务中得以有效推进……政府必须保障最穷困者的公民权，人们能够居住在卫生状况良好的房子里的权利……”[②] 残疾人和儿童相关的慈善机构所提供的慈善服务往往更为专业和昂贵，在财力有限的情况下，通常更积极欢迎

① H. W. Schupf, “Education for the Neglected: Ragged Schools in Nineteenth – Century England”, *History of Education Quarterly*, Vol. 12, No. 2, 1972, p. 172.

② Geoffrey Finlayson, *Citizen, State, and Social Welfare in Britain 1830 – 1990*, Oxford University Press, 1994, p. 79.

政府的帮助，如“防止虐待儿童的国家协会”和政府的儿童协会在救助贫民、流浪汉和违法者等人的孩子时，较早和政府展开合作。

在国家介入社会事务的过程中，需要慈善组织的合作与融合，然而，不能过分夸大这一进程的顺利和速度。古老的意识形态和实践不会遽然被取代，更通常是新旧交融。①在一些秉持传统价值观念的人看来，如洛克（Loch）、巴特利（G. C. T. Bartley）和托马斯·麦基（Thomas MacKay），政府给予的补助只会助长浪费性支出，不利于对审慎和节俭行为的鼓励。1907 年，“慈善组织协会”评论道：志愿主义和政府行动是无法共存的。19 世纪后期，在福利制度建设过程中，部分慈善机构融入国家福利体制。但这一进程并非一帆风顺。“贫民儿童免费学校联盟”的例子体现了慈善组织与官方合作过程中的矛盾心理。1870 年教育法令颁行之后，贫民儿童免费学校所面临的最大问题在于：在保留作为志愿组织的意愿和争取政府支持的必要性之间作出选择。后者的优势很明显，协会作为教育体制的正规组成部分可以永久性存续，同时可以获得稳定充足的资金。②然而，一方面，政府不愿全部接收这些参差不齐的学校；另一方面，“伦敦贫民儿童免费学校联盟”自身关于是否加入政府体制也犹疑不定，存在观点分歧。“伦敦贫民儿童免费学校联盟”的委员们认为，如果获得政府支持，会违背这些学校创建的初衷。这些学校主要提供宗教教育，他们担心接受政府资助后，学校会转而强调世俗教育。③ 更重要的是，联盟认为宗教教育最好由志愿机构承担，源于真诚信仰，自由行动，而不是简单服膺政府的规则和命令。因而，“伦敦贫民儿童免费学校联盟”的立场是，宁可在某些确定的局限性下运作，而不愿冒因外部强加的规范管理导致不愉快的改造

① Geoffrey Finlayson, *Citizen*, *State*, *and Social Welfare in Britain 1830 – 1990*, Oxford University Press, 1994, p. 207.

② H. W. Schupf, “Education for the Neglected: Ragged Schools in Nineteenth – Century England”, *History of Education Quarterly*, Vol. 12, No. 2, 1972, p. 172.

③ Ibid., p. 173.

风险。

在慈善医疗领域也出现了同样的情况。1890 年，上议院成立了一个委员会调查伦敦医院和公共诊所治疗穷苦病人的状况。调查结果批评伦敦医疗界缺乏系统协调，医院过分集中于泰晤士河以北，呈现浪费性竞争。该报告建议成立一个中央委员会来协调伦敦医院的管理。但经营伦敦慈善医院的理事们坚持捍卫他们各自的医院机构，不愿意卷入与他们竞争对手的改革或合作之中。他们中的一些人认为，医院之间的合作或被中央委员会监管，会威胁到慈善医院的自治和独立。①

1900 年，政府在社会保障方面的花费主要是济贫法方面的支出约为 840 万英镑。到 1913 年，随着国家保险法令开始实行，以及养老金法令，住宅、失业与健康保险等制度的建立，英国社会保障方面的支出升至 4340 万英镑。② 19 世纪上半叶，尽管来自政府的补助金可能超出某些慈善组织收入的一半，而且要接受政府的核证检查。然而，这些慈善机构仍试图保持基本的独立性。虽然部分慈善组织接受政府资助，但并未动摇志愿慈善优先于政府行动的观念。一些慈善家，不鼓励甚至试图延后国家在社会政策方面的干预。而 19 世纪的政府也没有意愿挑战这一信仰，即使给予某些慈善机构的资助力度越来越大。19 世纪 80 年代以前，人们普遍认为政府在福利政策方面的角色应严格限制在济贫法范围内。

然而，当问题单靠个体行动无法解决时，私人慈善的局限就显露出来。19 世纪，即便慈善组织如此之多，英国社会贫困问题依然严重且普遍。经济学家和社会哲学家如约翰·穆勒等人开始关注社会分配问题。穆勒指出：“只有在落后国家，增加生产仍是一项重要目标，在最先进的国

① F. K. Prochaska, *Philanthropy and the Hospitals of London*: *The King's Fund*, *1897 - 1990*, New York: Oxford University Press, 1992, p. 31.

② Geoffrey Finlayson, *Citizen*, *State*, *and Social Welfare in Britain 1830 - 1990*, Oxford University Press, 1994, p. vii.

家，经济上需要的是更好地分配财产。”① 从19世纪中期开始，知识界对贫困成因有更全面和深刻的认知。与此相应，政府对社会事务予以更多关注并开始承担相应的责任。

18世纪是慈善组织自发且自主的年代，基本上不受国家的管制、监督和资助。19世纪，尽管大部分社会福利仍由私人主导，但政府开始参与其中，予以一定程度的帮助和监管。历史学家格雷认为，1802年第一次全国人口普查令官方意识到其职责，因为对社会信息的搜集和了解是行动的前提。格雷认为，一旦国家知悉民生状况，便不可能永久无视他们的普遍苦难。这一时期，社会弊病无处不在，猖獗蔓延。广大下层民众在身体和精神上的贫困，不会因慈善的脆弱魔术而祛除。同时，对于社会状况的知悉和掌握，有助于政府形成对策。②

19世纪被认为是自由放任的时代，政府的管理职能基本处于最低限度，在公共服务、社会治安和管理等方面的投入非常有限。但政府的自由放任并非绝对的。19世纪，政府对慈善组织的监督与管理逐步加强。19世纪20年代，英国扩大了国家干预社会生活的力度和范围。1833年，英国通过了第一个工厂法令，限制童工的工时。议会也开始关注社会改革，如健康、环境卫生、住房、教育、交通、水的供应、公共浴室、街道照明和清洁、图书馆与公园等。所有这些社会改革与这一时期快速的经济增长和社会改革的努力有关。19世纪末，英国工人阶层的生活水准有了相当的提升。

19世纪中期开始，英国通过一系列立法，逐步完善社会福利制度。“社会保障制度化的问题，实际上，这也是一个国家现代化的成果最终落

---

① ［英］约翰·斯图亚特·穆勒编著：《政治经济学原理及其在社会哲学上的若干应用》下卷，赵荣潜等译，商务印书馆1991年版，第319—320页。

② B. K. Gray, *A History of English Philanthropy*, *from the Dssolution of the Taking of the First Census*, London: P. S. King & Son, 1905, p. 285.

实在个人层面最重要的制度安排。”[①] 19 世纪中期，英国的福利机制开始发展。此后，各种福利机构开始提供之前由各种慈善组织承担的公共服务，政府部门与慈善组织之间形成了一种竞争关系。19 世纪末到 20 世纪，政府力量逐渐增长，要求统一、持续和有效率地应对工业化社会的问题。国家权力在传统慈善领域的扩张，使得慈善组织只能从这些领域中退出。一些历史学家由此认为，随着国家的介入，慈善组织逐渐衰落。但国家公共部门与慈善组织之间同时存在竞争与合作关系。实际上，英国慈善组织的数量仍在继续增加，提供的救助和服务更为多样化，许多慈善组织转向国家尚未涉及的社会福利领域，从而扩展了公共服务的范围。

二 慈善组织的角色变化

18—20 世纪，英国的社会福利供给模式经历了重要变化，从基于本地教区济贫和志愿慈善，转为以国家为主导的福利制度，在此期间，慈善组织的角色也相应改变，从社会救助和社会福利的先行者变成了福利制度中的附属力量。20 世纪后期，伴随着福利危机，政府和社会开始重新思考福利供给多元性的必要性，志愿部门和慈善组织由此受到重视，成为国家福利体系的新伙伴。

慈善组织的活动是英国福利制度发展的先导。慈善组织领先政府部门，探索都市社会的各种问题。正是慈善组织将弃婴、妓女、性病患者和违法的青少年等弱势群体和边缘群体带入公众视野。在公共服务方面，慈善组织通常是先锋者。“乞丐协会”等慈善组织的活动为 19 世纪后期的社会工作做了必要的指引。志愿者收集的各种信息与社会统计为政府提供了许多信息，使后者意识到有必要承担更多的社会职责。简言之，各种慈善组织所关注的群体和涉及的问题在一定程度推动了公共服务领域的拓展。

① 陈晓律、于文杰、陈日华：《英国发展的历史轨迹》，南京大学出版社 2009 年版，第 274 页。

同时，针对某些特定问题和需要而成立的慈善组织及其活动，间接为政府和国家指出未来的行动方向。慈善组织往往最早识别和诊断某些问题，并进行相应补救措施的试验，形成可行的解决方式，最后导向公共资源之干预。20 世纪 30 年代，个人公正项目民意测验（PEP）一再强调国家福利服务受惠于志愿和慈善活动，并指出，“今天每一种公共服务的运作中都可以在志愿行动中找到根源”。①

社会福利的发展有赖于一代代具有公共精神的市民的无私奉献和个人努力。在伦敦众多慈善家孜孜不倦的努力下，慈善组织的活动为后来的福利制度建设指明了方向。同时，慈善组织的活动引起了公众对社会问题的关注，并且越来越认识到国家干预的必要性，一定程度上激励了政府社会政策的形成。从慈善学校、主日学校到贫民儿童免费学校等慈善教育为后来的全国范围的普及性的初等教育奠定了基础。历史学家大卫·欧文认为慈善事业的发达在一定程度上延迟了国家政府的介入。②

在英国福利制度建设过程中，部分慈善组织纳入了福利制度框架。贫民免费学校和工读学校为政府支持的初等教育打下了地基。1870 年，教育法令颁行之后，许多小规模的贫民儿童免费学校因无法达到教育委员会在改善设施和提升教育标准方面的要求而关闭，其他的贫民儿童免费学校则直接转为教育委员会下的公立学校。针对众多流浪孩童和违法青少年，慈善组织创设了多种管教机构，后来政府与这些慈善组织进行合作，并在此基础上形成了官方的相关机构。许多行业慈善机构所实行的养老津贴，也为后来政府的养老金制度所借鉴。19 世纪末英国在发展教育、医疗和其他公共服务体制时借鉴了慈善组织的经验，这些慈善组织的活动先于并且引导了国家行动。

---

① David Owen, *English Philanthropy, 1660 - 1960*, Cambridge: Harvard University Press, 1964, p. 7.

② Ibid., p. 119.

慈善组织的活动方法、活动领域及其创新举措也为福利制度的发展提供了借鉴，开拓了社会福利的许多活动领域。慈善活动讲究科学，注重工作人员素质的培训，催生了社会工作这一新职业，在大量慈善组织及其活动中，培养和训练了大批的社会工作者和社会服务人员，这也为后来福利发展做了重要准备。[①] 19 世纪英国社会的改革者，呼吁将社会科学方法应用于教区管理之中，提倡更科学复杂的福利供给方式，寻求慈善组织与济贫法的合作。19 世纪末，英国社会在福利事务方面出现普遍改善，特别是提供更为专门和专业化的服务方面，这也已经在相关慈善机构的努力当中有所体现。以医院为例，随着医学发展和护理技术的变化，医药和护理标准的提升等医疗服务呈现更专业的水平和能力。19 世纪后期，英国社会日益意识到解决各种社会问题，需要更专业的应对。儿童福利相关服务变得更为专业化，慈善机构如“防止虐待儿童国家协会”（National Society for the Prevention of Cruelty to Children）也提供更为专业的救助和服务。

在福利体制下，慈善组织作为一种补充力量，仍可对政府服务施行压力，从而促进福利供给的多元化选择。19 世纪英国，庞大的慈善组织提供了相当广泛多样的救助和服务，为社会福利的完善充当了开拓者，而当政府开始介入，福利制度建立之后，慈善组织作为福利制度的补充性角色，仍可促进志愿主义的继续发展，或填补福利供给的裂缝。在 20 世纪的福利国家发展中，私人慈善是其重要的补充，二者共同促进了社会福利的发展。

19—20 世纪，英国建立了国家主导的福利制度，混合福利经济仍继续存在，但各组成部分的比例与以往有较大差别。20 世纪以来，政府部门的官方救济比例迅速增长，慈善组织和政府部门的合作也逐渐增加。慈善组织作为社会救助和社会服务的先锋，拥有长期以来的经验积累和专业活动，更具弹性特征。因此，当政府开始成为福利制度的支柱时，慈善组织

---

① 周真真：《19 世纪中期英国中产阶层慈善活动论析》，《史学月刊》2010 年第 3 期，第 97 页。

作为社会补充力量在很长一段时间里仍很重要。1890—1920 年，政府通过立法，逐渐完善盲人福利制度。而慈善组织仍继续经营盲人学校和工作坊，同时为地方社区和中央政府的盲人福利机构提供建议和协助。[①]

20 世纪 80 年代以来，一些学者开始肯定慈善的作用。有的学者甚至质疑福利国家的发展。这一观点转向具有明显的现实基础。社会学家们对现代社会福利供给发展的描述中，国家不再拥有此前突出的重要性，取而代之的是强调“混合经济”的多元福利，强调社会需求的复杂本质，以及不同供给方式的共存。20 世纪以来，福利国家的扩张掩盖了其能力的极限和相应的问题。然而，近来政治家、社会科学家和许多市民，再度意识到其他福利供给来源的价值。[②] 威斯布罗德（Weisbrod）认为在文化差异较大的社会中，志愿主义而非国家供给更有可能发生。在这种情况下，消费者需求的多样性将对政府干预的政治共识产生不利影响。[③]

约翰·刘易斯（Jone Lewis）总结了 19 世纪以来志愿部门与官方机构之间经历的三种主要变化，即 19 世纪末 20 世纪初的“平行的伙伴关系”，20 世纪中期前后的“附属关系”到 20 世纪末以来的“新的合作关系”。他认为，今天西方各国都鼓励更多地由独立（志愿和私人）部门来提供多样化的社会服务，这标志着从根本上背离了战后英国社会福利供给的原则，重新肯定了曾经慈善组织协会所倡导的“志愿服务精神”和慈善组织的道德目标的重要性，强调一个理想的社会只能建立在人们的责任意识和服务意愿之上。因此，志愿部门是受“商业驱动”的市场和必不可少的基于立法的国家官僚政治之间的平衡物，而道德目标和公众利益一直是志愿

① Gordon Phillips, *The Blind in British Society*: *Charity*, *State and Community*, *c. 1780 - 1930*, Ashgate Publishing Company, 2004, p. 406.

② Ibid.

③ Edmund S. Phelps, ed., *Altruism*, *Morality and Economic Theory*, New York, 1975, pp. 171 - 195.

活动的重要基础。[①]

在现代保守主义思想的影响下，学者们开始关注过去福利供给的多元形态，这也引起了社会各界的强烈共鸣。菲利普·布朗德（Phillip Blond）认为，福利国家的发展是“将之前的互助社会国有化，按照普遍权利的文化特征进行改革”。[②] 2010 年，英国保守党议员杰西·诺曼（Jesse Norman）也用友谊会的例子来说明他的观点，他认为英国政府之前的改革的尝试充斥着对现有机构的忽视，后者因而受到损害。英国前首相卡梅伦（2009）在谈论他自己对过往福利的看法时宣称，“曾经存在于人们之间的责任与义务的天然纽带已经被国家监管和官僚主义的合成纽带所取代”。2010 年 6 月，英国政府内阁办公室战略部门邀请一些历史学家出席简会，商讨政府关于“大社会”的议程。显然，面对当前福利制度存在的问题，英国政府也开始从过去寻找灵感，思考在社会福利服务中如何协调国家、社会和个人三者之间关系的问题。福利国家的现实情况成为研究和评价历史上的社会慈善事业的某种参照。有关历史上福利供给的研究及其观点将会促进对现实福利供给的理解和应对。

本章小结

本章力图结合慈善组织与英国福利制度发展之间的关系，从混合福利经济的视角下对伦敦的慈善组织及其活动予以合理评价。20 世纪以来，在辉格史观的影响下，许多学者强调国家福利制度发展的重要性和必然性，

① 丰华琴：《对“英国伦敦慈善组织协会”的社会理论及其实践活动的评析》，《苏州科技学院学报》第 30 卷第 2 期，2013 年 3 月，第 72 页。

② Phillip Blond, *Red Tory: How Left and Right Have Broken Britain and How We Can Fix It*, London: Faber, 2010, p. 82.

对以往的志愿部门和慈善活动颇多贬抑。20 世纪 80 年代以来，伴随着福利制度的危机，学者开始重视福利供给的多元形态，重新挖掘社会慈善的历史意义。在理论方面出现了诸如“移动的边界”或是“福利混合经济”等术语来表达不同福利供给的并存及其满足多种需要的特征。

18—19 世纪，英国混合福利经济中的成分和比重呈现明显变化。在此过程中，慈善组织与政府部门的关系也经历了不同阶段的发展。19 世纪后期至20 世纪上半叶，英国政府通过大量社会立法，逐步建立福利制度。在此期间，慈善组织从社会福利供给的先锋角色转变为国家福利制度的辅助力量。大量慈善组织及其活动，创新和发展了社会救助的制度、方法和形式，同时在教育和医疗等公共服务领域做出了重要贡献，培训了大量的社会工作人员。作为探索和解决社会问题的先导，伦敦慈善组织对英国福利救助和公共服务方面的制度化发展无疑具有重要作用。

结　语

一　观念嬗变与组织革新

1700—1900年，伦敦的志愿慈善组织经历了从初兴到鼎盛的发展，施善观念与组织形式各有变化，并反映在具体的慈善活动中。本书按照时代背景和慈善观念的变化将18—19世纪的伦敦慈善组织分为三个发展阶段：第一阶段即1700—1770年。这一时期，在政治算术学派和人道主义思潮的影响下，挽救生命，增加人口成为慈善活动的重心。慈善观念倡导救济穷人，帮助其成为有用的劳动力。18世纪中期相继出现了综合医院、妇产科医院、育婴院和海事协会等慈善组织，这些慈善组织主要实行院内救助。第二阶段即1770—1850年。18世纪末，政治经济学派反对济贫和慈善，倡导个人的自立与自助。而福音派则强调道德教化。与此相应，这一时期伦敦的慈善组织推崇自助，奉行“助人自助”原则，强调救济是为了受助人的复原；致力稳定秩序和教化民众。18世纪后期，伦敦出现了组织更为简便，费用更为低廉的救助形式，如诊所和施食所等。第三阶段即1850—1900年。伦敦的慈善事业呈现蓬勃态势，各种慈善活动都在飞速发展，以预防贫困和集体互助类最为突出。中下层民众活跃于禁酒协会、互助协会等慈善活动，成为其中的主体成员。政治和文化的变迁也深刻影响英国社会关于贫困问题及其应对的观念和行动。18世纪中期至18世纪末，与重商主义到古典政治经济学的更迭相应，伦敦的慈善活动在观念和目标方面经历了明显的转折。19 世纪初至 19 世纪中期，仍是政治经济学主导的时代，虽然慈善重心有所变化，但相对而言，延续大于变革。

本书认为，慈善组织的公共性质及其与社会各界的互动关系推动着施善观念的变迁和组织运作的革新。作为公共机构，慈善组织与社会各界的关联极为密切，这体现于慈善组织从创建到运营的各个环节中。慈善组织以个人认捐为基础，显现了志愿慈善的自由和灵活。与此相应，慈善资源的流动性较强，舆论导向的变更和捐助人的兴趣转移都会导致慈善组织的人员流失和捐助下降。观念变迁导向慈善目标的更换；同时，捐助人总是热衷于效益更好的慈善形式。为了在激烈的竞争中赢得社会支持和社会捐助，慈善组织努力迎合公众期望，依据舆论导向做出相应调整，不断推进革新。因此，慈善组织的变革展现了伦敦社会中上层应对贫困问题的思路与举措之变化。

18—19 世纪，为了争取社会支持，伦敦慈善组织在运营时力图迎合社会舆论导向，依据其变化而做出相应调整。因此，慈善组织的变革实质上反映了当时社会主流价值取向的变迁，其发展历程具有特定的社会文化含义。一方面，慈善组织的变革展现了社会精神的演进；另一方面，慈善组织的运作体现了新旧意识形态之间的折中与交融。

二　施善与教化

18—19 世纪的英国正处于由传统社会向现代社会过渡的阶段。这一时期，伴随着工业化和城市化的发展，传统的秩序与社会关系受到不同程度的侵蚀和挑战，而新型的工业都市社会正逐步形成。在新旧交替之际，伦敦面临严峻的社会问题，如下层民众的穷困及其滋生的各种问题，而社会中上层总是将其归因于下层民众的道德堕落等表面现象，并以教化穷人作为应对贫困的法门。

18 世纪中期至 19 世纪中期，伦敦慈善组织始终强调从道德上教化民众。在 18 世纪末之后，教化穷人甚至成为慈善活动的主要目标。慈善组织在选择救助对象时，受助人的德性与品行是重要条件。一些慈善医院甚至拒绝为品行不佳的人治疗。此外，慈善组织在救助时坚守传统的等级观念，强调既存秩序的合理性。中上层的慈善家相信，通过理性教育、道德和宗教训诫，下层民众的品性得以提升，从而有助于他们自立谋生。因而，几乎每一种救助都附加了道德改革元素。可见，这一时期的慈善组织具有明显的保守色彩，体现了捐助者的父权心态。虽然中产阶层在道德教化方面的狂热与执着，一定程度上成为维护社会秩序的软性约束力量，但以道德教化来防范和对抗因社会和经济结构导致的贫富分化问题，显然是药不对症。

即使民众完全遵照慈善家的道德训诫来生活，经济不景气和未充分就业仍是将他们卷入贫困的巨大风浪。许多勤勉、理智和谨慎的人同样遭受贫困和剥削。这一时期，社会中上层人士从未完全承认穷困亦是随经济浮沉而相应起伏的。道德学家和慈善家们坚持穷人的无远见和道德败坏是导致贫困的主要原因，信奉自力更生的神奇力量。这一坚持构成了关于贫困成因及其应对的假象。那么，他们为何愿意沉溺于这一假象呢？这一方面可能是因为时人对贫困成因认知的滞后性。19 世纪中期以前，很少有人从经济和社会制度的角度看待贫困问题及其后果，对贫困现象认识的滞后可能严重妨碍缓解贫困的社会安排与制度设计。另一方面，可能是社会中上层不想失去既得利益。19 世纪，英国社会注重生产而忽视分配的情况下，大范围的贫困是不可避免的。这种情况下，穷困只能通过国家财富的再分配才能得以缓解。当然，这是富人所不乐意的解决方案，于是他们热衷于教导穷人温顺勤勉，安于现状。因而他们不遗余力地向下层民众宣扬自助的价值与道德伦理，希望以此避免济贫的巨额花费。某种意义上，18—19 世纪英国社会的慈善活动是在不破坏整体格局和既存体制的前提下所进行的二次分配。

改革者、慈善家等群体认为他们的使命是教化无知和桀骜不驯的下层民众，而被规训对象的回应也是丰富多样的，如接受、拒绝、吸收、适应、曲解乃至抵制中产阶级的训导和教化的内容。慈善活动基于志愿主义，通过捐助在施者和受助人之间形成一种礼物关系。捐助者因而要求受者遵照值得救助的标准。但慈善本质仍是一种交换关系，这一交换可能是不对等和不均匀的，却是潜在和不言自明的。这一交换背后蕴含着特定的文化场景、权力关系、社会界限及其相应的身份话语权。如中产阶级表达出对女性的性贞洁、性道德的要求，通过分类、监测和干预来对妓女施行性别政策。这种“非官方”的政策表明中产阶级尝试通过不同形式的“权力的毛细管”，如救济院、监狱、济贫院、医院、学校等来施行他们作为上级阶层的领导权，监管穷人的社会行为。[①] 这一定程度上证明了福柯的观点，即维多利亚时期的中产阶级通过树立“值得救助与不值得救助”“公共与私人”“体面与堕落”的二元对立观点，建立起了相应的权力话语体系。

三　混合福利经济视角下的伦敦慈善组织

混合福利经济是近代英国社会的重要特征之一。通常官方救济和社会慈善在混合福利经济内部持续共存，但比例和侧重点应时而变。18—19 世纪，大量慈善组织构成了都市社会福利供给的重要组成部分，在社会救助与社会服务方面做了大量工作，进行了制度形式与组织方法的创新，引领了这一时期英国社会问题的探索与解决，为后来的福利制度建设奠定了基础。

首先，慈善组织为下层贫民和弱势群体提供了救助、互助和自助等多

① Maria Isabel Romero Ruiz, “Gender Policy, the London Lock Asylum Committee (1836—1842) and the Asylum”, *Atlantis*, Vol. 33, No. 2, pp. 123 - 136, 135.

种救助和服务的途径与资源，满足各种群体的不同需要。比之福利制度，基于志愿主义成立的慈善组织更为自由灵活，同时给予个人和群体积极参与的机会。此外，慈善活动有助于分配领域里新的责任关系的形成，为以财富的自愿转移为基础的慈善走向以财富的非自愿转移即税收为基础的福利奠定了基础，从而使富人对穷人的慈善在很大程度上为后来的雇主津贴所代替。

其次，慈善组织的活动是英国福利制度发展的先导。慈善组织领先政府部门，引发对某些特定社会问题的公共关注。正是慈善组织将弃婴、妓女、性病患者和失足违法的青少年等群体带入公众视野。各种慈善组织所关注的群体和涉及的问题在一定程度推动了公共服务领域的拓展。志愿者收集的各种信息及相关的社会统计为政府提供了许多信息，使后者意识到有必要承担更多的社会职责。同时，针对某些特定问题和需要而成立的慈善组织及其活动，间接为政府和国家指出未来的行动方向。

最后，19—20 世纪，英国建立了国家主导的福利制度，混合福利经济仍继续存在，但各组成部分的比例与以往有较大差别。20 世纪以来，政府部门的官方救济比例迅速增长，慈善组织和政府部门的合作也逐渐增加。因此，当政府开始成为福利制度的支柱时，慈善组织从社会救助和社会服务的先锋变成了国家福利制度的辅助力量。在福利体制下，慈善组织作为一种补充力量，基于长期以来的经验积累和专业活动，仍可对政府服务施行压力，从而促进福利供给的多元化选择。

20 世纪 40—80 年代，辉格进步史观占据主导地位。学者们对慈善事业的作用持怀疑态度，认为慈善活动作用有限，不足以应对工业都市社会的复杂问题，福利国家才是历史发展的必然。一些历史学家的批评慈善组织及其活动的缺陷，对慈善活动的历史贡献和积极作用没有给予合理评价。20 世纪 80 年代以来，福利国家遭遇的问题和挑战激发了史学界对志愿行动的兴趣，开始重新审视慈善活动的作用。科林·琼斯（Colin Jones）① 指出，如今学者们更倾向于将福利国家视为一种历史选择而非不可避免的结果。英国学者乔安娜·英尼斯（Joanna Innes）认为近代早期英国存在混合福利经济，慈善活跃于济贫法未能顾及的地方，如教育和医疗领域。② 杰弗里·芬利森（Geoffrey Finlayson）提出了福利的“移动的边界”的说法（“moving frontier” of welfare）——强调国家、志愿组织、市场和家庭在提供福利供给方面并存且不断变化的角色，以及它们之间的相互作用。③

以往学界过于强调国家的主导力量，而忽视了慈善组织在社会福利事业中的作用。如今，部分学者开始倾向于认为政府的干预和福利制度的发展，不只是因为志愿主义的有限，也是集体主义和个人主义之间的政治斗争的结果。近来学界强调福利供给的多元化模式，更侧重立法救济和社会慈善之间的复杂相互作用，承认长期持续性的重要性。20 世纪末，新公共管理主义和公共治理理论的产生，重新界定了福利国家的本质和作用，重新强调社会、市场、个人和家庭的各自的角色与作用，倡导福利供给主体的多元并存与互动合作。

18—19 世纪，英国的社会福利发展经历了社会现实、经济理论、社会思潮与社会行动之间的应和变化，从教区济贫、志愿主义与社会慈善走向国家干预和集中统一的福利制度。但面对这一历史发展，不能只停留在辉格史观的视角，认为从社会到国家、从多元混合的福利供给到集中统一的国家福利体制是最终和唯一的路线，更应看到这一历史变迁背后的诸多因素的互动。同时，要从历史的角度，注意到慈善组织自身的功用和贡献。

---

① Colin Jones, *Some Recent Trends in the History of Charity*, 1998.

② Joanna Innes, “The ‘Mixed Economy of Welfare’ in Early Modern England: Assessments of the Options from Hale to Malthus (c. 1683—1803)”, in Hugh Cunningham and Joanna Innes, eds., *Charity, Philanthropy and Reform: From the 1690s to 1850*, Macmillan Press, 1998.

③ Geoffrey Finlayson, “A Moving Frontier: Voluntarism and the State in British Social Welfare, 1911—1949”, *Twentieth-Century British History*, 1990, pp. 183-206.

慈善组织在关于社会贫困产生的原因及其救助方式上具有自己的理念与实践，并在实践中进行了许多有益的探索和尝试，其社会理论和实践活动对于福利国家的发展和改革具有重要的参考价值。

18—19 世纪的英国正处于从传统社会向现代工业都市社会过渡的转型期。在现代化的过渡阶段，慈善组织的发展与演变也具有新旧杂陈的特征。一方面是新中携旧。在 18 世纪的伦敦，慈善组织的形式和运行机制是新的创设，委员会管理以及慈善组织与公众社会的互动等体现了时代特征。但这些采用新制度的慈善组织，其思想内核却是传统的道德和观念。显然，在慈善组织的运行中，新制度与旧观念并行。另一方面是旧中蕴新。尽管慈善组织在运作中坚守传统观念与道德标准，但众多慈善组织的努力和试验，从涉及的领域到救助的方式方法等，都为后来的福利制度奠定了基础。慈善活动体现的新旧并存有两方面的原因：一是因为英国作为现代化的先驱，发展先于应对，观念具有一定程度的滞后性；二是由于英国的渐进改革发展模式，需要长时期内逐步累积的量变作为基础。因而，在新旧杂陈的表面之下，实则是新中携旧、旧中蕴新的历史进程。综上所述，18—19 世纪，伦敦慈善组织既有变革也有延续，这与英国渐进改革的发展模式是一致的。

参考文献

一　英文文献

（一）史料

1. 时人著述

A Letter from a Member of the Marine Society, Showing the Piety, Generosity, and Utility of Their Plan, 4 th and 5 th editions, London, 1757.

A List of Subscribers to the United Society, for the Relief of Widows and Children of Seamen…London, 1794.

A Short Account of the Magdalen Hospital, London, 1822.

Acton William, *Prostitution, Considered in Its Moral, Social, and Sanitary Aspects in London and Other Large Cities*, London, J. Churchill, 1857.

An Account of the Marine Society, Recommending the Piety and Policy of the Institution, and Pointing out the Advantages Accruing to the Nation, 6 th edition, London, 1759.

An Earnest Appeal for Mercy to the Children of the Poor, Particularly Those Belonging to the Parishes within the Bills of Mortality, London, 1766.

Ashton, Thomas, *Sermon Preached at the Anniversary Meeting of the Children Educated in the Charity Schools of London and Westminster*, London, 1761.

Aspland, Robert, *Public Instruction and Moral Improvement*, *Hume Tracts*, 1846.

Bailey, W., *A Treatise on the Better Employment, and More Comfortable Support of the Poor in Workhouse*, London, 1758.

Bells, John, *An Essay for Imploying the Poor to Profit, Humbly Dedicated and Presented to the Lords and Commons of Great Britain, in Parliament Assembled*, London, 1723.

Braddon, L., *The Form of a Petition for Relieving, Reforming and Employing the Poor*, London.

Bradford, S., *Unanimity and Charity*, London, 1709.

Brocklesby Richard, *Private Virtue and Publick Spirit Display'd in A Succinct Essay on the Character of Capt. Thomas Croam*, London, 1751.

Browne, J. G., ed., *The Works of Henry Fielding*, London, 1871.

Cadogan William, *An Essay Upon Nursing and the Management of Children, From Their Birth to Three Year of Age*, London, 1753.

Cato, *Six Concluding Letters to a Senator, on the Tendencies of the Foundling Hospital in Its Boundless Extent*, London, 1760.

Charity – Schools Vindicated and Recommended, London, 1772.

Consequences of the Great Increase and Burden of the Poor, with a Proposal for Redressing These Grievances, London, 1752.

Considerations on the Fatal Effects to a Trading Nation of the Present Excess of Public Charities…, London, 1763.

Cowe, J., *Religious and Philanthropic Tracts*, London, 1797.

Dawes, W., *The Excellency of the Charity of Charity – schools*, London, 1713.

Defoe, D., *Giving Alms No Charity, and Employing the Poor*,

London, 1704.

Dingley, Robert, *Proposals for Establishing a Public Place of Reception for Penitent Prostitutes*, *London*, 1758.

Duncan, J., *Collections Relative to the Systematic Relief of the Poor*, *at Different Periods and in Different Countries*, London, 1815.

Dunton, J., *An Essay on Death - bed Charity*, London, 1728.

Dyer George, *The Complaints of the Poor People of England*, 2nd edition, London, 1793.

Eden, F. M., *The State of the Poor*: *or*, *an History of the Labouring Classes in England*, *from the Conquest to the Present Period*, 3Vols., London, 1797.

Eden, Frederick Morton, *Observations on Friendly Societies*, *for the Maintenance of the Industrious Classes*, *during Sickness*, *Infirmity*, *Old Age*, *and Other Exigencies*, London, 1801.

Ewer, John, *A Sermon preached…before…the Governors of the London Hospital*, *London*, 1766.

F. Maseres, *Considerations on the Bills for Obliging All Parishes in the Kingdom to Keep Registers of Births*, *Dearth*, *and Marriages*, London, 1759.

Firmin, T., *Some Proposals for the Employment of the Poor*, *and for the Prevention of Idleness and the Consequence There of Begging*, London, 1681.

Great Britain, Parliament, Parliamentary Papers (Commons), *The Select Committee on the State of the Police of the Metropolis*, 1817.

Gwynn, John, *London and Westminster Improved*, 1766.

Hall, C., *Anquiry into the Cause of the Present Distress of the People*, London, 1820.

Hall, C., *Effects of Civilization on the People in European States*, London, 1805.

Hawirth, B. , *A Dissertation on the English Poor Stating the Advantage of Education with a Plan for the Gradual Abolition of the Poor Laws*, London, 1829.

Hawksley Thomas, *The Charities of London and Some Errors of Their Administration*, *Bristol Selected Pamphlets*, 1869.

Hay William, *Remarks on the Laws Relating to the Poor*, *with Proposals for Their Better Relief and Employment*, London, 1735.

Henry Fielding, *A Plan for a Preservatory and Reformatory*, *for the Benefit of Deserted Girl*, *and Penitent Prostitutes*, London, 1758.

Henry Fielding, *A Proposal for Making Effectual Provision for the Poor*, *for Amending Their Morals*, *and for Rendering Them Useful Members of the Society*, London, 1753.

Henry Fielding, *Enquiry into the Cause of the Late Increase of Robbers*, London, 1751.

Henry Mayhew, *London Labour and the London Poor*, 4Vols. , London, 1861.

Highmore, Anthony, *Pietas Londinensis*: *TheHistory*, *Design*, *and Present State of the Various Public Charities in and Near London*, London, 1810.

Hints forImproving the Condition of the Poorer Classes, LSE Selected Pamphlets, London, Printed by William A. Wright, 1838.

Howlett, J. , *The Insufficiency of the Causes to Which the Increase of Our Poor and of the Poor's Rates Have been Commonly Ascribed*, London, 1788.

J. C. Lettsom, *Hints Designed to Promote Beneficence*, 3Vols. , London, 1801.

James Peller Malcolm, F. S. A. , *Anecdotes of the Manners and Customs of London during the Eighteenth Century*, London, 1810.

John Murray, *The Annual Subscription Charities and Public Societies in London*, *Printed by William Clowes*, 1823.

John Watson, *Reformatory and Industrial Schools*, *Journal of the Royal Statistical Society*, Vol. 59, No. 2, 1896.

Johnas Hanway, *Letters on the Importance of the Rising Generation of the Laboring Part of Our Fellow Subjects*, 2 Vols., London, 1767.

Jonas Hanway, *A Candid Historical Account of the Hospital for the Reception of Exposed and Reserted Young Children; Representing the Present Plan of It as Productive of Many Evils, and Not Adapted to the Genius and Happiness of This Nation*, London, 1759.

Jonas Hanway, *Appeal for Mercy*, London, 1766.

Jonas Hanway, *Prudential Instruction to the Poor Boys, Fitted out by the Corporation of the Marine Society*, London, 1788.

Jonas Hanway, *Reasons for an Augmentation of at Least Twelve Thousand Mariners to be Employed in the Merchants' – Service and Coasting – Trade*, London, 1759.

Jonas Hanway, *Serious Considerations on the Salutary Design of the Act of Parliament for a Regular, Uniform Register of the Parish – Poor in All the Parishes within the Bills of Mortality*, London, 1762.

Jonas Hanway, *Virtue in Humble Life*, *II*, London, 1774.

Jonas Hanway, *The Defects of Police the Cause of Immorality* … London, 1775.

Joseph Massie, *Farther Observations Concerning the Foundling Hospital*, London, 1759.

Joseph Townsend, *A Dissertation on the Poor Laws*, London, 1797.

J. Woodward, *An Account of Rise and Progress of the Religious Societies in the City of London and of Their Endeavors for Reformation of Manners*, London, 1744.

Lawrence Braddon, *An Essay or a Modest of Proposal of a Way to Encrease the Number of People and Consequently the Strength of the Kingdom*, 1693.

Lawrence Braddon, *The Form of a Petition for Relieving, Reforming and Employing the Poor*, London.

Letters V to Robert Dingley Esq; Being a Proposal for the Relief and Employment of Friendless Girls and Repenting Prostitutes, London, 1758.

Lettson, J. C., *Hints Respecting the Distresses of the Poor*, *London*, 1795.

Lewin, G. A., *A Summary of Laws Relating to Government and Maintenance of the Poor*, London, 1828.

Lockman, John, *Charity and Pleasure: A Fable*, 3rdedition, London, 1761.

London Foundling Hospital, *The Rise and Progress of the Foundling Hospital Considered: and the Reasons for Putting a Stop to the General Reception of All Children*, London, 1761.

Low Sampson, *Charities of London*, London, 1850.

Low Sampson, *Charities of London*, London, 1862.

Maitland, William, *The History and Survey of London*, 1772.

Mary Carpenter, *Reformatory Schools*, *London*, 1851.

Massie, J., *A Plan for Establishment of Charity - Houses*, London, 1758.

Motives for the Establishment of the Marine Society, 7th edition, London, 1761.

Mrs. Trimmer, *Reflections upon the Education of Children in Charity Schools*, London, 1792.

Nelson James, *An Essay on the Government of Children under Three General*

Heads: *Viz. Health*, *Manners and Education*, London, 1756.

Nelson, R., *Address to Persons of Quality and Estate*, London, 1715.

P. Stockdale, *A Letter to a Gentleman of the Philanthropic Society*, London, 1794.

Partrik Colquhoun, *A Treatise on the Police of the Metropolis*, *Explaining the Various Crimes and Misdemeanors Which at Present are Felt as a Pressure upon the Community*; *and Suggesting Remedies for Their Prevention*, London, 1796.

Patrick Colquhoun, *A Treatise on Indigence*, London, 1806.

Percial, *Essay on the Internal Regulations of Hospitals*, 1771.

Rhudde Durand, *A Sermon Preached at the Anniversary Meeting of the Sons of the Clergy*, London, 1790.

Ruggles Thomas, *The History of the Poor*, *Their Rights*, *Duties*, *and the Laws Respecting Them*, London, 1797.

Savings' Bank, *The Editorial Remarks and Correspondence*, *Which Have Recently Appeared in "the Times" Newspaper*, *on the Subject of Abuses in These Institutions*; *with Some Prefatory and Concluding Observations*, *by a Member of the Stock Exchange*, London, published by Effingham Willson, 1843.

The Picture of London, *for 1805*, *being a Correct Guide.*

The Tendencies of the Foundling Hospitalin Its Present Exposed Considered in Several View…. In Several Letters to A Senator, London, 1760.

Thomas, A., *Remarks on Two Bills for the Better Maintenance of the Poor*, *London*, 1753.

Three Letters on the Subject of the MarineSociety, London, 1758.

Townsend, J., *A Dissertation on the Poor Laws*, London, 1786.

Turner, D., *Hints on Religion Education*, *Being Two Sermons in Favour of Sunday Schools*, 1794.

Watson, RobertSpence, *Industrial schools*, Bristol Selected Pamphlets, 1867.

William Allen, ed., *The Philanthropist*, *7 Vols.*, London, 1811—1819.

William Dodd, *An Account of the Rise*, *Progress*, *and Present State of the Magdalen*, 1761.

Wilmarth Sheldon Lewis, *Three Tours Through London in the Years 1748 - 1776 - 1797*, New Haven, 1941.

2. 慈善组织的出版文献

A General State of the Corporation of the London - Hospital, *for the Reception and Relief of Sick and Wounded Seamen*, London, 1796.

A Plain Account of the Advantages of the Lying - in Charity for Delivering Poor Married Women at Their Own Habitations, 1767.

A Sketch of the General Planfor Executing the Purposes of the Royal Charter, *Establishing a Hospital for the Maintenance and Education of Exposed and Deserted Young Children*, London, 1740.

Account of the British Lying - in Hospital, *1749 - 1770*, London, 1771.

Address to the Public by the Committee of the Philanthropic Society, London, 1796.

An Account of a Meat and Soup Charity, *Established in the Metropolis*, *in the Year 1797*, *with Observations Relative to Situation of the Poor*, London, 1797.

An Account of the Benevolent Institution for the Sole Purpose of Carrying the Poor Women at Their Own Habitations, London, 1783.

An Account of the General Dispensary for Relief of the Poor, London, printed by James Phillips, 1776.

An Account of the Hospital for the Maintenance and Education of Exposed and Deserted Young Children, 1749, 1759, 1796.

An Account of the Institution and Proceedings of the Guardians of the Asylums for Orphan Girls, London, 1789.

An Account of the Institution of the Lock Asylum…, 1796.

An Account of the Institution, and Proceedings of the Guardians, of the Asylum or House of Refuge Situated on the Surry Side of Westminster Bridge for the Reception of Orphan Girls Residing within the Bills of Mortality, 1761.

An Account of the Lying - in Charity for Delivering Poor Married Women at Their Own Habitations, London, 1769.

An Account of the Lying - in Charity…Instituted in 1757 with the State of the Charity to January 1770, London, 1770.

An Account of the Origin and Designs of the Society for Promoting Christian-Knowledge (*S. P. C. K.*), London, 1733.

An Account of the Proceedings of the Lock Hospital…, 1749.

An Account of the Rise, Progress, and Present State of the Magdalen Charity, London, 1761.

An Account of the Society for Promoting Christian Knowledge, London, 1741, 1746, 1755, 1761.

An Account of the Society for Promoting Christian Knowledge, London, 1768.

Articles to be Observed and Kept by All the Members of the Benevolent Female Society, 1789.

Crimes and the Reform of Criminal Poor, London, 1790.

First Report of the Philanthropic Society, London, 1789.

Fisher, J., *An Account of the Nature and Intention of the Lock - Hospital*…

to which Added, an Account of Lock Asylum for the Reception of Penitent Female Patients When Discharged Cured from the Hospital, 1796.

Gilbert, Thomas, *Plan for the Better Relief and Employment of the Poor*, London, 1787.

Glasse, Samuel, *A Sermon Preached before the President, Vice – president, and Governors, of the Marine Society*, London, 1774.

List of the Patrons of the Anniversary of the Charity School, London, 1790.

Maintenance and Education of Exposed and Deserted Young Children, London, 1796.

Ragged School Union ··· No. 6, June 1848, Occasional paper, Hume Tracts, 1848.

Reform of the Criminal Poor, 1788.

Regulations for Managing the Hospital for the Maintenance and Education of Exposed and Deserted Young Children, London, 1749.

Regulations for Managing the Hospital for the Maintenance and Education of Exposed and Deserted Young Children, London, 1759.

Report of the Committee Appointed to Manage a Subscription for the Purpose of Affording – nightly Shelter to the Houseless and Temporary Relief to the Destitute for 1839 – 1840, Hume Tracts, London, 1840.

Report of the Committee Appointed to Manage a Subscription for Affording – Nightly Shelter to the Houseless and Temporary Relief to the Destitute for 1839 – 1840, *Hume Tracts*, London, 1840.

Report of the Houseless Poor Society, *1826 – 1827*, *1829 – 1830*, *1830 – 1831*.

Reports of the SBCP, v1, v2, v3, v5.

Reports of the Society for Bettering the Condition of the Poor, *1798*, *1803*.

Rules and Regulations of the Magdalen, London, 1769.

Rules for the General Government of the Charity Schools Instituted by Methodist Society in West – Street, Seven – Dials…with An Address to the Pious and Benevolent of All Denominations, London, 1747.

Rules, Orders and Regulations of Magdalen House for the Reception of Penitent Prostitues, London, 1759.

The Bye – Laws and Regulations of the Marine Society, London, 1820.

The National Temperance Chronicle and Temperance Recorder, No. 1, 1846.

The Plan of Charity for Maintenance, Education and Employment of Orphans and Other Poor Children…, London, 1796.

The Report of the General Committee for Directing, Managing, and Transacting the Business, Affairs, Estate, and Effects of the Corporation of the Hospital for the Maintenance and Education of Exposed and Deserted Young Children, London, 1740.

The Rise and Progress of the Foundling Hospital Considered, and the Reasons for Putting a Stop to the General Reception of All Children, London, 1761.

The Second Report and Address of the London Philanthropic Society, London, 1789.

Thirty – fourth Report of the British and Foreign School Society, Hume Tracts, London, 1839.

3. 史料汇编

Alysa Levene edited, *Institutional Responses: The London Foundling Hospital, Narratives of the Poor in Eighteenth—Century Britain*, Vol. 3, Cambridge University Press, 2006.

S. King, T. Nutt and A. Tomkins, *Narratives of the Poor in Eighteenth –*

century Britain, London, Pickering & Chatto, 2006.

The London Magazine, January to June, 1820, Vol. Ⅰ, Routledge/Thoemmes Press, 1994.

The London Magazine, January to June, 1821, Vol. Ⅲ, Routledge/Thoemmes Press, 1994.

The London Magazine, January to June, 1822, Vol. Ⅴ, Routledge/Thoemmes Press, 1994.

The London Magazine, January to June, 1823, Vol. Ⅱ, Routledge/Thoemmes Press, 1994.

The London Magazine, January to June, 1823, Vol. Ⅶ, Routledge/Thoemmes Press, 1994.

The London Magazine, January to June, 1824, Vol. Ⅸ, Routledge/Thoemmes Press, 1994.

The London Magazine, July to December, 1820, Vol. Ⅱ, Routledge/Thoemmes Press, 1994.

The London Magazine, July to December, 1822, Vol. Ⅵ, Routledge/Thoemmes Press, 1994.

The London Magazine, July to December, 1823, Vol. Ⅷ, Routledge/Thoemmes Press, 1994.

The London Magazine, July to December, 1824, Vol. Ⅹ, Routledge/Thoemmes Press, 1994.

The London Magazine, July to December. 1821, Vol. Ⅳ, Routledge/Thoemmes Press, 1994.

4. 传记

James Barker, *The Life of Sir Thomas Bernard*, London, Baronet, 1819.

Brown John, Hans Sloane, *A Tale Illustrating the History of the Foundling Hospital in London*, London, 1831.

John Brownlon, *The History and Objects of The Foundling Hospital with A Memoir of the Founder*, London, 1865.

John Pugh, *Remarkable Occurrences in the Life of Jonas Hanway*, London, 1798.

Life and Writings of Patrick Colqoun, ESQ, London, 1818.

（二）著作

A. F. Young & E. T. Ashton, *British Social Work in the Nineteenth Century*, London: Routledge, 1998.

B. Abel – Smith, *The Hospitals 1800 – 1948: A Study in Social Administration in England and Wales*, London, 1964.

Amanda Vickery, *The Gentleman's Daughter: Women's Live in Georgian England*, New Haven & London, 1998.

Andrew, D. T. , *Philanthropy and Police: London Charity in the Eighteenth Century*, Princeton University Press, 1989.

Ann M. Woodall, *What Price the Poor? William Booth, Karl Marx and the London Residuum*, Ashgate Publishing Limited, 1988.

Bailey, P. , *Leisure and Class in Victorian England: Rational Recreation and the Contest for Control, 1830 – 1885*, London, 1987.

Barry, J. and Brooks, C. , eds. , *The Middling Sort of People: Culture, Society and Politics in England, 1550 – 1800*, Basingstoke, 1994.

Beattie, J. M. , *Policing and Punishment in London: Urban Crime and the Limits of Terror*, Oxford University Press, 2001.

Benjamin Kirkman Gray, *A History of English Philanthropy, from the Dis-*

solution of the Taking of the First Census, London, P. S. King & Son, 1905.

Bermingham Ann and Brewer John, eds., *The Consumption of Culture, 1600 – 1800: Image, Object, Text*, London, 1995.

PeterBorsay, *The English Urban Renaissance: Culture and Society in the Provincial Town 1660 – 1770*, Oxford University Press, 1989.

Brewer John, *The Pleasures of the Imagination: English Culture in the Eighteenth Century*, London, 1997.

Briggs, A., *The Age of Improvement 1783 – 1867*, London, 1959.

Brown, Ford K., *Fathers of the Victorians*, Burlingtonn, Ashgate, 2004.

Bushawa Bob, *By Rite: Custom, Ceremony and Community in England 1700 – 1880*, London, 1982.

Caulfield Ernest, *The Infant Welfare Movement in the Eighteenth Century*, New York, 1931.

Charles Bircheough, M. A., *History of Elementary Education in England and Wales*, London, 1973.

Christie, Ian R., *Stress and Stability in late Eighteenth – Century Britain: The Britain Avoidance of Evolution*, Oxford University Press, 1984.

Clark, P., *British Clubs and Societies 1580 – 1800: The Origins of an Associational World*, Oxford: Oxford University Press, 2000.

Clark, Petered, *The Cambridge Urban History of Britain, 1540 – 1840*, Cambridge University Press, 2000.

Clark – Kennedy, A. E., *London Pride: The Story of a Voluntary Hospital*, London: Hutchinson Benham, 1979.

Cunningham, H. and Innes, J., eds., *Charity, Philanthropy, and Reform: from 1690s to 1850s*, New York: St. Martin's Press, 1998.

D. W. Bebbington, *Evangelicalism in Modern Britain: A History from the*

1730s to the 1980s, Taylor & Francis e – Library, 2005.

Martin Daunton, *Progress and Poverty: An Economic and Social History of Britain 1700 – 1850*, Oxford University Press, 1995.

David Owen, *English Philanthropy, 1660 – 1960*, Harvard University Press, 1964.

Derek Fraser, *The Evolution of the British Welfare State: A History of Social Policy since the Industrial Revolution*, New York: Palgrave Macmillan, 2003.

Dorothy Marshall, *The English Poor in the Eighteenth Century, A Study in Social and Administrative History*, London, George Routledge & Sons, Ltd. , 1926.

Englander, David, *Poverty and Poor Law Reform in Britain: From Chadwick to Booth, 1834 – 1914*, New York: Addison, Wesley, Longman, 1998.

F. David Roberts, *The Social Conscience of the Early Victorians*, Stanford: Stanford University Press, 2002.

FordBoris, *The Cambridge Cultural History of Britain: Eighteenth – Century Britain*, Cambridge University Press, 1992.

Francis O'Gorman, ed. , *The Cambridge Companion to Victorian Culture*, Cambridge University Press, 2010.

Francis Sheppard, *London, A History*, Oxford University Press, 1998.

Frank Christianson, *Philanthropy in British and American Fiction: Dickens, Hawthorne, Eliot and Howells*, Edinburgh: Edinburgh University Press, 2007.

Frank Prochaska, *The Voluntary Impulse, Philanthropy in Modern Britain*, London: Faber and Faber Limited, 1988.

Frank Prochaska, *Women and Philanthropy in Nineteenth – Century England*, Oxford University Press, 1980.

G. Boyer, *An Economic History of the English Poor Law, 1750 – 1850*,

Cambridge University Press, 1990.

G. J. Barker Benfield, *The Culture of Sensibility*, Chicago: University of Chicago Press, 1992.

Gareth Jones, *History of the Law of Charity 1532 – 1827*, Cambridge University Press, 1969.

George Rudé, *Hanoverian London*, 1714—1808, Suffolk: Martin Secker & Warburg Limited, 1971.

George, M. D., *London Life in the Eighteenth Century*, London: Routledge, 1996.

Granshaw, L. and Porter, R., eds., *The Hospital in History*, London, 1989.

H. Browen, *Elites, Enterprise and the Making of the British Overseas Empire 1688 – 1775*, London, 1996.

H. J. Dyos and Michael Wolff, ed., *The Victorian City: Images and Realities*, London: Routledge, 1999.

Hancock David, *Citizens of the World: London Merchants and the Integration of the British Atlantic Community, 1735 – 1785*, Cambridge University Press, 1995.

Harris, Tim, ed., *Popular Culture in England, c.1500 – 1850*, Basingstoke, 1995.

Hay Douglas and Snyder Francis, eds., *Policing and Prosecution in England 1750 – 1850*, Oxford University Press, 1989.

Hempton, David, *Methodism and Politics in Britain Society 1750 – 1850*, London, 1984.

Hitcock, T., King, P., and Sharpe, P., eds., *Chronicling Poverty: The Voices and Strategies of the English Poor, 1640 – 1840*, New York,

St. Martin's Press, 1997.

Holmes, G. , *Augustan England: Professions, State and Society 1680 - 1730*, London, 1982.

Hunt Margaret, *The Middling Sort: Commerce, Gender, and the Family in England 1680 - 1780*, Berkeley, CA, 1996.

Hutchins, J. H. , *Jonas Hanway, 1712 - 1786*, London: Society for Promoting Christian Knowledge, 1940.

Ilana Krausman Ben - Amos, *The Culture of Giving: Informal Support and Gift - Exchange in Early Modern England*, Cambridge University Press, 2008.

J. Hampden Jackson, *England Since the Industrial Revolution, 1815 - 1948*, London, 1975.

J. Timbs, *Clubs and Club Life in London*, London, 1886.

James J. Fishman, *the Faithless Fiduciary and the Quest for Charitable Accountability 1200 - 2005*, Durham, Carolina Academic Press, 2007.

Jonathan Barry and Christopher Brooks, edited, *The Middling Sort of People: Culture, Society and Politics in England, 1550 - 1800*, The Macmillan Press Ltd. , 1994.

Jonathan Barry and Colin Jones, *Medicine and Charity before the Welfare State*, London: Routledge, 1993.

K. Wilson, *The Sense of the People: Politics, Culture, and Imperialism in England 1715 - 1785*, Cambridge University Press, 1995.

Kerry O'Halloran, *Charity Law & Social Policy: National and International Perspectives on the Functions of the Law Relating to Charities*, Dordrecht, Springer, 2008.

King, S. and Tomkins, A. (eds.), *The Poor in England, 1700 - 1850: An Economy of Makeshifts*, New York, Manchester University Press, 2003.

L. D. Schwarz, *London in the Age of Industrialisation: Entrepreneurs, Labour Force, and Living Conditions, 1700 – 1850*, Oxford: Oxford University Press, 1995.

L. O. Pike, *The History of Crime in England*, 2Vols., London, Smith E-den, 1876.

Langford Paul, *Public Life and the Propertied Englishman 1689 – 1798*, Oxford University Press, 1991.

Laqueur, T. W., *Religion and Respectability: Sunday Schools and Working Class Culture, 1780 –1850*, New Haven: Yale University Press, 1976.

Lawrence, C., *Medicine in the Making of Modern Britain 1700 – 1920*, London, 1994.

Lee Davison (ed.), *Stilling the Grumbling Hive: The Response to Social and Economic Problems in England, 1689 – 1750*, New York, St., Martin's Press, 1992.

MartinDaunton, ed., *Charity, Self – Interest and Welfare in the English Past*, London, 1996.

M. C. Buer, *Health, Wealth, and Population in the Early Days of the Industrial Revolution*, London, 1926.

M. Harris and A. Lee, eds., *The Press in English Society from the 17th to 19th Centuries*, London, 1986.

M. J. D. Roberts, *Making English Morals: Voluntary Association and Moral Reform in England, 1787 –1886*, Cambridge University Press, 2004.

Mahood, L., The *Magdalenes: Prostitution in the Nineteenth Century*, London, 1990.

Malcolmson Robert, *Popular Recreations in English Society, 1700 – 1850*, Cambridge University Press, 1973.

Martin Daunton, ed. , *The Cambridge Urban History of Britain*, *Volume Ⅲ*, *1840 – 1950*, Cambridge University Press, 2000.

Mary G. Jones, *The Charity School Movement. A Study of Eighteenth Century Puritanism in Action*, London, 1938.

Henry Mathew, *London Labour and London Poo*r, Vol. I, London, 1967.

Michael Sanderson, *Education*, *Economic Change and Society in England 1780 – 1870*, Macmillan, 1983.

Mitchell, R. J. and Leys, M. D. R. , *A History of London Life*, 1963.

Mowat, Charles L, *The Charity Organization Society*, *1869 – 1913*: *Its Ideas and Work*, London, Methuen and Co. , 1961.

N. McKenfrick, J. Brewer and J. Plumb, *The Birth of a Consumer Society*: *The Commercialization of Eighteenth - Century England*, 1982.

Newman, G. , ed. , *Britain in Hanoverian Age 1714 – 1837*, New York, Garland Pub, 1997.

Newman Gerald, *The Rise of English Nationalism*: *A Cultural History 1740 – 1830*, London, 1987.

NormanAlvey, *From Charity to Oxfam*: *A Short History of Charity and Charity Legislation*, Phillimore & Co. Ltd. , 1995.

P. Fritz and D. Williams, eds. , *City and Society in the 18th Century*, Toronto, 1973.

P. H. J. H. Gosden, *The Friendly Societies in England 1815 – 1875*, Manchester University Press, 1961.

P. J. Corfield, *Power and the Professions in Britain*: *1700 – 1850*, London, 1995.

Paul Griffiths and Mark S. R. Jenner, eds. , *Londinopolis*: *Essays in the Cultural and Social History of Early Modern London*, Cambriage University

Press, 1985.

Paul Langford, *A Polite and Commercial People—England 1727 - 1783*, Oxford, Claredon Press.

Peter Borsay, *A History of Leisure: The British Experience since 1500*, New York, Palgrave Macmillan, 2006.

Peter Clark (ed.), *The Cambridge Urban History of Britain*, *Volume Ⅲ*, *1540 - 1840*, Cambridge University Press, 2000.

Peter Mandler edited, *The Use of Charity: The Poor on Relief in the Nineteenth - Century Metropolis*, Philadelphia, University of Pennsylvania Press, 1990.

Philips, G. A., *The Blind in British Society: Charity, State and Community, 1780 - 1930*, Oxford University Press, 2006.

Roy Porter, *English Society in the Eighteenth Century*, *Harmondsworth*, 1990.

Presy Wilfrid R., ed., *The Professions in Early Modern England*, London, 1987.

Price Richard, B*ritain Society 1680 - 1880: Dynamism*, *Containment and Change*, Cambridge University Press, 1999.

R. C. Floud and P. Johnson, eds., T*he Cambridge Economic History of Modern Britain*, Vol. 1, *Industrialisation*, *1700 - 1860*, Cambridge, 2003.

R. F. Wearmouth, *Methodism and the Common People of the 18th Century*, London, 1945.

R. H. S. Crossman, *The Role of the Volunteer in the Modern Social Service*, Oxford University Press, N. P., 1974.

R. Mitchison, *Coping with Destitution: Poverty and Relief in Western Europe*, Toronto, 1991.

R. Sweet, *The Writing of Urban Histories in 18th – Century England*, Oxford University Press, 1997.

Raymond, Joad (ed.), *News, Newspapers and Society in Early Modern Britain*, London, 1999.

Reay, Barry, *Popular Cultures in England 1550 – 1750*, London, 1998.

Rev. H. F. B. Compston, *The Magdalen Hospital: The Story of a Great Charity*, S. P. C. K., London, 1917.

Rev. S. P. B. Pearce, *An Ideal in the Working: The Story of the Magdalen Hospital 1758 – 1958*, London, Skinner, 1958.

Rule, John, *The Vital Century: England's Developing Economy, 1714 – 1815*, London, 1992.

T. M. Safley, *The Reformation of Charity: The Secular and the Religious in Early Modern Poor Relief*, Boston: Brill Academic Publishers, 2003.

Sarah Lloyd, *Charity and Poverty in England, c. 1680 – 1820: Wild and Visionary Schemes*, Manchester: Manchester University Press, 2009.

Slack, P., *From Reformation to Improvement: Public Welfare in Early Modern England*, New York: Clarendon Press, 1999.

Slack, P., *The English Poor Law, 1531 – 1782*, Cambridge University Press, 1995.

Speck, W. A., *Stability and Strife: England, 1714 – 1760*, London 1977.

Stephens, W. B., *Education in Britain 1750 – 1914*, London, 1998.

Susan C. Lawrence, *Charitable Knowledge: Hospital Pupils and Practitioners in Eighteenth – Century London*, Cambridge University Press, 1996.

Tanya Evans, "*Unfortunate Objects*": *Lone Mothers in Eighteenth – Century London*, Basingstoke: Palgrave Macmillan, 2005.

Thomas Adam, *Philanthropy, Patronage, and Civil Society*, Bloomington, 2004.

Thompson, F. M. L. ed., *The Cambridge Social History of Britain 1750 - 1950*, Vol. 2: *People and Their Environment*, Cambridge University Press, 1990.

Tim Hitchcock, Peter King and Pamela Sharpe Edited, *Chronicling Poverty: The Voices and Strategies of the English Poor, 1640 - 1840*, Basingstoke, 1997.

Tim Hitchcock, *Down and Out in Eighteenth - Century London*, New York, 2004.

W. K. Jordan, *The Charities of London, 1480 - 1660: The Aspirations and the Achievements of the Urban Society*, New York, Russell Sage Foundation, 1974.

W. K. Jordan, *Philanthropy in England, 1480 - 1660: A Study of the Changing Pattern of English Social Aspirations*, London, G. Allen & Unwin, 1959.

W. K. L. Clarke, *The History of the S. P. C. K*, London, 1959.

W. S. Lewis and Ralph M. Williams, *Private and Charity in England, 1747 - 1757*, New Haven, 1938.

Walkowitz Judith, *Prostitution and Victorian Society: Women, Class, and the State*, Cambridge University Press, 1980.

Woodward, J., *To Do the Sick No Harm: A Study of the British Voluntary Hospital System to 1875*, London, 1978.

Woodward, L., *The Age of Reform 1815 - 1870*, Oxford University Press, 1962.

(三) 论文

A. W. Coats, "The Relief of Poverty, Attitudes to Labour and Economic Change in England 1660—1782", *International Review of Social History*, Vol. 21, 1976.

Alan J. Kidd, "Philanthropy and the 'Social History Paradigm'", *Social History*, Vol. 21, No. 2, 1996.

Alysa Levene, "The Estimation of Mortality at the London Foundling Hospital 1741—99", *Population Studies*, Vol. 59, No. 1, 2005.

Archer, I. W., "The Charity of Early ModernLondoners", in *Transactions of the Royal Historical Society*, Sixth Series, Vol. 12, 2002.

Babcock, R. W., "Benevolence, Sensibility and Sentiment in Some Eighteenth - Century Periodicals", in *Modern Language Notes*, Vol. 62, No. 6, 1947.

Bennett, J. M., "Conviviality and Charity in Medieval and Early Modern England", *in Past and Present*, No. 134.

Bettley James, "Post Voluptatem Misercordia: The Rise and Fall of the London Lock Hospitals", *London Journal*, No. 10, 1984.

Brian Harrison, "Philanthropy and the Victorians", *Victorian Studies*, Vol. 9, No. 4, 1966.

Brigden, S., "Religion and Social Obligation in Early Sixteenth - Century London", in *Past and Present*, No. 103, 1984.

Clark, G., "Farm Wages and Living Standards in the Industrial Revolution: England, 1670—1869", *in The Economic History Review*, New Series, Vol. 54, No. 3, 2001.

A. W. Coats, "Economic Thought and Poor Law Policy in the Eighteenth

Century", *Economic History Review*, Second Series, Vol. 13, 1943.

Cody, Lisa Forman, "Living and Dying in Georgian London's Lying – In Hospitals", *Bulletin of the History of Medicine*, Vol. 78, No. 2, Summer 2004.

D. A. Kent, "Ubiquitous but Invisible: Female Domestic Servants in Mid – Eighteenth Century London, *History Workshop*", No. 28, 1989.

David H. Solkin, "Samaritan or Scrooge? The Contested Image of Thomas Guy in Eighteenth – Century England", *The Art Bulletin*, Vol. 78, No. 3, 1996.

Donald Burrows, "Handel and the Foundling Hospital", *Music & Letters*, Vol. 58, No. 3, 1977.

E. A. Wrigley, "A Simple Model of London's Importance in Changing English Society and Economy 1650—1750", *Past and Present*, No. 37, 1967.

Eversley G. Shaw Lefevre, "London Street Improvements", *Contemporary Review*, 75, 1899.

F. M. Dodsworth, "The Idea of Police in Eighteenth – Century England: Discipline, Reformation, Superintendence, c. 1780—1800", *Journal of the History of Ideas*, Vol. 69, No. 4, 2008.

Felicity Heal, "The Idea of Hospitality in Early Modern England", *Past and Present*, 102, 1984.

Flinn, M. W., "English Workers'Living Standards during the Industrial Revolution: A Comment", in *Economic History Review*, 2nd ser., 37, No. 1, 1984.

Frank J. Klingberg, "The Evolution of the Humanitarian Spirit in Eighteenth – Century England", *The Pennsylvania Magazine of History and Biography*, Vol. 66, No. 3, 1942.

Frank Prochaska, "Philanthropy", in *The Cambridge Social History of Britain, 1750 – 1950*, F. M. L. Thompson ed., Vol. 3, Cambridge University

Press, 1990.

Gertrude Himmelfarb, "The Age of Philanthropy", *The Wilson Quarterly*, Vol. 21, No. 2, Spring, 1997.

Gilboy, E. W. , "The Cost of Living and Real Wages in Eighteenth Century England", in *The Review of Economic Statistics*, Vol. 18, No. 3, 1936.

Goodlad, Lauren M. E. , "Making the Working Man Like Me: Charity, Pastorship, and Middle - Class Identity in Nineteenth - Century Britain", Thomas Chalmers and Dr. James Phillips Kay, *Victorian Studies*, Vol. 43, No. 4, 2001.

H. J. Dyos, "The Slums of Victorian London", *Victorians Studies*, Vol. 11, No. 1, 1967.

H. W. Schupf, "Education for the Neglected: Ragged Schools in Nineteenth - Century England", *History of Education Quarterly*, Vol. 12, No. 2, 1972.

Hadwin, J. F. , "Deflating Philanthropy", in *The Economic History Review*, *New Series*, Vol. 31, No. 1, 1978.

Heal, F. , "The Idea of Hospitality in Early Modern England", in *Past and Present*, No. 102, 1984.

Jonna Innes, "Parliament and the Shaping of Eighteenth - Century Social Policy", *Transactions of the Royal Historical Society*, 5th series, 40, 1990.

J. S. Taylor, "The Impact of Pauper Settlement 1691—1834", *Past and Present*, 73, 1976.

JoannaInnes, "The 'Mixed Economy of Welfare' in Early Modern England: Assessments of the Options from Hale to Malthus (c. 1683—1803)", in Hugh Cunningham and Joanna Innes, eds. , *Charity, Philanthropy and Reform: From the 1690s to 1850*, Basingstoke, Macmillan Press, 1998.

John H. Appleby, Robert Dingley, F. R. S. (1710—1781), "Merchant, Architect and Pioneering Philanthropist", *Notes and Records of the Royal Society of London*, Vol. 45, No. 2, 1991.

Julian Hoppit, "Political Arithmetic in Eighteenth - Century England", *The Economic History Review*, New Series, Vol. 49, No. 3, 1996.

Leeuwen, M. V., "Logic of Charity: Poor Relief in Preindustrial Europe", in *Journal of Interdisciplinary History*, Vol. 24, No. 4, 1994.

Lynn MacKay, "The Mendicity Society and Its Clients: A Cautionary Tale", *Left History*, Vol. 5, No. 1, 1997.

M. Dorothy George, "Some Causes of the Increase of Population in the Eighteenth Centuryas Illustrated by London", *The Economy Journal*, Vol. 32, No. 127, 1922.

M. J. D. Roberts, "The Society for the Suppression of Vice and Its Early Critics, 1802—1812", *The Historical Journal*, Vol. 26, No. 1, 1983.

Marco H. D. Van Leeuwen, "Logic of Charity: Poor Relief in Preindustrial Europe", *Journal of Interdisciplinary History*, Vol. 24, No. 4, Spring, 1994.

McClendon, M. D., "A Moveable Feast: Saint George's Day Celebrations and Religious Change in Early Modern England", in *The Journal of British Studies*, Vol. 38, No. 1, 1999.

Michael J. D. Roberts, "Head versus Heat? Voluntary Associations and Charity Organization in England, c. 1700—1850", in Hugh Cunningham and JoannaInnes, eds., *Charity, Philanthropy and Reform: From the 1690s to 1850*, Basingstoke, Macmillan Press, 1998.

Miller, Eugene F., "Philanthropy and Cosmopolitanism", *The Good Society*, Vol. 15, No. 1, 2006.

Mordechai Feingold, "Philanthropy, Pomp, and Patronage: Historical Reflections upon the Endowment of Culture", *Daedalus*, Vol. 116, No. 1, 1987.

Nash, S., "Prostitution and Charity: The Magdalen Hospital, a Case Study", in *Journal of Social History*, Vol. 17, No. 4, 1984.

Nicholas Temperley, "The Lock Hospital Chapel and Its Music, *Journal of the Royal Musical Association*", Vol. 118, No. 1, 1993.

Outhwaite R. B., "Objects of Charity: Petitions to the London Foundling Hospital 1768—1772", *Eighteenth Century Studies*, Vol. 32, No. 4, 1999.

P. Harling and P. Mandler, "From 'Fiscal - Military' State to Laissez - faire State, 1760—1850", *Journal of British Studies*, 32, 1993.

P. H. Lindert, "English Occupations 1670—1811", *Journal of Economic History*, Vol. 40, 1980.

Prochaska, F. K., "Charity Bazaars in Nineteenth - Century England", in *The Journal of British Studies*, Vol. 16, No. 2, 1977.

R. J. Morris, "Voluntary Societies and British Urban Elites, 1780—1850: An Analysis", *The Historical Journal*, Vol. 26, No. 1, 1983.

Radcliffe, E., "Revolutionary Writing, Moral Philanthropy, and Universal Benevolence in the Eighteenth Century", in *Journal of the History of Ideas*, Vol. 54, No. 2, 1993.

Rolleston, J. D., "Venereal Disease in Pepys's Diary", *British Journal of Venereal Disease*, Vol. 19, 1943.

Rose, C., "'Seminarys of Faction and Rebellion': Jacobites, Whigs and the London Charity Schools, 1716—1724", in *The Historical Journal*, Vol. 34, No. 4, 1991.

Rosser, G., "Going to the Fraternity Feast: Commensality and Social Relations in Late Medieval England", *in The Journal of British Studies*, Vol. 33, No. 4, 1994.

Rushton, N. S. and Rushton, W. S., "Monastic Poor Relief in Sixteenth – Century England", in *Journal of Interdisciplinary History*, Vol. 32, No. 2, 2001.

S. E. Brown, "A Just and Profitable Commerce: Moral Economy and the Middle Classes in Eighteenth-Century London", *Journal of British Studies*, Vol. 32, 1993.

Sarah Lloyd, " 'Pleasure's Golden Bait': Prostitution, Poverty and the Magdalen Hospital in Eighteenth – Century London", *History Workshop Journal*, No. 41, 1996.

Sarah Lloyd, "Pleasing Spectacles and Elegant Dinners: Conviviality, Benevolence, and Charity Anniversaries in Eighteenth – Century London", *The Journal of British Studies*, Vol. 41, No. 1, 2002.

Taylor, J. S., "Philanthropy and Empire: Jonas Hanway and the Infant poor of London", in *Eighteenth – Century Studies*, Vol. 12, No. 3, 1979.

Thorrance, J., "Social Class and Bureaucratic Innovation: the Commissioners for Examining the Public Accounts, 1780—1787", *Past and Present*, Vol. 78, 1978.

Waugh, W. A., "Attitudes of Hospitals in London to Venereal Disease in the Eighteenth and Nineteenth Centuries", *British Journal of Venereal Disease*, Vol. 47, 1971.

Wilson, A., "Illegitimacy and Its Implications in Mid – Eighteenth – Century London: The Evidence of the Foundling Hospital", *Continuity and Change*, 4. 1, 1989.

Wilson, C., "Review: Philanthropy in England 1480—1660", by W. K. Jordan, in *The English Historical Review*, Vol. 75, No. 297, 1960.

Wrigley, E. A., "The Growth of Population in Eighteenth – Century England: A Conundrum Resolved", *in Past and Present*, No. 98, 1983.

Young, C. R., "King John of England: An Illustration of the Medieval Practice of Charity", in *Church History*, Vol. 29, No. 3, 1960.

（四）学位论文

J. Black, *Illegitimacy and the Urban Poor in London, 1740—1830*, a Dissertation Presented for the Doctor of Philosophy Degree, University of London.

Croxson, B., *An Economic Analysis of a Voluntary Hospital: The Foundation and Institutional Structure of the Middlesex Hospital*, a Dissertation Presented for the Doctor of Philosophy Degree, University of Cambridge, 1995.

Gardiner, J., *The General Lying - in Hospital 1765—1880*, MA dissertation, Polytechnic of the South Bank, 1970.

Jonathan Allen Fowler, *Adventures of an "Itinerant Institutor": The Life and Philanthropy of Thomas Bernard*, a Dissertation Presented for the Doctor of Philosophy Degree, The University of Tennessee, Knoxville, 2003.

Kevin P. Siena, *Poverty and the Pox: Venereal Disease, Hospitals and the Urban Poor: London's "Foul Wards", 1600—1800*, a Dissertation Presented for the Doctor of Philosophy Degree, University of Rochester Press, 2004.

二　中文文献

（一）译著及专著

《圣经》，中国基督教协会1998年版。

［德］哈贝马斯：《公共领域的结构转型》，曹卫东等译，学林出版社1999年版。

［法］保尔·芒图：《十八世纪产业革命》，杨人楩等译，商务印书馆1999年版。

［法］布罗代尔：《十五至十八世纪的物质文明、经济与资本主义》，

生活·读书·新知三联书店2002年版。

［法］古斯塔夫·勒庞：《乌合之众——大众心理研究》，冯克利译，广西师范大学出版社2007年版。

［法］马塞尔·莫斯：《礼物——古式社会中交换的形式与理由》，汲喆译，上海世纪出版集团2005年版。

［荷］伯纳德·曼德维尔：《蜜蜂的寓言：私人的恶德，公众的利益》，肖津译，中国社会科学出版社2002年版。

［美］彼德·布劳：《社会生活中的交换与权力》，李国武译，华夏出版社1987年版。

［美］凡勃伦：《有闲阶级论：关于制度的经济研究》，蔡受百译，商务印书馆2009年版。

［美］约翰·斯梅尔：《中产阶层文化的起源》，陈勇译，上海人民出版社2006年版。

［英］E. 罗伊斯顿·派克编：《被遗忘的苦难——英国工业革命的人文实录》，蔡师雄、吴宣豪、庄解忧译，福建人民出版社1983年版。

［英］艾瑞克·霍布斯鲍姆：《革命的年代》，王章辉等译，江苏人民出版社1997年版。

［英］庇古：《福利经济学》，朱泱等译，商务印书馆2006年版。

［英］边沁：《道德与立法原理导论》，时殷弘译，商务印书馆2009年版。

［英］肯尼斯·摩根：《牛津英国通史》，王觉非等译，商务印书馆1993年版。

［英］罗伯特·品克：《社会福利发展：经验与理论》，古允文等译，（台北）桂冠出版社1988年版。

［英］马尔萨斯：《人口论》，郭大力译，北京大学出版社2008年版。

［英］马修·阿诺德：《文化与无政府状态——政治与社会批评》，韩

敏中译，生活·读书·新知三联书店2008年版。

［英］诺曼·巴里：《福利》，诸建国译，吉林人民出版社2005年版。

［英］E. P. 汤普森：《英国工人阶级的形成》，钱乘旦等译，译林出版社2001年版。

［英］亚当·斯密：《国富论》，郭大力、王亚南译，生活·读书·新知三联书店2009年版。

［英］亚当·斯密：《道德情操论》，蒋自强等译，商务印书馆2009年版。

［英］约翰·克拉潘：《简明不列颠经济史》，范定九、王祖廉译，上海译文出版社1980年版。

［英］约翰·斯图亚特·穆勒：《功利主义》，叶建新译，中国社会科学出版社2009年版。

陈晓律：《英国福利制度的由来与发展》，南京大学出版社1996年版。

钱乘旦、陈晓律：《英国文化模式溯源》，上海社会科学院出版社2003年版。

丰华琴：《从混合福利到公共治理——英国个人社会服务的源起与演变》，中国社会科学出版社2010年版。

王晋新、姜德福：《现代早期英国社会变迁》，生活·读书·新知三联书店2008年版。

（二）论文

陈娟、陈勇：《略论近代早期英国商人的慈善活动》，《武汉大学学报》（人文科学版）2002年第5期。

陈晓律：《从亚当·斯密到凯恩斯——简评英国福利思想的发展》，《世界历史》1990年第5期。

陈勇：《从病人话语到医生话语——英国近代医患关系的历史考察》，

《史学集刊》2010 年第 6 期。

程西筠:《论 19 世纪英国初等教育改革》,《世界历史》1989 年第 4 期。

丁建定:《1870—1914 年英国的慈善事业》,《南都学坛》(人文社会科学学报)2005 年第 4 期。

丁建定:《论 18 世纪英国的济贫法组织》,《学习与实践》2011 年第 6 期。

桂奋权:《18—19 世纪英国志愿医院兴起初探》,《史学月刊》2008 年第 5 期。

郭家宏、唐艳:《19 世纪英国的济贫院组织初探》,《学海》2006 年第 6 期。

郭家宏、唐艳:《19 世纪英国济贫院组织评析》,《史学月刊》2007 年第 2 期。

郭家宏:《19 世纪上半期英国的贫富差距问题及其化解策略》,《学海》2007 年第 6 期。

郭家宏:《19 世纪英国民间慈善活动探析》,《学海》2011 年第 2 期。

郭家宏:《工业革命与英国贫困观念的变化》,《史学月刊》2009 年第 7 期。

郝明然:《维多利亚时期英国慈善组织的特征》,《内蒙古农业大学学报》(社会科学版)2009 年第 2 期。

姜鹏飞:《18 世纪英国慈善事业研究综述》,《首都师范大学学报》(社会科学版)2009 年第 4 期。

姜守明:《英国前工业社会的贫困问题与社会控制》,《史学月刊》1997 年第 2 期。

李建彬:《英国都铎时期的社会贫困与慈善、救济政策》,《华东师范大学学报》(哲学社会科学版)1998 年第 6 期。

刘林海:《从互惠到利他——宗教改革时期基督教济贫观念的变化》,

《北京师范大学学报》（社会科学版）2008 年第 6 期。

陆伟芳：《“首都公共事务委员会”与伦敦城市管理的现代化》，《史学月刊》2010 年第 5 期。

闵凡祥：《18—19 世纪英国“友谊会”运动述论》，《史学月刊》2006 年第 8 期。

施义慧：《维多利亚时期英国的贫民免费学校运动》，《淮阴师范学院学报》（哲学社会科学版）2005 年第 1 期。

舒晓昀：《18 世纪英国社会流动分析》，《史学月刊》2004 年第 2 期。

向荣：《论 16、17 世纪英国理性的贫穷观》，《武汉大学学报》（哲学社会科学版）1999 年第 3 期。

向荣：《移风易俗与英国资本主义的兴起》，《武汉大学学报》2000 年第 3 期。

向荣：《英国“过渡时期”的贫困问题》，《历史研究》2004 年第 4 期。

徐滨：《英国 17—18 世纪的福利救济立法及其社会经济价值》，《天津师范大学学报》（社会科学版）2001 年第 1 期。

尹虹：《论十七、十八世纪英国政府的济贫问题》，《历史研究》2003 年第 3 期。

俞金尧：《英国 18 世纪人口和发展的学术史回顾》，《史学理论研究》1995 年第 3 期。

周真真：《19 世纪中期英国中产阶层慈善活动论析》，《史学月刊》2010 年第 3 期。

邹穗：《英国工业革命中的福音运动》，《世界历史》1998 年第 3 期。

邹翔：《近代早期英国政府医疗救助问题探析》，《齐鲁学刊》2007 年第 6 期。

后　　记

后记犹如最后的感叹号，用来收束这段苦乐参半的时光。回想读博期间，一次次因思有所得而雀跃，又一次次推翻之前的观点。这期间，夹杂着时间紧迫的焦虑、布局谋篇的运思、才智不足的无奈和偶有所得的喜悦。时光飞逝，转眼间，博士毕业已经五年了。最近两年，力图将博士学位论文修改成学术著作，从思路到结构，从观点到文字，都予以修改、补充和完善，但限于时间和能力，这一书稿仍有许多缺陷和不足，实为憾事，今后仍将继续努力补缺，也期望拙著能见教于学界方家。

博士论文完成之后，五载珞珈年华，二十载求学生涯告一段落。回首来路，沿途和关口都充盈着师长亲友们的教诲和关怀，谨在此表达诚挚的谢意。

首先，我要感谢我的导师陈勇先生。先生的学识与品格对我影响至深。先生从来都是身行胜过言教，在浮躁现世中坚守学术之品格，为我们树立了为人为学的典范。先生认为，治学者应兼顾天上和人间，为人与为学相辅相成。先生睿智幽默，谈笑间皆是嘉言妙语。在指导为学时，先生每每微言大义，而我因天资所限，迟迟未能“得法”，但这些治学“法宝”已铭记于心，将用余生参悟和遵行。先生不单是学术的导师，更是引导我们陶冶品性、完善自我的恩师。“从容进取”已成为陈门弟子的格言。对于先生这些年来的教诲和关怀，不只是感谢，而是感恩，在未来的日子里，这些温暖的教导将会一直引领着我们前行。

其次，我要感谢武汉大学历史学院世界史所里各位老师的教导与帮助。从论文开题到预答辩乃至答辩的过程中，张德明老师、徐友珍老师和李荣建老师，都对论文的修改提出了宝贵意见，真诚感谢各位老师的辛苦付出。在向荣老师的课堂上，我感受到了学术殿堂的精妙，生发向往之心。从李工真老师充满激情与智慧的讲演中，我见识了当代知识分子精神。这些老师们的学识与风采成为武汉大学最美的人文风景。同时，我要感谢武汉大学图书馆和历史学院世界史所给我们创造的优越学习条件。世界史所不仅拥有丰富的图书资料，还为我们自主科研提供资助。此外，我也要感谢历史学院各位老师为我们付出的辛劳。

我要感谢南京大学的陈晓律老师。陈老师在繁忙之际，排除困难，前来担任我的答辩委员会主席，为我指点迷津，点拨之恩，感念在心。同时，非常感谢浙江大学的吕一民教授不辞辛劳，前来参加我的答辩并提出宝贵意见。感谢远在英国和美国的许明杰和吴少杰为我传递重要的参考文献。

我要感谢各位同门师兄师姐的关心和鼓励。读博期间，我时常向邹翔师姐请益，而她不吝指教，令我受惠颇深；感谢郭丰秋师姐在学业和生活等方面的帮助；感谢谭赛花师姐、刘涛师兄、刘招静师兄和贺华师妹等人的关心和鼓励；感谢好友石英和蝈蝈的帮助和鼓励。感念珞珈山樱花城堡的同学们，以及我们一起度过的快乐时光。

感谢我的丈夫肖先生，他一向积极支持我的科研工作，尽可能为我提供好的工作环境和条件，使我得以安心进行书稿修改工作。

最后，我要感谢亲爱的爸爸妈妈。作为四个孩子的父母，这些年来你们是何等辛劳、何等操心，青丝染上白霜，而你们却甘之如饴，无怨无悔。正因你们的无条件支持，我才能顺利完成长达二十年的学业。多年来，我行走在你们用信任与爱铺就的路上。至此往后，将由我来照顾你们，为你们的生活保驾护航。

吕晓燕

2017 年 10 月 28 日于红谷新城